2025年度版

福井県の社会科

過去問

協同教育研究会 編

協同出版

本書には，福井県の教員採用試験の過去問題を収録しています。各問題ごとに，以下のように5段階表記で，難易度，頻出度を示しています。

難　易　度

非常に難しい　☆☆☆☆☆
やや難しい　☆☆☆☆
普通の難易度　☆☆☆
やや易しい　☆☆
非常に易しい　☆

頻　出　度

◎　ほとんど出題されない
◎◎　あまり出題されない
◎◎◎　普通の頻出度
◎◎◎◎　よく出題される
◎◎◎◎◎　非常によく出題される

※本書の過去問題における資料，法令文等の取り扱いについて

本書の過去問題で使用されている資料や法令文の表記や基準は，出題された当時の内容に準拠しているため，解答・解説も当時のものを使用しています。ご了承ください。

はじめに～「過去問」シリーズ利用に際して～

教育を取り巻く環境は変化しつつあり，日本の公教育そのものも，教員免許更新制の廃止やGIGAスクール構想の実現などの改革が進められています。また，現行の学習指導要領では「主体的・対話的で深い学び」を実現するため，指導方法や指導体制の工夫改善により，「個に応じた指導」の充実を図るとともに，コンピュータや情報通信ネットワーク等の情報手段を活用するために必要な環境を整えることが示されています。

一方で，いじめや体罰，不登校，暴力行為など，教育現場の問題もあいかわらず取り沙汰されており，教員に求められるスキルは，今後さらに高いものになっていくことが予想されます。

本書の基本構成としては，出題傾向と対策，過去5年間の出題傾向分析表，過去問題，解答および解説を掲載しています。各自治体や教科によって掲載年数をはじめ，「チェックテスト」や「問題演習」を掲載するなど，内容が異なります。

また原則的には一般受験を対象としております。特別選考等については対応していない場合があります。なお，実際に配布された問題の順番や構成を，編集の都合上，変更している場合があります。あらかじめご了承ください。

最後に，この「過去問」シリーズは，「参考書」シリーズとの併用を前提に編集されております。参考書で要点整理を行い，過去問で実力試しを行う，セットでの活用をおすすめいたします。

みなさまが，この書籍を徹底的に活用し，教員採用試験の合格を勝ち取って，教壇に立っていただければ，それはわたくしたちにとって最上の喜びです。

協同教育研究会

C O N T E N T S

第１部

福井県の
社会科
出題傾向分析

福井県の社会科　傾向と対策

福井県では，2024年度より，中高社会の試験内容を変更した。2023年度まで，中高社会，高校地歴，高校公民のいずれかを選択して受験していたが，2024年から試験内容は「中高社会」のみとなった。試験内容の詳細は，各分野(地理，日本史，世界史，公民(倫理，政治経済))の共通問題のほか，地理，日本史，世界史，公民(倫理，政治経済)のうちから1分野選択して受験する。2024年度は，共通問題の【1】地理，【2】日本史，【3】世界史，【4】公民，選択問題の「地理」，「日本史」，「世界史」，「公民」と8つの大問で構成されていた。配点が200点満点なのは変わらないが，共通問題の地理・日本史・世界史・公民が各30点となり，選択問題が80点に変更された。世界史，日本史，公民が同じ配点で同等に出題されることになるので，得意分野でない科目もしっかり準備して臨みたい。問題形式は選択式と記述式が混合しているが，記述式が多い傾向にある。2024年度は，30～70字程度で用語の意味や社会的事象の原因等々を記述させる問題が出題された。

学習指導要領については，2018年度以降出題されていないが，2021年度・2022年度から中学校・高等学校において新学習指導要領が施行されたことを考えると，出題の可能性は皆無とは言い切れない。万が一に備えて，教科・各分野の目標や「指導計画の作成と内容の取扱い」など，他自治体で出題頻度が高い箇所については，目を通しておくことが望ましいだろう。しかし，教科の勉強の時間が削られては本末転倒なので，あくまで準備の中心は教科の内容であることを忘れず，時間をとられすぎないよう気を付けたい。

共通問題の地理では，系統地理からの出題が多く，地図や地形，気候などが頻出である。地理的事象の原因や地理用語の意味を説明させる問題も多いので，用語集などを活用して，主要な用語や現象についての理解を確実にし，簡潔に説明できるようにしておきたい。地誌からの出題は僅少で，2023年度・2024年度ともに出題されておらず，2021年度にヨーロッパの商業的農業や南アメリカ西岸の漁業について，2022年度に中央アジアの人口密度と環境問題などが出題されていた。一つの地域について集中的に問うような出方はしないのだが，系統地理的知識について問う中で地誌の知識も問われるので，系統地理的内容を各地域の地誌に落とし込む形で学習を進めることが効果的かつ効率的であろう。

共通問題の歴史では，日本史，世界史それぞれの大問から同じ配点で出題された。日本史は飛鳥時代から戦後占領期までの幅広い年代から出題された。出題形式は記述式の中に記号選択が混じる形で記述式の方が多いが，一問一答の記述式，60字程度までの説明問題，空欄補充，正誤問題，年代順の並べ替え，選択問題と様々な形式で出された。文化の問題に寺院などの写真資料が使われ，史料問題には吉野作造の「民本主義」の論文が使われた。世界史も中学社会で学習する範囲を超えて幅広い範囲から出題される。古代オリエントや古代ローマから1880年代以降の欧米先進国の動きと幅広く，また地域もヨーロッパだけでなく，中国やイスラーム，中南米と広く出題されるため，時代も地域も幅広く学習しておく必要がある。地理や日本史と同様に，記号選択や一問一答式の他に説明問題も出題されるため，用語説明の対策などを怠らないようにしたい。どちらも歴史的事象の推移や因果関係などに着目して学習することが肝要である。

共通問題の公民は，2023年度まで政治経済と倫理で大問一題ずつだったが，2024年度は大問1問になった。出題の傾向は2023年度までと似た分野の問題が多く，民主政治の成立，人権，大日本帝国憲法，日本国憲法の内容と憲法改正，各国の政治体制，国会，地方自治などが出題された。また，近年の政治状況を勘案した出題も頻出であるため，各国の政治的潮流を捉えることが重要である。経済分野では，2024年度も，2023年度からの出題傾向を引き継いでおり，市場経済・国民所得(国民生活)・金融・財政などの現代経済の仕組みや理論と，環境・労働・社会保障・消費者問題などの現代社会の課題を中心に問われた。需要と供給の曲線の読み取りや国民所得の金額の計算なども出題されているので，字句を暗記しているだけでなく，実際的に理解していることが求められる。2024年度の倫理は，2023年度と同じ出題傾向で，青年期の特質と課題，古今東西の先哲の思想，宗教，日本の思想について，幅広く出題された。日本史や世界史との関連も深いため，科目横断的な学習を行うことが対策につながるだろう。

2024年度の選択問題の地理は，系統地理中心の出題だった共通問題同様に系統地理の問題も出題されているが，分量は少なく，一方で世界地誌(ヨーロッパ，東南アジア)と日本地誌(沖縄県を除く九州地方)が出題された。そして，それぞれの地域に関する問いという形をとって，地図，地形，気候，都市問題，民族等々の系統地理的知識も問うという形である。共通問題と同じく，地図・地形・気候からの出題が多い傾向にあるので，地図の種類やその特徴，活用方法，特徴的な地形の特徴や分類，形成，気候の区分や特徴についてはもちろん，それらの地形がどのように図表と関連づけられるのか念入りに対策しておきたい。

2024年度の選択問題の日本史については，仏教伝来～平安時代の古代の仏教を中心にまとめた表から政治史・文化史，鎌倉時代の農業と経済，江戸時代の政治・経済史，明治時代～昭和時代の事件や経済政策などについて出題された。2024年度は200字程度の論述問題があった。2023年度は，第二次世界大戦後の為替の変動についての板書計画を書かせる問題が出されたため，今後も板書計画が出題される可能性はある。論述だけでなく，板書するとしたらどのように書くかということを考えておくとよい。

選択問題の世界史は，多様な地域及び時代から出題される。2024年度も，ヨーロッパ史が最も多いものの，アフリカ史(古代エジプト史)，中国史，西アジア史，南北アメリカ史からも複数の出題があった。出題方法も一問一答から正誤判定など多岐にわたり，2022年度は地域横断的に年代順に並べ替えさせるものや，○○世紀の出来事を選択させる問題も出題された。また200字程度で書かせる論述問題も出題された。大学受験用テキストなどを用いて学習を進めるのも効果的だろう。また，過去にはセンター試験で使用された資料を引用して，その解答の解法や思考過程などを答えさせる出題もあった。2021年度から2023年度まで世界史で連続して出題されていたが，他の科目についても出題が考えられるので，ここ最近のセンター試験を含めた大学入学共通テストの問題，使用された資料，解説も含めて見ておくとよいだろう。なお，2023年度は，19世紀のイギリスが各地から輸入した原綿量の推移の資料を活用して指導する際の学習課題の作成と答えの例を書かせる問題が出された。日本史でも板書計画が出題されていたため，今後も出題される可能性は十分考えられるので，指導法についても考慮しながら学習を進めたい。

選択問題の公民は，政治経済では，政治思想や日本国憲法，日本の政治機構，選挙制度，国際政治，市場機構，企業活動，金融，財政，国際経済など出ない領域がないほどの幅広い範囲から出題される。一つ一つの政治・経済用語を確実に理解することがまず重要である。政治経済分野からは，2021年度は戦後以降の日本政治史，2022年度は国連や軍備管理協定，軍縮などの動きについて，2023年度は第二次世界大戦後の国際社会および経済，2024年度は日本国憲法に関連する問題および国際経済の出題が散見される。そのため，日本史や世界史との関連性が高く，現代世界の政治制度の成り立ちを歴史的な推移や過程に着目して理解することが重要になる。また，公共の分野の社会保険についても問われている。

倫理についても，日本史や世界史との共通性が高い出題が見られる。先哲の思想については古今東西の有名思想家について幅広く出題され，網羅的な学習が求められる。一人一人の思想家について専門的に学ぶ時間も必要もないが，その主なる思想内容や主張を示すキーワードについては，整理し理解しておきたい。また，有名思想家たちの思想だけでなく，青年期の特質と課題，主な宗教，日本人の思想と風土，現代社会における倫理についてもほぼ毎年出題されているので，忘れずに学習しておきたい。

全体を通して，多くはないが，近年の政治，経済動向に着目した時事的な出題が散見される。2021年度はEUをめぐるイギリスの動きやミャンマーの民主化運動，働き方改革など，2022年度はアダムズ方式などの選挙制度改革が出題された。近年の重要な社会事象やその歴史的経緯を振り返るとともに，ニュースや新聞などで現代の政治，経済的な流れを把握しておくことが肝要である。

過去5年間の出題傾向分析

大分類	中分類（小分類）	主な出題事項	2020年度	2021年度	2022年度	2023年度	2024年度
中学地理	地図	縮尺，図法，地図の種類・利用，地域調査	●	●	●		
	地形	山地，平野，海岸，特殊な地形，海水・陸水	●	●	●	●	
	気候	気候区分，植生，土壌，日本の気候	●	●	●	●	
	人口	人口分布，人口構成，人口問題，過疎・過密					
	産業・資源(農牧業)	農牧業の発達・条件，生産，世界の農牧業地域	●	●	●	●	
	産業・資源(林業・水産業)	林産資源の分布，水産業の発達・形態，世界の主要漁場	●	●			
	産業・資源(鉱工業)	資源の種類・開発，エネルギーの種類・利用，輸出入	●			●	
	産業・資源(第3次産業)	商業，サービス業など					
	貿易	貿易の動向，貿易地域，世界・日本の貿易					
	交通・通信	各交通の発達・状況，情報・通信の発達	●	●		●	
	国家・民族	国家の領域，国境問題，人種，民族，宗教			●		
	村落・都市	村落・都市の立地・形態，都市計画，都市問題			●	●	
	世界の地誌(アジア)	自然・産業・資源などの地域的特徴			●		
	世界の地誌(アフリカ)	自然・産業・資源などの地域的特徴					
	世界の地誌(ヨーロッパ)	自然・産業・資源などの地域的特徴		●			
	世界の地誌(南北アメリカ)	自然・産業・資源などの地域的特徴			●		
	世界の地誌(オセアニア・南極)	自然・産業・資源などの地域的特徴					
	世界の地誌(その他)	自然・産業・資源などの地域的特徴					
	日本の地誌	地形，気候，人口，産業，資源，地域開発	●				
	環境問題	自然環境，社会環境，災害，環境保護	●		●	●	
	その他	地域的経済統合，世界のボーダレス化，国際紛争					
	指導法	指導計画，学習指導，教科教育					
	学習指導要領	内容理解，空欄補充，正誤選択					
中学歴史	原始	縄文時代，弥生時代，奴国，邪馬台国		●	●	●	
	古代	大和時代，飛鳥時代，奈良時代，平安時代	●	●	●	●	
	古代の文化	古墳文化，飛鳥文化，天平文化，国風文化	●		●	●	
	中世	鎌倉時代，室町時代，戦国時代	●	●	●	●	
	中世の文化	鎌倉文化，鎌倉新仏教，室町文化	●		●	●	
	近世	安土桃山時代，江戸時代	●	●	●	●	
	近世の文化	桃山文化，元禄文化，化政文化	●			●	
	近代	明治時代，大正時代，昭和戦前期(～太平洋戦争)		●	●	●	
	近代の文化	明治文化，大正文化					

大分類	中分類（小分類）	主な出題事項	2020年度	2021年度	2022年度	2023年度	2024年度
中学歴史	現代	昭和戦後期，平成時代，昭和·平成の経済·文化		●			
	その他の日本の歴史	日本仏教史，日本外交史，日本の世界遺産	●				
	先史・四大文明	オリエント，インダス文明，黄河文明		●	●		
	古代地中海世界	古代ギリシア，古代ローマ，ヘレニズム世界	●	●	●	●	
	中国史	春秋戦国，秦，漢，六朝，隋，唐，宋，元，明，清	●	●	●	●	
	中国以外のアジアの歴史	東南アジア，南アジア，西アジア，中央アジア	●	●	●	●	
	ヨーロッパ史	古代·中世ヨーロッパ，絶対主義，市民革命	●	●	●	●	
	南北アメリカ史	アメリカ古文明，アメリカ独立革命，ラテンアメリカ諸国	●	●	●	●	
	二度の大戦	第一次世界大戦，第二次世界大戦		●			
	現代史	冷戦，中東問題，アジア・アフリカの独立，軍縮問題		●	●		
	その他の世界の歴史	歴史上の人物，民族史，東西交渉史，国際政治史			●	●	
	指導法	指導計画，学習指導，教科教育	●	●			
	学習指導要領	内容理解，空欄補充，正誤選択					
中学公民	政治の基本原理	民主政治の発達，法の支配，人権思想，三権分立	●	●	●	●	
	日本国憲法	成立，基本原理，基本的人権，平和主義，新しい人権	●	●	●	●	
	日本の政治機構	立法，行政，司法，地方自治	●	●	●	●	
	日本の政治制度	選挙制度の仕組み·課題，政党政治，世論，圧力団体	●	●	●		
	国際政治	国際法，国際平和機構，国際紛争，戦後の国際政治	●	●		●	
	経済理論	経済学の学派·学説，経済史，資本主義経済	●		●	●	
	貨幣・金融	通貨制度，中央銀行（日本銀行），金融政策			●	●	
	財政・租税	財政の仕組み，租税の役割，財政政策			●	●	
	労働	労働法，労働運動，労働者の権利，雇用問題			●		
	戦後の日本経済	高度経済成長，石油危機，バブル景気，産業構造の変化	●			●	
	国際経済	為替相場，貿易，国際収支，グローバル化，日本の役割	●				
	現代社会の特質と課題	高度情報化社会，少子高齢化，社会保障，食料問題	●		●	●	
	地球環境	温暖化問題，エネルギー·資源問題，国際的な取り組み			●		
	哲学と宗教	ギリシア·西洋·中国·日本の諸思想，三大宗教と民族宗教	●	●	●	●	
	その他	最近の出来事，消費者問題，地域的経済統合，生命倫理		●	●	●	
	指導法	指導計画，学習指導，教科教育					
	学習指導要領	内容理解，空欄補充，正誤選択					
高校地理	地図	縮尺，図法，地図の種類·利用，地域調査	●	●	●		●
	地形	山地，平野，海岸，特殊な地形，海水·陸水	●	●	●	●	
	気候	気候区分，植生，土壌，日本の気候	●		●	●	●
	人口	人口分布，人口構成，人口問題，過疎·過密				●	
	産業·資源（農牧業）	農牧業の発達·条件，生産，世界の農牧業地域	●		●	●	●

大分類	中分類（小分類）	主な出題事項	2020年度	2021年度	2022年度	2023年度	2024年度
高校地理	産業・資源（林業・水産業）	林産資源の分布，水産業の発達・形態，世界の主要漁場	●				
	産業・資源（鉱工業）	資源の種類・開発，エネルギーの種類・利用，輸出入	●	●	●	●	
	産業・資源(第3次産業)	商業，サービス業など					
	貿易	貿易の動向，貿易地域，世界・日本の貿易				●	
	交通・通信	各交通の発達・状況，情報・通信の発達	●			●	●
	国家・民族	国家の領域，国境問題，人種，民族，宗教	●		●	●	●
	村落・都市	村落・都市の立地・形態，都市計画，都市問題			●	●	●
	世界の地誌(アジア)	自然・産業・資源などの地域的特徴	●	●	●		●
	世界の地誌(アフリカ)	自然・産業・資源などの地域的特徴				●	
	世界の地誌(ヨーロッパ)	自然・産業・資源などの地域的特徴					●
	世界の地誌(南北アメリカ)	自然・産業・資源などの地域的特徴	●		●		
	世界の地誌(オセアニア・南極)	自然・産業・資源などの地域的特徴		●		●	
	世界の地誌(その他)	自然・産業・資源などの地域的特徴					
	日本の地誌	地形，気候，人口，産業，資源，地域開発					●
	環境問題	自然環境，社会環境，災害，環境保護	●		●	●	●
	その他	地域的経済統合，世界のボーダレス化，国際紛争	●	●	●		●
	指導法	指導計画，学習指導，教科教育			●		
	学習指導要領	内容理解，空欄補充，正誤選択					
高校日本史	原始	縄文時代，弥生時代，奴国，邪馬台国		●	●	●	
	古代(大和時代)	大和政権，倭の五王，『宋書』倭国伝，氏姓制度			●	●	●
	古代(飛鳥時代)	推古朝と聖徳太子，遣隋使，大化改新，皇親政治	●	●	●		●
	古代(奈良時代)	平城京，聖武天皇，律令制度，土地制度	●	●	●	●	●
	古代(平安時代)	平安京，摂関政治，国風文化，院政，武士台頭	●	●	●	●	●
	古代の文化	古墳文化，飛鳥文化，白鳳文化，天平文化，国風文化	●	●	●	●	●
	中世(鎌倉時代)	鎌倉幕府，御成敗式目，元寇，守護・地頭	●	●	●	●	●
	中世(室町時代)	南北朝，室町幕府，勘合貿易，惣村，一揆	●	●	●	●	●
	中世(戦国時代)	戦国大名，分国法，貫高制，指出検地，町の自治			●	●	
	中世の文化	鎌倉文化，鎌倉新仏教，室町文化，能	●		●	●	
	近世(安土桃山時代)	鉄砲伝来，織豊政権，楽市楽座，太閤検地，刀狩			●	●	●
	近世(江戸時代)	江戸幕府，幕藩体制，鎖国，三大改革，尊王攘夷	●	●	●	●	●
	近世の文化	桃山文化，元禄文化，化政文化		●		●	
	近代(明治時代)	明治維新，大日本帝国憲法，日清・日露戦争，条約改正	●	●	●	●	●
	近代(大正時代)	大正デモクラシー，第一次世界大戦，米騒動，協調外交	●	●	●	●	●
	近代(昭和戦前期)	恐慌，軍部台頭，満州事変，日中戦争，太平洋戦争	●		●	●	●
	近代の経済	地租改正，殖産興業，産業革命，貿易，金本位制	●			●	●

大分類	中分類（小分類）	主な出題事項	2020年度	2021年度	2022年度	2023年度	2024年度
高校日本史	近代の文化	明治文化，大正文化	●			●	
	現代	昭和戦後期，平成時代	●	●		●	●
	現代の経済	高度経済成長，為替相場，石油危機，バブル景気	●	●		●	●
	その他	地域史，制度史，仏教史，外交史，経済史	●		●		
	指導法	指導計画，学習指導，教科教育			●		
	学習指導要領	内容理解，空欄補充，正誤選択					
高校世界史	先史・四大文明	オリエント，インダス文明，黄河文明			●	●	●
	古代地中海世界	古代ギリシア，古代ローマ，ヘレニズム世界	●	●	●	●	●
	中国史(周～唐)	周，春秋戦国，諸子百家，漢，三国，晋，南北朝，隋，唐	●	●	●	●	
	中国史（五代～元）	五代，宋，北方諸民族，モンゴル帝国，元			●	●	●
	中国史（明・清・中華民国）	明，清，列強の進出，辛亥革命，中華民国	●	●	●	●	●
	東南アジア史	ヴェトナム，インドネシア，カンボジア，タイ，ミャンマー			●		●
	南アジア史	インド諸王朝，ムガル帝国，インド帝国，独立運動	●				●
	西アジア史	イスラム諸王朝，オスマン=トルコ，列強の進出	●	●	●	●	●
	東西交渉史	シルクロード，モンゴル帝国，大航海時代					
	ヨーロッパ史（中世・近世）	封建制度，十字軍，海外進出，宗教改革，絶対主義	●	●	●	●	●
	ヨーロッパ史（近代）	市民革命，産業革命，帝国主義，ロシア革命	●	●	●	●	●
	南北アメリカ史	アメリカ古文明，アメリカ独立革命，ラテンアメリカ諸国	●	●	●	●	●
	二度の大戦	第一次世界大戦，第二次世界大戦	●	●	●	●	●
	その他の地域の歴史	内陸アジア，朝鮮，オセアニア，両極，アフリカ	●		●	●	
	現代史	冷戦，中東問題，アジア・アフリカの独立，軍縮問題	●	●	●		●
	宗教史	インドの諸宗教，キリスト教，イスラム教				●	
	文化史	古代ギリシア・ローマ文化，ルネサンス，近代ヨーロッパ文化					●
	その他	時代または地域を横断的に扱う問題，交易の歴史，経済史		●	●	●	
	指導法	指導計画，学習指導，教科教育	●	●	●	●	
	学習指導要領	内容理解，空欄補充，正誤選択					

大分類	中分類（小分類）	主な出題事項	2020年度	2021年度	2022年度	2023年度	2024年度
高校政経	政治の基本原理	民主政治の発達，法の支配，人権思想，三権分立	●	●	●	●	●
	日本国憲法	成立，基本原理，基本的人権，平和主義，新しい人権	●	●	●	●	●
	立法	国会の仕組み・役割，議会政治，関係条文	●	●	●	●	●
	行政	内閣の仕組み・役割，議院内閣制，関係条文	●	●	●	●	
	司法	裁判所の仕組み・役割，国民審査，裁判員制度，関係条文	●	●	●	●	●
	地方自治	地方自治の意義，直接請求権，組織と権限，地方分権	●		●	●	●
	日本の政治制度	選挙制度の仕組み・課題，政党政治，世論，圧力団体	●	●	●		●
	国際政治	国際法，国際連盟と国際連合，核・軍縮問題，国際紛争	●	●	●	●	
	戦後政治史	戦後日本の政治・外交の動き	●	●		●	
	経済理論	経済学説，経済史，社会主義経済の特徴	●	●	●	●	
	資本主義経済	資本主義の仕組み，市場機構，企業活動	●	●	●	●	●
	貨幣・金融	貨幣の役割，金融と資金循環の仕組み，金融政策		●	●	●	●
	財政・租税	財政の仕組み，租税の役割，財政政策	●		●	●	
	労働	労働法，労働運動，労働者の権利，雇用問題		●	●		●
	国民経済	国民所得の諸概念，経済成長，景気の循環		●	●	●	
	戦後の日本経済	高度経済成長，石油危機，バブル景気，産業構造の変化	●	●	●	●	●
	国際経済	為替相場，貿易，国際収支，グローバル化，日本の役割	●	●	●	●	●
	地域的経済統合	各地域での経済統合の動向とその特徴	●	●			
	その他	消費者問題，公害問題，環境問題			●		●
	指導法	指導計画，学習指導，教科教育					
	学習指導要領	内容理解，空欄補充，正誤選択					
高校現社	青年期の意義と課題	青年期の特質，精神分析，自己実現	●		●		
	現代社会の特質	高度情報化社会，消費者問題			●		
	人口問題	人口構造の変化，少子高齢化とその対策	●		●		
	労働問題	労働運動，労使関係，労働問題の現状			●		
	福祉問題	社会保障の仕組みと課題，年金制度	●		●		
	食糧問題	農業の課題，食糧自給，食品汚染	●		●		
	環境問題	公害，地球環境，地球温暖化，日本の取り組み			●		
	その他	行政の民主化・効率化，男女共同参画社会，日本的経営			●		
	指導法	指導計画，学習指導，教科教育					
	学習指導要領	内容理解，空欄補充，正誤選択					

大分類	中分類（小分類）	主な出題事項	2020年度	2021年度	2022年度	2023年度	2024年度
高校倫理	哲学と宗教	三大宗教，ユダヤ教，宗教改革	●	●	●	●	●
	古代ギリシアの思想	古代ギリシアの諸思想，ヘレニズム哲学	●	●	●	●	●
	中国の思想	諸子百家，儒教，朱子学，陽明学	●	●	●	●	●
	ヨーロッパの思想（～近代）	ルネサンス，合理的精神，啓蒙思想，観念論	●	●	●	●	●
	日本人の思考様式	日本の風土と文化，日本人の倫理観，神道			●	●	●
	日本の仏教思想	奈良仏教，密教，末法思想，浄土信仰，鎌倉仏教	●	●	●	●	●
	日本の思想（近世）	日本の儒学，国学，心学，民衆の思想，洋学	●	●	●	●	●
	日本の思想（近代）	福沢諭吉，中江兆民，夏目漱石，内村鑑三，西田幾多郎	●	●	●	●	●
	現代の思想	実存主義，プラグマティズム，構造主義，ロールズ	●	●	●	●	●
	その他	青年期の特質と課題，現代社会における倫理	●	●	●	●	●
	指導法	指導計画，学習指導，教科教育					
	学習指導要領	内容理解，空欄補充，正誤選択					
高校公共	青年期の意義と課題	青年期の特質，精神分析，自己実現					
	現代社会の特質	高度情報化社会，消費者問題					
	人口問題	人口構造の変化，少子高齢化とその対策					
	労働問題	労働運動，労使関係，労働問題の現状				●	
	福祉問題	社会保障の仕組みと課題，年金制度				●	●
	食糧問題	農業の課題，食糧自給，食品汚染				●	
	環境問題	公害，地球環境，地球温暖化，日本の取り組み					
	その他	行政の民主化・効率化，男女共同参画社会，日本的経営					
	指導法	指導計画，学習指導，教科教育					
	学習指導要領	内容理解，空欄補充，正誤選択					

第２部

福井県の
教員採用試験
実施問題

2024年度　実施問題

中　高　社　会

【共通問題】

【１】次の問いに答えなさい。

(1)　次の表1は，大陸別の気候帯割合を示したものであり，ユーラシア・北アメリカ・南アメリカ・オーストラリア・アフリカ大陸のいずれかである。北アメリカとアフリカにあてはまるものを，ア～オから一つずつ選び，記号で答えなさい。

表1　(単位は%)

	ア	イ	ウ	エ	オ
熱　帯	63.4	38.6	16.9	7.4	5.2
乾燥帯	14.0	46.7	57.2	26.1	14.4
温　帯	21.0	14.7	25.9	17.5	13.5
亜寒帯(冷帯)	—	—	—	39.2	43.4
寒　帯	1.6	—	—	9.8	23.5

(『データブック　オブ・ザ・ワールド』より作成)

(2)　次の表2は世界のおもな島を面積の大きい順に表している(ただし，一部省略してある)。また，図1中の●は，表2のア～ケの島のいずれかの位置を表している。あとの(a)～(f)の問いに答えなさい。

表2

	島 名	面 積 (千㎢)
	(　X　)	2176
ア	ニューギニア	772
イ	カリマンタン	737
ウ	マダガスカル	590
エ	スマトラ	434
オ	グレートブリテン	218
カ	キューバ	115
キ	アイスランド	103
ク	セイロン	66
ケ	ジャマイカ	12

(『データブック　オブ・ザ・ワールド』より作成)

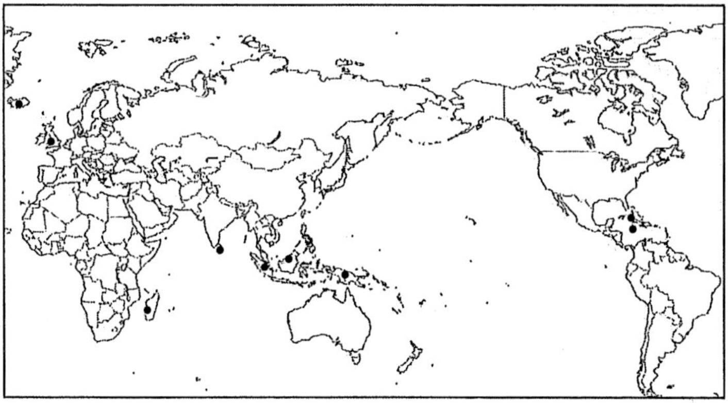

図1（ミラー図法）

(a)　表2中の(　X　)にあてはまる，世界で面積が最も大きい島の名称を答えなさい。

(b)　大西洋中央海嶺の一部が陸上に現れている島として正しいものを表2中のア～ケから一つ選び，記号で答えなさい。

(c)　2004年にこの島西方のスンダ海溝でマグニチュード9程度の地震が発生した島を，表2中のア～ケから一つ選び，記号で答えなさい。

(d)　安定陸塊であり，年中南東貿易風の影響を受けている島として正しいものを，表2中のア～ケから一つ選び，記号で答えなさい。

(e)　経度0度が通過する島として正しいものを，表2中のア～ケから一つ選び，記号で答えなさい。

(f)　多数派のシンハラ人と少数派のタミル人で構成されている島として正しいものを，表2中のア～ケから一つ選び，記号で答えなさい。

(3)　次のA～Fの文は，近年世界各地で発生した災害について述べたものである。最も適当なものを，二つ選び，記号で答えなさい。

A　モルディブでは，標高の低い島々が海面上昇により，水没の危機に瀕したところがある。

B　シベリアでは，大陸氷河の融解により，大規模な洪水が頻発したところがある。

C　オーストラリアでは，火山の噴火による火砕流の流下により，サンゴ礁が死滅したところがある。

D　カリブ海では，ハリケーンが襲来したことにより，洪水を引き起こしたところがある。

E　ペルー沖では，季節風が弱まることにより，海面水温が平年よりも下降するエルニーニョ現象が見られる。

F　ブラジルでは，異常高温による森林火災により，国土面積の多くを占めるタイガ(針葉樹林)が消滅したところがある。

(4)　「高潮」はどのような要因で発生するか，またどのような被害をもたらすかを説明しなさい。

(5)　地理の授業で，各生徒が居住する自治体の「ハザードマップ」を，インターネットで閲覧する活動を取り入れることにした。災害発生を想定し，「ハザードマップ」の見方を生徒に伝える際に，何を確認させることが重要であると考えるか。二つ答えなさい。

(6)　図2は，日本国内における国籍別在留外国人の割合について示したものである。Xにあてはまる国名を答えなさい。

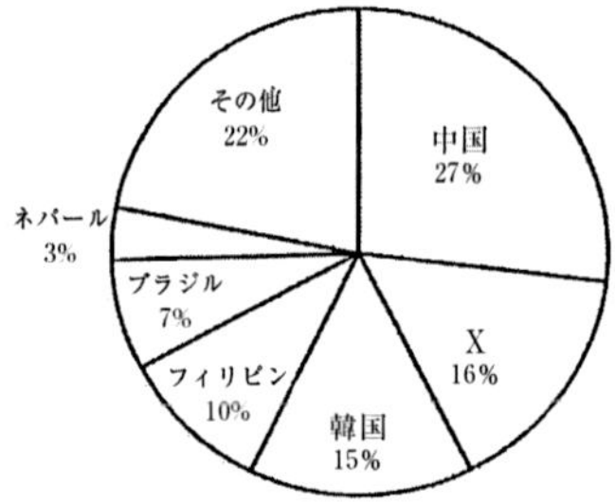

(『日本国勢図会 2022/23』より作成)

図2

(☆☆☆◎◎◎)

【２】次のA～Cの文章を読んで，以下の問いに答えなさい。

A　日本では大化改新以降，①7世紀後半にかけて中央集権化が進んだ。

701年には大宝律令が完成し，②律令制度による政治の仕組みがととのった。律令にもとづく国家体制が実現する一方，8世紀には中央政界の動揺が続き，③それまでの土地制度からの転換も図られた。平安時代初期には，天皇を中心に政治改革が進められたが，この間に藤原北家が次第に勢力を伸ばし，④10世紀後半から11世紀頃の摂関政治に繋がっていった。地方政治が大きく転換した10世紀以降，武士の成長は著しくなり，院政期には平氏政権に象徴されるように貴族社会における武士の地位は急速に高まった。

(1) 下線部①に関連して，この時期に起きた出来事Ⅰ～Ⅳを古いものから順に配列したものをア～カから一つ選び，記号で答えなさい。

Ⅰ 藤原京に遷都する　Ⅱ 壬申の乱がおこる

Ⅲ 八色の姓を定める　Ⅳ 庚午年籍を作成する

ア Ⅰ－Ⅲ－Ⅱ－Ⅳ　イ Ⅱ－Ⅰ－Ⅳ－Ⅲ

ウ Ⅳ－Ⅱ－Ⅲ－Ⅰ　エ Ⅱ－Ⅳ－Ⅲ－Ⅰ

オ Ⅳ－Ⅰ－Ⅲ－Ⅱ　カ Ⅰ－Ⅳ－Ⅱ－Ⅲ

(2) 下線部②に関連して，畿内・七道のうち「南海道」に属する国として誤っているものを一つ選び，記号で答えなさい。

ア 紀伊国　イ 土佐国　ウ 伊勢国　エ 阿波国

(3) 下線部③に関連して，次の表は生徒がこの時期の土地制度の転換について，出された法令の内容を整理したものである。以下の問いに答えなさい。

法令名（発令年）	三世一身法（723年）	墾田永年私財法（743年）
共通点	開墾地の（　X　）が認められた。	
相違点	開墾した田地の（　X　）は限定的であり、（　Y　）施設の設置の有無で、三世または本人一代に認められた。	開墾した田地の（　X　）を永年にわたって保障した。ただし、租は納めるべき（　Z　）田であった。

(a) 空欄(　X　)～(　Z　)に適する語句を漢字二字で答えなさい。

(b) 表を作成した生徒から「なぜ，土地制度に関する法令は，三世一身法から墾田永年私財法に変わったのですか。」という質問を受けた。表の記述を参考に，この生徒の質問に答えなさい。

(4) 下線部④に関連して，この時期の文化のものとして適当なものを一つ選び，記号で答えなさい。

ア　　　イ　　　ウ　　　エ

【写真は著作権上の都合により掲載できません。】

(『詳説日本史B』(山川出版社)より)

B　源平争乱の過程で，⑤源頼朝は鎌倉に鎌倉幕府を確立したが，一方で朝廷や貴族，寺社などの力も強く⑥政治面でも経済面でも二元的な支配であった。鎌倉幕府の滅亡後，⑦南北朝の動乱の中で守護は大きく成長し，室町幕府の運営を担った。15世紀半ばには，室町幕府の将軍の権威は大きく失墜し，その中で将軍の権威によらず領国を実力で統治する戦国大名が現れた。

(5)　下線部⑤に関連して，鎌倉幕府について説明した次の文ア～エより適切なものを一つ選び，記号で答えなさい。

ア　地頭の職務は，謀反人・殺害人の逮捕などの大犯三ヵ条とされた。

イ　御家人を組織し統制するために政所が置かれ，初代長官には大江広元が任じられた。

ウ　将軍と御家人は御恩と奉公の関係で結びつき，奉公には本領安堵と新恩給与があった。

エ　頼朝自身の知行国や大量の荘園が，幕府の経済基盤となっていた。

(6)　下線部⑥に関連して，この状況を大きく変え，朝廷に対する幕府の優位性を確立することとなった13世紀前半の出来事を答えなさい。

(7)　下線部⑦に関連して，半済令とはどのような法令か説明しなさい。

C　江戸幕府成立後，大名の支配領域は藩とよばれ，三代将軍徳川家光までに将軍と諸大名との主従関係が確立する一方，同時に⑧幕府による大名統制の枠組みも定められた。その後，幕府政治が安定し，⑨経済が発展する中で藩政の刷新に取り組む藩もみられた。⑩18世紀から19世紀前半にかけて，幕藩体制が行き詰まりを見せる中，各藩においても様々な対応がとられた。開国後の混乱の中，薩摩藩や長州藩などの雄藩が幕末の政局で重要な役割を果たした。

(8)　下線部⑧に関連する次の文a・bの正誤の組み合わせとして正しいものを，以下のア～エから一つ選び，記号で答えなさい。

a　武家諸法度(元和令)は将軍徳川秀忠が定め，その中で大名に対して参勤交代を義務づけた。

b　幕府の職制には，大名を監察する目付や，西国大名を監視する京都所司代があった。

ア　a 正　b 正　　イ　a 正　b 誤

ウ　a 誤　b 正　　エ　a 誤　b 誤

(9)　下線部⑨に関連して，江戸時代の経済について説明した次の文ア～エより適切なものを一つ選び，記号で答えなさい。

ア　17世紀末には，宮崎安貞が最初の体系的農書として『広益国産考』を著した。

イ　製塩業では高度な土木技術を要する揚浜塩田が発達し，瀬戸内海沿岸部をはじめとして塩が生産された。

ウ　19世紀にはいると，桐生・足利など北関東の絹織物業などでマニュファクチュアが行われ始めた。

エ　京都の豪商角倉了以は，出羽酒田を起点として江戸に至る海運ルートを整備した。

(10)　下線部⑩について，この時期に改革を行った藩主と改革の内容を組み合わせた次のア～エのうち適切なものを一つ選び，記号で答えなさい。

ア　鍋島直正－本百姓体制の再建

イ　前田綱紀－木下順庵をまねく

ウ　細川重賢－興譲館の設立

エ　村田清風－越荷方の設置

D　明治政府により，⑪廃藩置県をはじめとする様々な施策により中央集権化が進められたが，急速な改革に対して士族反乱や農民一揆が発生した。自由民権運動では，地方において運動が活発化し，帝国憲法発布の前年には政府の強い統制下ではあるものの，地域の実力者を担い手とする地方自治制が確立した。⑫第一次世界大戦後，都市化と工業化の進展を背景に労働者やサラリーマンが大量に現れ，それら⑬大衆を担い手とした大衆文化が誕生した。⑭1920年代から30年代には恐慌が相次ぎ，その中には東北地方を中心に農業恐慌をもたらすものもあった。日本の敗戦後，⑮GHQによる占領政策が進む中，日本国憲法制定後には地方自治法が制定された。

(11)　下線部⑪に関連して，次は版籍奉還から廃藩置県にかけて地方の行政を担う役人(長官)の変化についての文である。文中の空欄に適する内容を，どのような立場の者を任命したのかを明らかにしながら答えなさい。

[　　]から，中央から派遣された府知事・県令に変化した

(12)　下線部⑫に関連して，大戦景気は空前の好況をもたらす一方で，「底の浅い景気」と表現されることがある。その理由を，資料1をふまえ，以下の語句を必ず使用して説明しなさい。

資料1

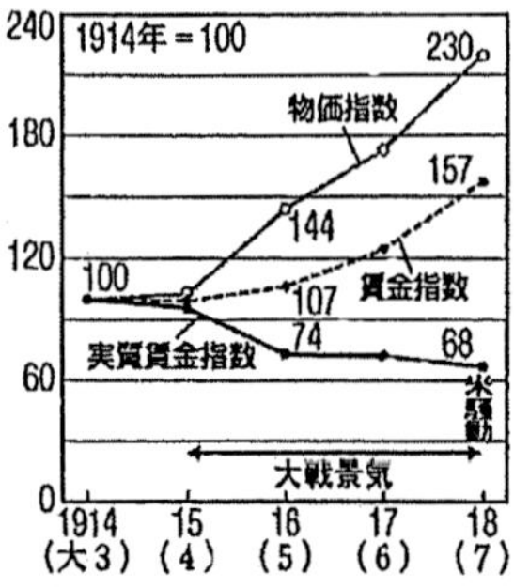

(『新詳日本史図説』(浜島書店) より)

【物価　労働者】

(13)　下線部⑬に関連して，次の史料に示される政治思想を提唱した人物を答えなさい。

> …然し民主々義といへば，社会民主党などゝいふ場合に於けるが如く，『国家の主権は人民にあり』といふ危険なる学説と混同され易い。…(中略)…此言葉は今日の政治法律等の学問上に於いては，少なくとも二つの異なった意味に用ひられて居るように思ふ。一つは『国家の主権は法理上人民に在り』といふ意味に，又モ一つは『国家の主権の活動の基本的の目標は政治上人民に在るべし』といふ意味に用ひらるゝ。この第二の意味に用ひらるゝ時に，我々は之を民本主義と訳するのである。
>
> (『中央公論』1916(大正5)年1月号)

(14)　下線部⑭に関連して，この時期の日本経済について説明した次の文ア～エを，古いものから順に並び替えなさい。

ア　立憲民政党の内閣により，外国為替相場の安定をはかるため金輸出解禁が断行された。

イ　関東大震災が発生し，それにより決済不能となった手形が大量に発生した。

ウ　立憲政友会の内閣により，モラトリアム(支払猶予令)が発せられた。

エ　政府は重要産業統制法を制定し，指定産業での不況カルテルを容認した。

(15)　下線部⑮に関連して，占領期の出来事として適切でないものを一つ選び，記号で答えなさい。

ア　金融緊急措置令が発令される

イ　朝鮮戦争が勃発する

ウ　教育委員が任命制になる

エ　経済安定九原則が指令される

(☆☆☆◎◎◎◎)

【3】次のA～Cの文章を読んで，以下の問いに答えなさい。

A　古代文明のうちもっともはやく成立した①オリエント文明では，中国文明やインダス文明と同じく，宗教の権威による神権政治が行われ，その政治形態は一部，後世の②イスラーム世界にも引き継がれた。またオリエントからの影響を受けて誕生したエーゲ文明は，ヨーロッパではじめての青銅器文明と言われている。

エーゲ文明崩壊後に出現したギリシア文明は，ポリスという独特の社会の仕組みから生まれた。この文明は強大な王権のない，独立した自由な市民たちの共同体であった。市民の自治に根差したポリス社会は，古代地中海世界の基盤となる都市生活の原型となり，また合理的で③人間中心的な精神文化を生み出した。

イタリアに出現した④ローマは，強大な軍家力を背景にやがて地中海周辺全域を統一した。⑤ローマ帝国は以前からあったさまざまな文化・文明・民族を地中海世界という一つのまとまりのなかに統合・吸収し，都市を中心にギリシア文化を継承・発展させた。

(1)　下線部①について，次の問いに答えなさい。

(a)　次の文a・bの正誤の組み合わせとして正しいものを，以下のア～エから一つ選び，記号で答えなさい。

a　オリエントとは「川のあいだの地域」を意味する。

b　オリエントはメソポタミア，エジプトを含んでいる。

ア　a　正　　b　正　　イ　a　正　　b　誤

ウ　a　誤　　b　正　　エ　a　誤　　b　誤

(b)　古代エジプトの象形文字をカタカナで答えなさい。

(c)　古代オリエントの統一国家であるアケメネス朝ペルシアは，アッシリアより比較的長く統治することができた。この要因をアッシリアと比較しながら説明しなさい。

(2)　下線部②について，ファーティマ朝に関する文のうち，誤りを含むものはどれか。次の文ア～エから一つ選び，記号で答えなさい。

ア　北アフリカに成立し，首都カイロを建設した。

イ　スンナ派の王朝である。

ウ　首都にアズハル学院が創建された。

エ　アイユーブ朝を建てたサラディンに滅ぼされた。

(3)　下線部③について，このことを生徒に説明する際，ギリシアの宗教の特色を説明すると良い。ギリシアの宗教の特色を簡潔に説明しなさい。

(4)　下線部④について，次の文ア～エはローマの内乱の経過を述べている。年代の古いものから順に並びかえなさい。

ア　カエサルが終身独裁官として諸改革を断行した。

イ　アントニウス，レピドゥス，オクタヴィアヌスが三頭政治を行った。

ウ　スパルタクス率いる剣奴の反乱が起こった。

エ　アクティウムの海戦でプトレマイオス朝は滅ぼされ，ローマの属州となった。

(5)　下線部⑤について，キリスト教徒が迫害を逃れてひそかに礼拝するためにもちいられた場所を何というか，答えなさい。

B　6世紀以降，内陸アジア世界では①トルコ系民族の活動が顕著となった。(　ア　)系などの人々が多かったオアシス地域にもトルコ語が広まり，中央アジアのトルコ化が進展した。唐の滅亡後，五代十国の動乱を経て宋が成立するまでの時期は，中国史上有数の大きな変革期といわれる。唐を中心とした東アジア文化圏の統合がゆるみ，各地に独自の特色を持つ国家が成立した。

中国の北部や西北部にはモンゴル系の契丹やチベット系の西夏，ツングース系の②金などの勢力がおこり，中国本土の③宋(北宋)を圧迫した。宋では，官吏登用法の(　イ　)によって登用された文人官僚が皇帝の集権的な統治を支える，独特の国家体制が成立した。

トルコ系民族が西方に移動した後のモンゴル高原では，モンゴル部族が勢力をのばし，④チンギス＝ハンの編成したモンゴル軍団は内陸アジアを征服した。その後も征服を続け，ユーラシアの大半をおおう大帝国を建設した。

(6)　空欄(　ア　)，(　イ　)に入る語句を答えなさい。

(7)　下線部①について，840年にウイグルを滅ぼしたトルコ系遊牧民を答えなさい。

(8)　下線部②について，この王朝の説明のうち正しいものはどれか。次のア～エから一つ選び，記号で答えなさい。

ア　1234年にチャガタイ＝ハンによって滅亡した。

イ　王安石を宰相にして政治の根本的改革をはかった。

ウ　三藩の乱後，中国全土を支配した。

エ　靖康の変で上皇徽宗や皇帝欽宗をとらえた。

(9)　下線部③について，宋(北宋)に独立を認めさせ，10世紀はじめにベトナムで王朝が成立した。この王朝を答えなさい。

(10)　下線部④について，チンギス＝ハンの孫のバトゥが1241年にドイツ・ポーランド連合軍を破った戦いを答えなさい。

C　1880年代以降の欧米先進諸国は，①アフリカに次いで，アジア・太平洋・カリブ海地域などへと進出をはかり，植民地を拡大した。この間列強諸国では市民文化が成熟に向かい，国民のあいだには帝国主義を受け入れる傾向が広まり，ヨーロッパの②社会主義運動も穏健な改革主義へと傾斜していった。

しかし，おくれた帝国主義国ドイツの植民地再分割要求を前に，既得権益をまもろうとするイギリス・フランス・ロシアは結束し，ヨーロッパの列強体制は二極分化して，やがて対立軸はアフリカ・アジアから，オスマン帝国・バルカン地域に移動した。

この間，欧米の帝国主義の攻勢下におかれたイスラーム世界やインド・中国，ラテンアメリカ地域では，③辛亥革命やメキシコ革命が示すように，多面的な近代化によって外圧に対抗しようとし，20世紀の民族運動の形成を準備した。

(11)　下線部①について，1880年代に起こっていない出来事を，次のア～エから一つ選び，記号で答えなさい。

ア　ウラービーの運動　　　イ　フランスのチュニジア保護国化

ウ　マフディー派の抵抗　　エ　モロッコ事件

(12)　下線部②について，この運動の説明として正しいものを，次の文ア～エから一つ選び，記号で答えなさい。

ア　イギリスでは，フェビアン協会や労働組合が労働者独自の政党を求めた。

イ　ドイツでは，労働組合のゼネストによって一挙に社会革命の実現を目指すサンディカリズムがあらわれた。

ウ　ロシアでは，マルクス主義を掲げる社会民主党や，ナロードニキの流れをくむ社会革命党が出現した。

エ　アメリカでは，国務長官ジョン＝ヘイが中国に対して門戸開放政策を提唱した。

(13)　下線部③について，この革命による政治体制の変化について答えなさい。

(☆☆☆◎◎◎)

【４】次のA・Bの文章を読んで，以下の問いに答えなさい。

A　①現代日本において②政治や③経済に関する④諸課題について探究することで，他者と協力しながら持続可能な社会を形成していくことができる。そのため公民科教育ではよりよい社会の在り方についての自分の考えを説明し，論述する力を身につける必要がある。

(1)　下線部①に関して，次のA～Cは日本において，18歳以上の国民に関する記述である。その正誤の組み合わせとして正しいものを(a)～(h)から一つ選び，記号で答えなさい。

A　親の同意なく，結婚することができる。

B　未成年者取消権を行使することができる。

C　有権者の中から検察審査員に選ばれることがある。

(a)　A　正　B　正　C　正　(b)　A　正　B　正　C　誤
(c)　A　正　B　誤　C　正　(d)　A　正　B　誤　C　誤
(e)　A　誤　B　正　C　正　(f)　A　誤　B　正　C　誤
(g)　A　誤　B　誤　C　正　(h)　A　誤　B　誤　C　誤

(2)　下線部②に関する次の問いに答えなさい。

(i)　次のA～Cの首相在任中の出来事の組み合わせについて，その正誤の組み合わせとして正しいものを(a)～(h)から一つ選び，記号で答えなさい。

A　首相：橋本龍太郎　　出来事：消費税税率5%に引き上げ

B　首相：菅義偉　　出来事：安全保障関連法成立

C　首相：麻生太郎　　出来事：国民投票法成立

(a)　A　正　B　正　C　正

(b)　A　正　B　正　C　誤

(c)　A　正　B　誤　C　正

(d)　A　正　B　誤　C　誤

(e)　A　誤　B　正　C　正

(f)　A　誤　B　正　C　誤

(g)　A　誤　B　誤　C　正

(h)　A　誤　B　誤　C　誤

(ii)　衆議院議員総選挙が行われるのはどのようなときか，二つ答えなさい。

(iii)　選挙運動の中核的な人が選挙違反を犯し，禁固刑以上の刑に処された場合，候補者の当選を無効とする制度を何というか，答えなさい。

(3)　下線部③に関する次の問いに答えなさい。

(i)　完全競争市場において，供給曲線が右にシフトする場合の要因とそのときの価格の変化について答えなさい。

(ii)　日本の2000年代前半から行われている金融政策(非伝統的金融政策)をまとめた次の表に当てはまる語句を答えなさい。

2001年　3月	ロンバート型貸出制度導入
2001年　3月～2006年　3月	（ a ）緩和政策
2010年　10月～2013年　3月	包括的金融緩和
2013年　1月～	（ b ）ターゲット政策
2013年　4月～	異次元緩和
2016年　2月～	（ c ）金利政策

(4)　下線部④に関する次の問いに答えなさい。

(i) 労働問題に関する次のA～Cの文章について，その正誤の組み合わせとして正しいものを(a)～(h)から一つ選び，記号で答えなさい。

A 日本では労働力の高齢化が進んでおり，2019年には45歳以上の就業者が全体の7割を占めている。

B GDPを全就労者数で割って算出する労働生産性を見ると，日本はOECD平均よりも低い値となっている。

C 労働時間の計算を実労働ではなく，みなし労働時間によって行うことを認める裁量労働制は残業代不払いの抜け道として利用される例がみられる。

(a) A 正 B 正 C 正
(b) A 正 B 正 C 誤
(c) A 正 B 誤 C 正
(d) A 正 B 誤 C 誤
(e) A 誤 B 正 C 正
(f) A 誤 B 正 C 誤
(g) A 誤 B 誤 C 正
(h) A 誤 B 誤 C 誤

(ii) 日本の農業に関する次のア～エの文章のうち，正しいものを一つ選び，記号で答えなさい。

ア 自作農の創出を目指して制定された食糧管理法は1999年，食と農業を守る新農業基本法として生まれ変わった。

イ 1970年代には傾斜生産方式の政策により米の生産調整をはかるようになった。

ウ 第二次世界大戦後も，米など主要作物について安定した供給と農家の所得補償のために食糧管理制度による保護政策がとられていた。

エ 農業従業者の高齢化が進行しており，全農家のうち，1990年代以降，準主業農家の占める割合が増えている。

B 人は，⑤人間の在り方について考え，⑥現代における様々な課題の解決に向けて活動することを通して，社会の形成者となることが求められる。先哲の思想や⑦宗教の教えは，私たちに世界で起こる様々な⑧現象をどのように理解し，その中でどのような行動をとるべきかについて考えるための大きな手掛かりを与えてくれる。国際社会の一員として⑨日本に暮らし，日本に生きる私たちに何ができるのか。

(5)　下線部⑤に関連する次の問いにそれぞれ答えなさい。

(i)　人間の生涯にわたる発達のなかで，青年期における自己形成の課題をアイデンティティ(自我同一性)の確立であると説いたアメリカの心理学者は誰か，答えなさい。

(ii)　パスカルの説いた「人間は考える葦である」という言葉にもとづいてパスカルの人間観について説明しなさい。

(6)　下線部⑥に関連して，日常生活を送るうえで欠かすことができない，医療・福祉，農業，物流，通信，教育，公共交通などの仕事に従事している人のことを何というか，カタカナで答えなさい。

(7)　下線部⑦に関連して，世界宗教(キリスト教，イスラーム教，仏教)に関連する語句である。これらの語句と，その説明の組み合わせとして最も適当なものをあとの(a)～(f)から選び，記号で答えなさい。

A　ハラール　　B　アヒンサー　　C　黄金律

ア　イスラーム世界において細かく規定されてきた社会的規範のなかで，事物や行為のうち「許容されたもの」を意味する言葉。

イ　福音書にある「人にしてもらいたいと思うことを，人にもしなさい」というキリスト教の教えの根本をなすものとされる教えのこと。

ウ　ブッダが，出家者のような修行を行うことが難しい世俗の仏教信者に対して示した「殺すなかれ」という教え。

(a)　A－ア　　B－イ　　C－ウ

(b)　A－ア　　B－ウ　　C－イ

(c)　A－イ　　B－ア　　C－ウ

(d)　A－イ　B－ウ　C－ア
(e)　A－ウ　B－ア　C－イ
(f)　A－ウ　B－イ　C－ア

(8)　下線部⑧に関連して，カントの認識論では私たちは物自体を認識しているのではなく，認識に先立って私たちの心の働きかけが対象を現象として把握していると説明している。このことを何というか，答えなさい。

(9)　下線部⑨に関連する次の問いにそれぞれ答えなさい。

(i)　従来の無常観を改めて偶然性の問題ととらえなおし，無常・偶然への諦めや意気地といった態度を「いき」という日本的美意識として考察した，近代日本の哲学者は誰か，答えなさい。

(ii)　石田梅岩によって創始された，神道・儒教・仏教・老荘思想をとり入れた独自の処世哲学を何というか，答えなさい。

(☆☆☆◎◎◎)

【選択問題】

※以下の【1】～【4】は選択問題です。1つ選び，答えなさい。

【1】次の問いに答えなさい。

A　次の問いに答えなさい。

(1)　ある都市の地域調査の結果を図表に表現する際に，主題図の表現について述べた文として最も適当なものを次のア～エの文から一つ選び，記号で答えなさい。

ア　市内への外国人の国別観光客数を示すために，等値線図を作成した。

イ　市内からの他の市町村の移動時間を示すために，ドットマップを作成した。

ウ　県内各市町村の人口密度の状況を示すために，階級区分図を作成した。

エ　県内各市町村の野菜の生産量を示すために，流線図を作成した。

(2)　次のX～Zの文は，GIS(地理情報システム)，GNSS(全世界測位システム)，リモートセンシング(遠隔探査)の特徴について，災害発生時の利用の仕方の例を述べたものである。組み合わせとして最も適当なものをア～カから一つ選び，記号で答えなさい。

X　救助が必要な被災者の現在位置を特定するために，人工衛星からの信号を利用して緯度・経度情報を取得した。

Y　広域にわたる被災状況を把握するために，人工衛星に搭載されたカメラで撮影した被災地の画像を取得した。

Z　災害復興計画を立てるために，数値地図や被災状況などのデータをコンピュータ上で分析して，その結果を地図上に表示した。

	ア	イ	ウ	エ	オ	カ
GIS	X	X	Y	Z	Y	Z
GNSS	Y	Z	X	X	Z	Y
リモートセンシング	Z	Y	Z	Y	X	X

(3)　自然災害や異常気象に対するさまざまな対策として適当でないものを，ア～エから一つ選び，記号で答えなさい。

ア　都市部で，地下河川や地下の調整池を建設しているのは，アスファルトなどの不透水面が多いことにより発生する都市型洪水を防ぐためである。

イ　防潮堤を建設しているのは，地震で発生した津波により，沿岸部などの低い土地の浸水の被害を防ぐためである。

ウ　ビルの屋上やレールの間などに緑地を施しているのは，都市部の気温が郊外よりも高くなる，ヒートアイランド現象を防ぐためである。

エ　河川の上流に砂防ダムを建設しているのは，異常気象による少雨の際に，少しでも生活用水などの確保をして，渇水による水不足を防ぐためである。

(4)　都心において官公庁や企業のオフィスなどが集まる地区を何というか。アルファベットで答えなさい。

(5)　都市郊外において，都心と鉄道などで結ばれた地域では，「ベッドタウン(住宅衛星都市)」が発達することがある。ベッドタウンとはどのような特徴があるか，次の【語句】を必ず用いて説明しなさい。

【語句】夜間人口

(6) 先進国の大都市では「ジェントリフィケーション」という現象が見られることがある。この現象について，次の【語句】を必ず用いて説明しなさい。

【語句】再開発

(7) 発展途上国の都市では，国内の農村部から多くの人々が集中し他の都市の規模を大きく上回っている首位都市が見られることがある。このような都市を何というか。カタカナで答えなさい。

B 図1は，ヨーロッパを中心とする地図であり，A～Nおよび①～④は独立国を示している。(複節国は，首都がある場所を示している。)以下の問いに答えなさい。

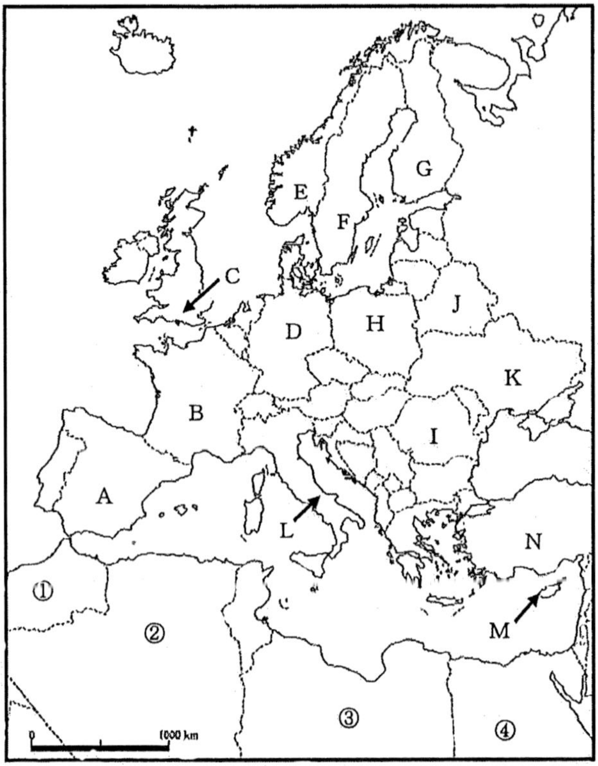

図1

(1)　A国とB国の南部に広がる地中海性気候の降水量の季節的特徴を，それらをもたらす要因をふまえて説明しなさい。

(2)　C国の現在の通貨単位を答えなさい。

(3)　次の表1は，2019年の北ヨーロッパ3か国の発電割合について表したものである。以下の(a)，(b)の問いに答えなさい。

表1　（単位は%、合計が100にならないこともある）

	火　力	水　力	原子力	その他
デンマーク	19	0	0	80
E	2	93	0	5
F	1	39	39	20

（『データブック　オブ・ザ・ワールド』より作成）

(a)　デンマークの「その他」の割合の中で，最も多い発電方法を答えなさい。

(b) 図1中のE国とF国は，山脈を隔てて隣接しているが，「水力」の割合が大きく異なっている。E国の割合が高くなるおもな理由を，国名を明らかにし，自然環境に着目して説明しなさい。

(4) 公用語にウラル語族の言語が含まれている国をA～Kから一つ選び，記号で答えなさい。またその国名をあわせて答えなさい。

(5) A～Kの中で，人口が最も多い国を一つ選びなさい。またその国名もあわせて答えなさい。

(6) L国が旧宗主国である国として最も適当なものを，①～④から一つ選び，記号で答えなさい。

(7) 民族対立が見られるMの国名を答えなさい。

(8) A～Nのうち，イスラーム教が多数を占めるNATO加盟国を一つ選びなさい。またその国名もあわせて答えなさい。

(9) EU加盟国の多くが批准している，シェンゲン協定の取り決めの内容について，次の【語句】を必ず使用して説明しなさい。

【語句】国境

C 図2は東南アジアを中心とした地図であり，a～hは独立国を示している(複節国は，首都が存在する場所を示している。)以下の問いに答えなさい。

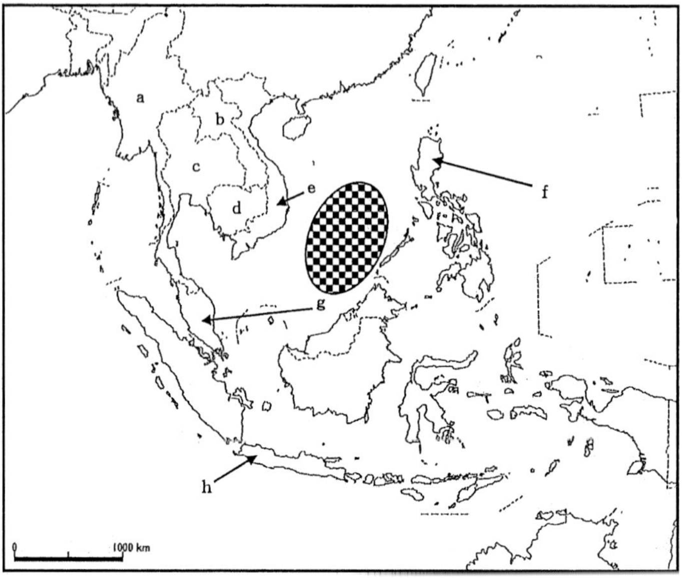

図2

(1)　帝国主義時代にイギリスとフランスの緩衝国として独立を保持した国として最も適当なものを，a～hから一つ選び，記号で答えなさい。またその国名をあわせて答えなさい。

(2)　キリスト教徒が多数を占める国として最も適当なものを，a～hから一つ選び，記号で答えなさい。またその国名をあわせて答えなさい。

(3)　南シナ海ので囲まれた群島(諸島)では，e・f・g・その他の国で領有権争いが発生している。そのおもな理由を説明しなさい。

(4)　g国のブミプトラ政策について，次の語句を必ず使用して説明しなさい。

【語句】中国系　マレー系

(5)　以下の表2のア～エは，プランテーション作物の輸出量上位5カ国と，世界に占める割合を示したものである。表2中のc，e，f，hは，図2で示した国である。ア～エの作物名を，【語群】から一つずつ選んで答えなさい。

【語群】茶　バナナ　さとうきび　天然ゴム　綿花　カカオ豆
コーヒー豆　パーム油

表2

ア

国名（2019年）	割合（%）
エクアドル	26.9
グアテマラ	10.4
f	9.8
コスタリカ	9.6
コロンビア	7.7

イ

国名（2019年）	割合（%）
ケニア	23.7
中国	18.2
インド	12.8
スリランカ	8.4
e	6.7

ウ

国名（2019年）	割合（%）
ブラジル	28.3
e	17.9
コロンビア	9.6
ホンジュラス	5.2
ドイツ	4.5

エ

国名（2019年）	割合（%）
c	32.8
h	27.1
コートジボワール	9.2
e	7.9
g	6.6

（いずれも『データブック　オブ・ザ・ワールド』より作成）

D　図3は，九州地方(沖縄県をのぞく)，図4は東北地方を中心とする地図である。以下の問いに答えなさい。

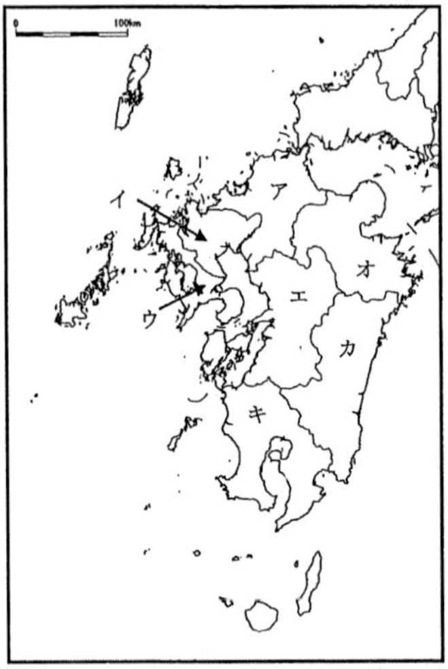

図3

図4

(1)　南北約25km，東西約18kmのカルデラが存在している県を，ア～スから一つ選び，記号で答えなさい。

(2)　資料1は，ケ県出身の宮沢賢治の作品『雨ニモマケズ』の一部である。この作品には，農民がこの地域を繰り返し襲った凶作が原因で生活が困窮していた様子がうかがえる。「サムサノナツ(寒さの夏)」をもたらす要因のひとつである局地風の名称を答えなさい。

資料1『雨ニモマケズ』(一部抜粋し，改変)

ヒデリノトキハ　ナミダヲナガシ　サムサノナツハ オロオロアルキ

(3)　次の表3のA～Cは，図4のク・コ・スの第1次産業人口の割合(2015年)，製造品出荷額(2018年)，小売業年間販売額(2018年)を示したものである。正しい組み合わせとして最も適当なものを，①～⑥から一つ選び記号で答えなさい。

表3

	第1次産業人口の割合 (%)	製造品出荷額 (億円)	小売業年間販売額 (億円)
A	12.4	18,031	13,077
B	6.7	52,812	20,832
C	4.5	46,912	27,350

(『データブック オブ・ザ・ワールド』より作成)

	①	②	③	④	⑤	⑥
A	ク	ク	コ	ス	コ	ス
B	コ	ス	ク	ク	ス	コ
C	ス	コ	ス	コ	ク	ク

(4) 東京や大阪などの大都市圏から離れている九州地方では，自動車や船舶などを利用して，栽培した野菜や果物などを出荷している。このような農業形態を何というか答えなさい。

(5) 次の表4は，ア・カ・ケ・サの県庁所在地の気温と降水量を表している。アとサの組み合わせとして正しいものを①～④から一つ選び，記号で答えなさい。

表4

	1月の降水量 (mm)	年間降水量 (mm)	1月の気温 (℃)	7月の気温 (℃)
W	74.4	1686.9	6.9	27.4
X	72.7	2625.5	7.8	27.3
Y	118.9	1741.6	0.4	23.4
Z	49.4	1279.9	−1.6	22.4

(『理科年表2022』より作成)

	①	②	③	④
ア	W	W	X	X
サ	Y	Z	Y	Z

(6) 九州および東北各地方で人口最大の都市がある県を，図3，4のア～スから一つずつ選び，記号で答えなさい。また，それらの都市のように人口50万人以上で道府県と同様に行財政権や事務権限が委譲

される都市を何というか答えなさい。

(7)　次の①～④は，九州地方または東北地方で世界遺産に登録されている地名とそれらが位置している図3・4のア～スの県を示している。組み合わせとして正しいものを①～④から一つ選び，記号で答えなさい。

①　白神山地－シ　　②　屋久島－キ　　③　平泉－コ
④　沖ノ島－オ

(☆☆☆◎◎◎)

【2】次のA～Dの文章を読んで，以下の問いに答えなさい。

A　次の表は，生徒が仏教を中心に6世紀から11世紀の各文化の概要をまとめた表である。これを見て，以下の問いに答えなさい。

・6世紀…①仏教が大陸より伝わった。
・7世紀前半の文化…飛鳥文化と呼ばれ，②豪族により寺院が建立されるなど，仏教中心の文化であった。
・7世紀後半から8世紀初頭の文化…③白鳳文化と呼ばれ，仏教文化を基調としていた。
・8世紀の文化…天平文化と呼ばれ，仏教は，国家の保護を受けて発展した一方で，④政府から厳しい統制を受けた。
・8世紀末から9世紀末の文化…⑤弘仁・貞観文化と呼ばれ，新たに伝えられた⑥天台宗・真言宗が広まった。
・10世紀から11世紀の文化…国風文化と呼ばれ，天台宗・真言宗が圧倒的な勢力を持つ一方，⑦浄土教も流行した。また，⑧神仏習合もさかんであった。

(1)　下線部①に関連して，欽明天皇に仏像・経典を伝えたとされる人物を答えなさい。

(2)　下線部②に関連して，豪族にとっての寺院建立の意義を，「古墳」という語句を必ず使用して説明しなさい。

(3)　下線部③に関連して，資料1の名称を答えなさい。

資料1

【写真は著作権上の都合により掲載できません】

(『詳説日本史B』(山川出版社)より)

(4) 下線部④に関連して，行基が国家から取り締まりを受けた理由を答えなさい。

(5) 下線部⑤に関連して，「弘仁」は，嵯峨天皇の時の年号である。嵯峨天皇について説明した次の文章の(ア)～(オ)に適する語句または短文を答えなさい。

> 嵯峨天皇は，兄の平城太上天皇と対立したが，勝利した。この対立の際に，天皇の命令をすみやかに太政官組織に伝えるため秘書官長としての(ア)が設けられ，初代の(ア)には(イ)が任命された。また，平安京内の警察にあたる(ウ)を設け，のちに(ウ)は裁判も行うなど京の統治を担う重職となった。さらに嵯峨天皇のもとでは，法制の整備も進められ，律令制定後に出された法令を，(エ)する格と(オ)である式に分類・編集した。

(6) 下線部⑥に関連して，天台宗と真言宗について説明した次の文ア～エより適切なものを一つ選び，記号で答えなさい。

ア 空海は唐で密教をきわめて帰国し，真言宗を開いたほか，漢詩文にすぐれ『凌雲集』を著した。

イ 空海は桓武天皇から平安京に教王護国寺を賜り，その寺院は都における密教の根本道場として機能した。

ウ 延暦寺の僧兵は，山法師と呼ばれ，院政期に春日大社の神輿をかついで強訴した。

エ 延暦寺は，天文法華の乱で法華一揆と衝突し，これを京都から追った。

(7) 下線部⑦に関連して，仏師定朝は従来の一木造にかわる仏像の製作手法を完成させたが，その名称を答えよ。また，その手法が完成された背景を「末法思想」という語句を必ず使用して説明しなさい。

(8)　下線部⑧に関連して，この時期，神は仏が仮に形をかえてこの世にあらわれたものとする思想が生まれたが，この思想名を答えなさい。

B　鎌倉時代は，⑨蒙古襲来の前後から農業が発展し，畿内や西日本では麦を裏作とする(　ア　)が普及し，牛馬を利用した農耕が広がった。また，室町時代にかけて，鎌倉時代の肥料に加えて新たな肥料が使用された。鎌倉時代以降，定期市も開かれるようになり，⑩特産品の売却や年貢の銭納に必要な貨幣獲得のため，定期市は月に開く回数が増え，応仁の乱後には，(　イ　)が一般化した。また，室町時代には行商人の数も増加し，京都の(　ウ　)や桂女など女性の活躍が目立った。貨幣は，鎌倉時代の宋銭に加え⑪明銭が使用された。鎌倉時代以降，貨幣流通量の増加は金融業者の活動をうながすことになり，室町時代には酒屋などの富裕な商工業者は，(　エ　)と呼ばれた高利貸業を兼ねた。

(9)　文章中の(　ア　)～(　エ　)に適する語句を答えなさい。

(10)　下線部⑨に関連して，蒙古襲来後の幕府政治と御家人社会の状況を，次の語句を必ず使用して具体的に説明しなさい。

【御内人　合議　永仁の徳政令　分割相続】

(11)　下線部⑩に関連して，室町時代の地方特産品のうち，日明貿易の重要輸出品として備前国で大量に生産された品物を答えなさい。

(12)　下線部⑪に関連して，明銭をもたらした日明貿易について説明した次の文ア～エより適切なものを一つ選び，記号で答えなさい。

ア　貿易の形態は朝貢貿易であり，明に派遣される船は勘合を持参することを義務づけられた。

イ　第3代将軍足利義満により始まった貿易は，第6代将軍足利義教によって中断された。

ウ　日本からは，陶磁器に加えて生糸，銀や硫黄などの鉱産物が輸出された。

エ　寧波の乱では，堺商人と結んだ大内氏が勝利し，16世紀に大内氏が滅亡するまで貿易を独占した。

C　次の『江戸時代の小判の重量と成分比』の表を見て，以下の問いに答えなさい。

鋳造年	種　類	1枚あたりの重量（匁）（注1）	成分比（注2）	
			金（%）	銀（%）
1600年	慶長小判	4.76	84.29	15.71
1695年	元禄小判	4.76	57.37	42.63
1710年	宝永小判	2.50	84.29	15.71
1714年	正徳小判	4.76	84.29	15.71
1716年	享保小判	4.76	86.79	13.21
1736年	元文小判	3.50	65.71	34.29
1819年	文政小判	3.50	56.41	43.59
1837年	天保小判	3.00	56.77	43.23
1859年	安政小判	2.40	56.77	43.23
1860年	万延小判	0.88	56.77	43.23

2013年度センター試験日本史B本試験より作成

(注1) 1匁=3．75グラム
(注2) 成分比は、幕府が公定した品位による。

(13)　表中の慶長小判が鋳造された年の出来事について説明した次の文a・bの正誤の組み合わせとして正しいものを，以下のア～エから一つ選び，記号で答えなさい。

a　五奉行の一人である石田三成と五大老の徳川家康との対立が表面化し，両者は美濃の関ヶ原で戦った。

b　リーフデ号が豊後に漂着し，徳川家康はリーフデ号の乗組員であったオランダ人やイギリス人を外交・貿易の顧問とした。

ア　a　正　b　正　　イ　a　正　b　誤
ウ　a　誤　b　正　　エ　a　誤　b　誤

(14)　正徳小判が鋳造された翌年に金銀の流出を防ぐことを目的として貿易額を制限する法令が発令された。この法令名を答えなさい。

(15)　享保小判が鋳造された年に将軍に就任した人物が行った政策である「上げ米」を説明しなさい。

(16)　元文小判が鋳造された年から文政小判が鋳造された年の間に起きた出来事Ⅰ～Ⅳを古いものから順に配列したものを，ア～カから一つ選び，記号で答えなさい。

Ⅰ　ラクスマンが根室に来航する

Ⅱ　幕府が全蝦夷地を直轄化する
Ⅲ　ゴローウニン事件が起こる
Ⅳ　レザノフが長崎に来航する
ア　Ⅰ－Ⅲ－Ⅱ－Ⅳ　　イ　Ⅱ－Ⅰ－Ⅳ－Ⅲ
ウ　Ⅳ－Ⅱ－Ⅲ－Ⅰ　　エ　Ⅱ－Ⅳ－Ⅲ－Ⅰ
オ　Ⅳ－Ⅰ－Ⅲ－Ⅱ　　カ　Ⅰ－Ⅳ－Ⅱ－Ⅲ

(17)　天保小判が鋳造された年に大坂で貧民救済のために武装蜂起した人物を答えなさい。

(18)　次は，表について話し合う2人の生徒の会話である。会話文を読んで以下の問いに答えなさい。

太郎　小判は金貨で，計数貨幣という特徴だったけど，金貨に対して銀貨はどんな特徴があったかわかる？
花子　もちろん！銀貨は(　ア　)という特徴よね。取引のつど重さをはかるなんて，今の私たちにはイメージがわかないけど。
太郎　しかも日本の東西で主に使用される貨幣が違っていたね。だからこそ，(　イ　)という商人は，貨幣の流通を促進させる役割を担っていたんだね。
花子　ところで，表では慶長小判のあとの元禄小判で金の成分比が下がっているけど，なぜ下がったのだろう。
太郎　質の劣る小判の発行を増加させて[　ウ　]をねらったからだね。勘定吟味役の(　エ　)が将軍綱吉に貨幣の改鋳を上申し，採用されて鋳造されたのが元禄小判だよ。
花子　でも，質の劣る貨幣は，[　オ　]を引き起こすから，人々の生活は苦しくなった。そこで，それをおさえるために金成分比が，慶長小判と同質の正徳小判が鋳造されたというわけね。
太郎　それにしても，正徳小判のあとは，重量・金成分比の減少が著しいね。とりわけ，1860年に鋳造された万延小判は，表によると，天保小判や安政小判と比べ，金と銀の成分比は同じだけど，[　カ　]から，かなり質が悪くなっているといえるね。
花子　なぜ，ここまで質の劣る小判を鋳造したのだろう。
太郎　その背景として，日本と外国では[　キ　]ためだね。それを防ぐために万延貨幣改鋳が行われたよ。
花子　小判の鋳造の歴史は，幕府の苦しみのあらわれというわけね。そういった背景を理解すると，より歴史が深く理解できるわね。

(a)　空欄(　ア　)，(　イ　)，(　エ　)に適する語句を答えなさい。
(b)　空欄[　ウ　]，[　オ　]に適する文を10字程度で答えなさい。
(c)　空欄[　カ　]に適する文を表を参考に30字程度で答えなさい。
(d)　空欄[　キ　]に適する文を30字程度で答えなさい。

D　開国後，日本は欧米諸国との関係を持つこととなった。明治政府にとって旧幕府が欧米諸国と結んだ⑫不平等条約の改正は，重要な課題であり，⑬日露戦争後に改正を実現し，ようやく列国と対等の地位を得ることができた。日露戦争後，日本は欧米諸国と様々な条約を締結し，⑭日露戦争で勝利して得た大陸進出拠点の確保につとめた。⑮産業革命が進む日本にとって，欧米諸国は重要な貿易相手先となった。第一次世界大戦に参戦した日本は，中国進出を強化し，ヴェルサイユ条約により旧ドイツ権益の継承が認められた。こういった東アジアにおける日本の膨張の抑制を目的に，アメリカは国際会議を開催した。⑯満州事変後，国際社会から孤立した日本は，ドイツ・イタリアとの提携を深め，日独伊三国軍事同盟が締結された。このことは，アメリカの対日姿勢を硬化させ，太平洋戦争の開戦へとつながった。第二次世界大戦後の⑰冷戦構造の中，アメリカにとって東アジアにおける日本の戦略的価値は高まった。⑱第一次石油危機後，世界経済が停滞する中，日本は経済大国となった。

(19)　下線部⑫に関連して，1880年代に条約改正交渉に取り組んだ井上馨外務大臣と大隈重信外務大臣の改正交渉における改正案の共通点を10字程度で答えなさい。

(20)　下線部⑬に関連して，日露戦争時の総理大臣は桂太郎であったが，以後，彼は三次にわたり内閣を組織した。これら桂太郎内閣の時の出来事について説明した次の文a～dで正しいものの組み合わせを，以下のア～エから一つ選び，記号で答えなさい。

a　日本社会党が結成されると，当面その存続を公認した。

b　大逆事件を機に社会主義者などを大弾圧した。

c　二個師団増設にからむ問題により内閣が総辞職した。

d「閥族打破・憲政擁護」を掲げる運動により内閣が総辞職した。

ア　a・c　　イ　a・d　　ウ　b・c　　エ　b・d

(21)　下線部⑭に関連して，資料2は日朝関係の推移をしめした次の表のア～エいずれの時期のものか適切なものを一つ選び，記号で答えなさい。

｜ア
第一次日韓協約
｜イ
ハーグ密使事件
｜ウ
朝鮮総督府設置
｜エ

資料2

第一条	韓国政府ハ施政，改善ニ関シ統監ノ指導ヲ受クルコト。
第二条	韓国政府ノ法令ノ制定及ビ重要ナル行政上ノ処分ハ予メ統監ノ承認ヲ経ルコト。
第三条	韓国高等官吏ノ任免ハ統監ノ同意ヲ以テ之ヲ行フコト。

『日本外交年表並主要文書』

(22)　下線部⑮に関連して，産業革命が進む中，日本は金融，貿易の制度面の整備をはかり，欧米諸国にならった貨幣制度を採用した。この貨幣制度を採用した経緯と目的を説明しなさい。ただし，「日清戦争」という語句を必ず使用しなさい。

(23)　下線部⑯に関連して，次の出来事ア～ケのうち，満州事変の勃発から日独伊三国軍事同盟が締結されるまでの間に発生したものを三つ選び，それを古いものから順に並び替えなさい。

ア　日満議定書の調印　　イ　翼賛選挙の実施
ウ　張作霖爆殺事件　　エ　ロンドン海軍軍縮条約の調印
オ　二・二六事件　　カ　大東亜会議の開催
キ　国家総動員法　　ク　ヤルタ会談
ケ　石井・ランシング協定の廃棄

(24)　下線部⑰に関連して，1950年の朝鮮戦争に際してGHQの指令で新設された再軍備組織を答えなさい。

(25)　下線部⑱に関連して，次は「経済大国となった日本」を指導する際の板書計画である。空欄[　X　]に適する内容を資料3の読み取りをふまえて20字程度で記述しなさい。

経済大国となった日本(1980年代)
○第一次石油危機後も，欧米先進諸国に比べて高い成長率
(要因)・企業…省エネルギーや人員削減などの減量経営につとめる
ME技術を駆使し，工場やオフィスの自動化をすすめる
・産業構造の転換…「重厚長大型産業」から「軽薄短小型産業」へ
○日本の貿易黒字の拡大
(影響)[　X　]が深刻化

資料3

【写真は著作権上の都合により掲載できません。】

(『詳説日本史B』(山川出版社)より)

(☆☆☆☆◎◎◎◎)

【3】先生，太郎さん，次郎さん，花子さんが様々な国・地域の歴史について会話をしている。以下の問いに答えなさい。

先生　これまで世界史を学んできたけど，どこの国の歴史が興味深いかな。

太郎　私はインド史かな。インド史を学ぶときは①仏教，②ヒンドゥー教，③イスラーム教など宗教の視点を持つとわかりやすいよ。

次郎　確かに宗教の視点は大切ですね。私は西ヨーロッパ中世世界かな。④カールの戴冠，⑤十字軍などの出来事や⑥封建社会の成立・衰退は大きく社会が変化していく感じがします。王権と教皇権の対立や⑦外部勢力の侵入，⑧イギリスとフランスの対立も興味深いです。

花子　私は近世から近代の諸国家間の関係が興味深いです。よく「世界の一体化」と言われるけど，この言葉は，世界の政治的な一体化と誤解する人がいるんじゃないかな。むしろ16世紀から19世紀は，広域的な競争のなかで，それぞれの国家内部のまとまりがしだいに強まり，対外的な対抗意識が高まる時代だと思う。

太郎　⑨オランダ，⑩イギリス，⑪フランスなどの主権国家間の覇権争い，啓蒙専制君主が出現した⑫オーストリア，⑬プロイセン，⑭ロシアの動きは，花子さんが言っている対外的な対抗意識を考える上でしっかり整理しないといけないね。あと⑮オスマン帝国の動きも大切だと思う。

次郎　そうした各国の動向が，やがて18世紀後半の帝国主義時代につながり，やがて20世紀の世界大戦へとつながっていくのですね。

花子　私は列強の帝国主義政策が⑯アジア社会に与えた影響や⑰第一次世界大戦前後の社会の変化についてもっと学びたいと思います。

先生　第二次世界大戦後の東西両陣営の分裂についても学んでくださいね。東側の社会主義陣営はソ連に加えて，⑱東欧や⑲中国・⑳キューバ・ベトナムに拡大したが共産党一党支配の問題点なども表面化しました。一方の西側では㉑アメリカ合衆国を中心とした自由貿易体制が樹立され，先進国では経済成長が進みましたが，環境破壊や資源の枯渇などの危機が生じました。両陣営の動向は世界史を理解するうえで大変重要だと思います。

(1)　下線部①について，クシャーナ朝時代に仏教のなかから新しい運動が起こった。この運動について，それまでの運動と比較して説明しなさい。

(2)　下線部②について，この宗教は東南アジアなどインド以外にも広まった。中部ジャワで8世紀に成立したヒンドゥー教の王朝を答えなさい。

(3)　下線部③について，次の問いに答えなさい。

(a)　13世紀にインドで最初のイスラーム王朝が成立した。この王朝の創始者を答えなさい。

(b)　ムガル皇帝第3代アクバルは宗教的な政策で支配の基盤を固めようとした。彼の宗教的な政策を具体例を挙げて説明しなさい。

(c)　次の文a・bの正誤の組み合わせとして正しいものを，以下のア～エから一つ選び，記号で答えなさい。

a　全インド＝ムスリム連盟のジンナーがパキスタンの分離・独立を主張した。

b　ガンディーは熱心なイスラーム教徒に暗殺された。

ア　a 正　b 正　　イ　a 正　b 誤

ウ　a 誤　b 正　　エ　a 誤　b 誤

(4)　下線部④について，カールの戴冠は重要な歴史的意義をもつがどのような意義か説明しなさい。

(5)　下線部⑤について，十字軍はその後の西ヨーロッパ世界に大きな影響を与えた。十字軍の影響について説明したものとして最も適当なものを次の文ア～エから一つ選び，記号で答えなさい。

ア　十字軍の失敗により教皇の権威はゆらぎはじめ，逆に国王の権威が高まった。

イ　十字軍の遠征により，イタリアの都市は衰退したが，地中海貿易による東方との交易は盛んになった。

ウ　東ヨーロッパでは，12世紀ルネサンスが起こる契機となった。

エ　フィレンツェのフッガー家が台頭し，一族から教皇を出した。

(6)　下線部⑥について，西ヨーロッパ中世世界の封建制は他の地域と性格を異にする。例えば，中国の周王朝と比較した場合，どのような違いが見られるか。中国の周王朝との違いを明確にしつつ，西ヨーロッパの封建制の特徴を説明しなさい。

(7)　下線部⑦について，外部勢力の侵入を説明したものとして最も適当なものを次の文ア～エから一つ選び，記号で答えなさい。

ア　ロロが率いる一派は，北フランスに侵入してノルマン朝をたてた。

イ　リューリクが，南イタリアとシチリア島に侵入し，両シチリア王国をたてた。

ウ　アルフレッド大王が，ノヴゴロド国をたてた。

エ　ノルマン人の一派が建国したキエフ公国のウラディミル1世が，ギリシア正教に改宗した。

(8)　下線部⑧について，百年戦争はフランスの王位継承権がきっかけで起こった。次の史料はイギリスとフランスの系図である。系図をふまえてこの戦争のきっかけを説明しなさい。

【写真は著作権上の都合により掲載できません。】

『詳説世界史B』(山川出版社)より抜粋，一部修正して作成

(9)　下線部⑨について，17世紀にオランダのアムステルダムは，国際金融の中心となったが，オランダが1602年設立した貿易会社を何というか，答えなさい。

(10)　下線部⑩について，次のア～エはイギリス革命を説明したもの

である。年代の古いものから順に並びかえなさい。

ア　権利の請願が議会で可決されたが，チャールズ1世は翌年議会を解散した。

イ　独立派のクロムウェルは，ピューリタンを中心に鉄騎隊を編成した。

ウ　ウィリアム3世とメアリ2世が権利の宣言を受け入れた。

エ　航海法が制定されイギリス＝オランダ戦争がおこった。

(11)　下線部⑪について，次の問いに答えなさい。

(a)　ルイ14世が1685年に，ある王令を廃止したことで国内産業の発展が阻害されたと考えられる。この王令を明記し，なぜ国内産業の発展が阻害されたのかを説明しなさい。

(b)　学習指導要領では，ヨーロッパで自由主義とナショナリズムを学ぶ際に，次のように記載されている。

> 『例えば，「なぜこの時期に欧米でナショナリズムが広まったのだろうか」などの，推移や展開を考察するための課題(問い)を教師が設定する。生徒は，諸資料を活用して，文学・芸術作品に表れたナショナリズムを読み取ったり，それらが同時代でどのように受け止められたかを考察したりして，各地でのナショナリズムの高揚を理解する』

このことをふまえて，太郎さんが，次の史料を活用して自由主義とナショナリズムを読み取ろうとしている。どのように読み取ることが望ましいか，史料に描かれている人々，物などに着目して，それらが自由主義やナショナリズムの考え方にどのようにつながるのか答えなさい。

【写真は著作権上の都合により掲載できません。】

『詳説世界史B』(山川出版社)より

(12)　下線部⑫について，オーストリアのマリア＝テレジアの子で宗教面での寛容政策や農奴解放につとめた啓蒙専制君主を答えなさい。

(13)　下線部⑬について，この国の啓蒙専制君主であるフリードリヒ2世に影響を与えたフランスの啓蒙思想家を答えなさい。また，フリードリヒ2世がたてたサンスーシ宮殿の建築様式について，建築様式を明記し，その建築様式の特徴も答えなさい。

(14)　下線部⑭について，エカチェリーナ2世は，啓蒙専制君主として挙げられるが，次郎さんは必ずしもそうとは言えない部分も見られたのではないかと主張した。次郎さんはなぜそのように主張したのか，その理由を答えなさい。

(15)　下線部⑮について，次の問いに答えなさい。

(a)　14世紀末から16世紀前半までのオスマン帝国の対外進出について，次の語句を必ず使用し説明しなさい。

【語句】

バヤジット1世	メフメト2世
セリム1世	スレイマン1世
コンスタンティノープル	マムルーク朝
プレヴェザの海戦	ニコポリスの戦い
サファヴィー朝	第1次ウィーン包囲

(b)　イクター制を継承したもので，軍事奉仕の代償として騎士たちに徴税権を与えた制度を答えなさい。

(c)　ムスタファ＝ケマルが，今から100年前の1923年に連合国とのあいだに，ある条約を結んで新しい国境を定め，治外法権の廃止などに成功した。この条約名を答えなさい。またこの年，樹立を宣言した国名も答えなさい。

(16)　下線部⑯について，日露戦争の結果が，アジアの諸民族の独立や近代化の運動に与えた影響として，ベトナム，イランで起こった民族運動をそれぞれ答えなさい。

(17)　下線部⑰について，次の問いに答えなさい。

(a)　学習指導要領では，「第一次世界大戦とロシア革命については，大戦により四つの帝国が消滅して「帝国の時代」に終止符が打たれたことを扱う」と記載されている。ロシア帝国とオスマン帝国をのぞいた二つの帝国を答えなさい。

(b) 1920年代に国際秩序の柱になったのは二つの体制である。この二つの体制について会議名を明らかにして簡潔に答えなさい。

(18) 下線部⑱について，フルシチョフ第一書記は平和共存路線を提唱した。これは雪どけと呼ばれるが，この影響の説明として誤りを含むものを，次の文ア～エから一つ選び，記号で答えなさい。

ア　ポーランドでは，ポズナニで生活改善と民主化を要求する民衆と軍・警察とが衝突した。

イ　東ドイツでは，東ベルリンから西側に脱出する人々が急増したため，東西ベルリンの境界に壁を築いた。

ウ　ハンガリーでは，社会主義体制とソ連からの離脱を求める大衆行動が全国に拡大し，首相のナジ＝イムレが処刑された。

エ　チェコスロヴァキアでは，「プラハの春」と呼ばれた民主化を求める市民運動がおこった。

(19) 下線部⑲について，「大躍進」運動の失敗により失脚した毛沢東にかわって国家主席となった人物を答えなさい。

(20) 下線部⑳について，キューバ危機の翌年，米・英・ソで調印された条約を答えなさい。

(21) 下線部㉑について，アメリカ合衆国について説明したものとして最も適当なものを次の文ア～エから一つ選び，記号で答えなさい。

ア　ニクソン大統領は，第四次中東戦争が起こるとドルの金兌換停止を発表した。

イ　レーガン大統領は，「小さな政府」をめざす新自由主義的改革を提唱した。

ウ　ケネディ大統領は，朝鮮戦争の休戦協定を実現し，ソ連との緊張緩和をめざした。

エ　クリントン大統領は，イスラエルのアラファト議長とパレスチナ解放機構のラビン首相との相互承認を仲介した。

(☆☆☆☆◎◎◎◎)

【４】次のA・Bの文章を読んで，以下の問いに答えなさい。

A　日本では，①民主主義の原理をふまえた憲法は太平洋戦争後の日本国憲法でようやく実現した。日本国憲法の三大原理は，近代民主政治の基本原理である②基本的人権の尊重と国民主権に，③平和主義を加えたものである。

日本国憲法のもとでは，立法権は国会に，行政権は内閣に，司法権は④裁判所に帰属し，それらが互いに抑制し合う三権分立がとられている。日本国憲法には新たに⑤地方自治という章が設けられた。地方自治は，身近な問題への取り組みを通して人々が⑥国政の運営に必要とされる力を養う場と考えられてきた。

(1)　下線部①に関して，各国の政治制度に関する次のア～オの文章のうち，正しいものを一つ選び，記号で答えなさい。

ア　ドイツでは，大統領は国民の直接選挙によって選ばれ，広範な権力をもっている。

イ　アメリカの下院は，小選挙区制で各州から人口に比例して選出される。

ウ　イギリスの議会は，上院と下院で構成され，下院に対して上院優位の原則が確立している。

エ　中国における最高決定機関は最高人民法院であり，この下に行政を担当する国務院が設けられている。

オ　フランスの大統領は間接選挙で選出され，大統領は首相を任命する権利を有する。

(2)　下線部②に関する次の問いに答えなさい。

(i)　最高裁で憲法違反ではないとされた，堀木訴訟の争点を答えなさい。

(ii)　日本国憲法の人身の自由に関する次の条文を読んで，(　ア　)～(　ウ　)に当てはまる語句を答えなさい。

第31条　何人も，(　ア　)の定める手続によらなければ，その生命若しくは自由を奪はれ，又はその他の刑罰を科せられない。 第33条　何人も，現行犯として逮捕される場合を除いては，権限を有する司法官憲が発し，且つ理由となつてゐる犯罪を明示する(　イ　)によらなければ，逮捕されない。 第38条　(1)何人も，自己に不利益な供述を強要されない。 (2)強制，拷問若しくは脅迫による自白又は不当に長く抑留若しくは拘禁された後の自白は，これを(　ウ　)とすることができない。

(3)　下線部③に関する次のA～Cの文章について，その正誤の組み合わせとして正しいものを(a)～(h)から一つ選び，記号で答えなさい。

A　自衛隊の最高指揮監督権は防衛大臣にある。

B　2014年に集団的自衛権の行使を容認する閣議決定がなされた。

C　2001年に「同時多発テロ」をうけて，イラク復興支援特別措置法を制定した。

(a)　A　正　B　正　C　正
(b)　A　正　B　正　C　誤
(c)　A　正　B　誤　C　正
(d)　A　正　B　誤　C　誤
(e)　A　誤　B　正　C　正
(f)　A　誤　B　正　C　誤
(g)　A　誤　B　誤　C　正
(h)　A　誤　B　誤　C　誤

(4)　下線部④に関して，裁判制度の利用をより容易にし，弁護士サービスを身近に受けられるようにするために設置された法務省所管の独立行政法人を何というか，答えなさい。

(5)　下線部⑤に関する次のA～Cの文章について，その正誤の組み合わせ合わせとして正しいものを(a)～(h)から一つ選び，記号で答えなさい。

A　地方自治体の財源である国庫支出金は，使途が特定されている特定財源に含まれる。

B　主要公務員(副知事や副市長村長など)は解職請求の対象とならない。

C　小泉内閣が推進した三位一体改革は国庫支出金の削減，国から地方への税源の移譲，地方交付税の見直しを同時におこなうことである。

(a)　A　正　　B　正　　C　正
(b)　A　正　　B　正　　C　誤
(c)　A　正　　B　誤　　C　正
(d)　A　正　　B　誤　　C　誤
(e)　A　誤　　B　正　　C　正
(f)　A　誤　　B　正　　C　誤
(g)　A　誤　　B　誤　　C　正
(h)　A　誤　　B　誤　　C　誤

(6)　下線部⑥に関して，政党助成法により政党交付金を受ける対象となる政党の要件は二つある。二つの要件を答えなさい。

B　1960年代に入り，日本では⑦国民皆保険が実現した。1970年代に入ると石油危機が起こり，⑧世界経済に大きな打撃を与えた。各国では大量の⑨国債が発行された。1980年代に入ると，金融の自由化・国際化の進展にともない，その環境も変化してきた。冷戦終結後の世界では，ヒト・モノ・カネが国境をこえて自由に移動する時代になり，⑩企業の活動はますます国際化し，地球規模での経済の一体化が進んでいる。このような経済のグローバル化に伴い⑪経済活動における国際ルールの確立が求められている。

(7)　下線部⑦に関して，次の表は日本の社会保険についてまとめたものである。表の［ア］～［ウ］に入る語句や数字を答えなさい。

医療保険	すべての人がどれかの健康保険に加入し、病気やけがの時、安く治療が受けられる。
年金保険	老齢になったとき、障害を有したとき、扶養者が死亡したときに年金が受けられる。
［ア］	失業したとき、一定期間給付金がもらえる。
労災保険	仕事でけがをしたり、病気になったときに保険金が出る。保険料は全額［イ］が負担することなっている。
介護保険	［ウ］歳以上の国民から保険料を徴収し、必要度に応じて介護サービスを受ける。

(8)　下線部⑧に関する次の問いに答えなさい。

(i)　次は国際通貨制度の変遷についてまとめたノートの一部である。ノートの［ア］～［ウ］に入る語句や数字を答えなさい。

1944年　ブレトンウッズ協定
1947年　［ア］業務開始
　　①→外国為替相場の安定＝固定為替相場制
　　②→国際収支赤字国への短期融資
　　［相場］→1オンス＝35ドル，1ドル＝360円
1971年　ニクソンショック
　　スミソニアン協定
　　①→ドル切り下げ
　　②→各国の通貨の平価調整をはかった
　　［相場］→1オンス＝38ドル，1ドル＝［イ］円
1976年　［ウ］合意
　　変動為替相場制の正式承認を決定

(ii)　1980年代，アメリカは双子の赤字が拡大し，保護主義が台頭し始めたことに対して，先進諸国がとった対応を次の語句を使用し，答えなさい。

【公的介入】

(9)　下線部⑨に関して，政府が大量に国債を発行することで，民間に回るべき資金が抑制されることを何というか，カタカナで答えなさい。

(10)　下線部⑩に関する次の問いに答えなさい。

(i)　次のA～Cの文章について，その正誤の組み合わせとして正しいものを(a)～(h)から一つ選び，記号で答えなさい。

A　2006年，会社法が施行され，新たに有限会社を設立すること

ができなくなった。

B　同じ業種に属する企業を吸収，合併し企業活動を行う巨大企業をコングロマリットという。

C　公私合同企業の例としてNTTやJT，造幣局がある。

(a)　A　正　B　正　C　正
(b)　A　正　B　正　C　誤
(c)　A　正　B　誤　C　正
(d)　A　正　B　誤　C　誤
(e)　A　誤　B　正　C　正
(f)　A　誤　B　正　C　誤
(g)　A　誤　B　誤　C　正
(h)　A　誤　B　誤　C　誤

(ii)　中小企業基本法における中小企業の定義に該当しないものを次のア～エから一つ選び，記号で答えなさい。

ア　資本金3億2000万円で従業員270人の製造業
イ　資本金1億円で従業員80人の卸売業
ウ　資本金7500万円で従業員120人のサービス業
エ　資本金3500万円で従業員30人の小売業

(11)　下線部⑪に関する次の問いに答えなさい。

(i)　セーフガードについて次の語句を必ず使用して説明しなさい。
【国内産業】

(ii)　次の表を使用し，リカードの比較生産費説により両国が特化前より特化後の方が利益を受けることを説明しなさい。その際，どちらの国がどの生産物に特化するのか，何単位生産が増加するかを明らかにすること。なお，A国では220単位の労働量が存在し，B国では360単位の労働量が存在しているとする。

	X製品１単位の生産に必要な労働量	Y製品１単位の生産に必要な労働量
A国	100	120
B国	200	160

C　次の問いに答えなさい。

(12)　従来，「万物が生成変化する」と考えていた自然哲学に対して，そもそも「あるとは何か」を問い，真に存在するものは，永遠不変に存在すると考えた，エレア出身の哲学者は誰か，答えなさい。

(13) 次の(i)～(iii)の文章は，古代ギリシアにおいて活躍した3人の人物についての記述である。その記述中の下線部の語句について，それぞれ正しい語句を答えなさい。

(i) ソクラテスが行った，対話を通じて相手に不知を自覚させ，各自がもともと魂の内に持っていた心理を呼び起こす方法を，<u>弁論術</u>という。

(ii) プラトンは，正義の徳は，個人の魂においては<u>友愛</u>と気概と欲望という三部分の間に調和をもたらし，ポリスにおいては統治者と補助者と生産者を協力させ，秩序を作り出すと説いた。

(iii) アリストテレスは，過剰と不足という両極端を避けて中間を正しくとる<u>観想</u>にある徳を把握する動きが，思慮であるとした。

(14) 次の中国の思想に関する問いに答えなさい。

(i) 孟子の説いた四端の心を四つすべて答えなさい。

(ii) 自己への執着や分別の心から生じる人間の苦しみから自由となり，天地自然と一体となる境地に遊び，与えられた寿命をまっとうする理想の生き方をする人を荘子は何と呼んだか，次のア～エから最も適当なものを一つ選び，記号で答えなさい。

ア 真人　　イ 超人　　ウ 万能人　　エ 大丈夫

(15) 次のア～エはルネサンス期の人文主義者についての記述である。誤っているものを一つ選び，記号で答えなさい。

ア エラスムスによって著された『愚神礼讃』は，教会の形式化や聖職者の腐敗を鋭く風刺し，真の敬虔を説いたことで，教会によって禁書とされた。

イ マキァヴェリによって著された『君主論』では，人間の本性は利己的であるという認識の上で君主が非道徳的な手段もとることができなければならないと説かれている。

ウ トマス・モアによって著された『ユートピア』では，囲い込み運動によって貧しい農民が路頭に迷う様子を目の当たりにし現実社会のあり方を批判し，私有財産制を取り入れた理想郷をえがいた。

エ　ピコ・デラ・ミランドラによって著された『人間の尊厳について』では，人間は自分で自分のあり方を決定する自由意志を持っているところに尊厳があると説かれている。

(16)　フランスの哲学者デカルトが，そこから一切の学問を築こうとした哲学の第一原理を答えなさい。

(17)　次図は，ヘーゲルにおける人倫の展開を示したものである。空欄の[(i)]と[(ii)]に入る語句をそれぞれ答えなさい。

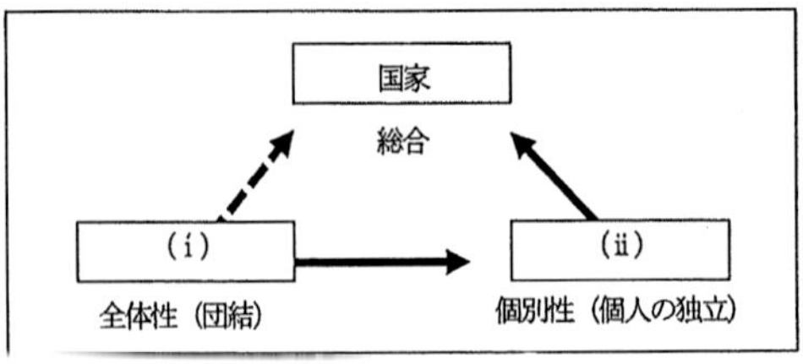

(18)　アダム・スミスが，人間の共感能力について，ある行為を観るときに，その行為をする人の心の中にはいりこみ，行為の影響を受ける人の感情についていくという「想像上の立場交換」であると述べた書物は何か，答えなさい。

(19)　ソシュールの説く，差異の体系についてシニフィアンとシニフィエの具体的な例を挙げて，説明しなさい。

(20)　レヴィナスの思想についての記述として最も適当なものをア～エから一つ選び，記号で答えなさい。

ア　私たちの無意識の欲望は，多様な方向に流れ，一定の方向に導く規律(コード)を持たないものであり，ほかのあらゆる自然の要素と接続と断絶を繰り返しながら事物を生産するため，無意識を「欲望する機械」とよび，私たちの身体や世界を動かしていると説いた。

イ　人間は，出来事に名前をつけることで世界の創造にかかわり，出来事への名づけを通して出来事を救済し解放することを批評とよび，複製技術の進歩によりアウラが失われた芸術作品が増えてきた時代にこそ批評が重要であると説いた。

ウ　生命を一定の目的に向かう運動ではなく，無目的なままに様々な形態をつくりながら複数の流れに枝分かれしていく運動ととらえ，この運動をおし進める力を生命の跳躍(エラン・ヴィタール)と呼び，人間と自然を区別する西洋の近代思考にたいして反省を促した。

エ　他者と出会うとは，私たちの安易な理解の企てに抵抗し，「顔」という理解から無限にあふれ出してしまうものに呼び掛けられることであり，他者に応答する責任を背負い，自己に先立つ他者を迎え入れることに喜びを感じると説いた。

(21)　アニミズムとはどのような考え方か，説明しなさい。

(22)　次のア～エはそれぞれ，『選択本願念仏集』，『歎異抄』，『正法眼蔵随聞記』，『立正安国論』の一部を抜粋したものである。このうち，『正法眼蔵随聞記』のものを一つ選び，記号で答えなさい。

ア　汝，早く信仰の寸心を改めて，速やかに実乗の一善に着せよ。然れば即ち三界は皆仏国なり，仏国其れ衰へんや。

イ　善人なをもて往生をとぐ，いはんや悪人をや。しかるを世のひとつねにいはく，悪人なを往生す，いかにいはんや善人をやと。

ウ　学道の最要は，坐禅，是第一也。大宋の人，多く得道する事，皆坐禅の力也。

エ　すべての人を救うために，仏像をつくり堂塔を建てるなどのもろもろのつとめを，往生の条件とはされなかった。その代わり誰でも修することのできる称名念仏ひとつをとって本願としたのである。

(23)　次のア～エは，日本における西洋思想の受容に関する記述である。記述の内容が正しいものを全て選び，記号で答えなさい。

ア　植村正久は，J.S.ミルの『自由論』を翻訳出版した。

イ　福沢諭吉は，為政者が人々にめぐみを与える天賦人権論を主張した。

ウ　中江兆民は，ルソーの『社会契約論』を翻訳出版し，「東洋のルソー」と呼ばれた。

エ　新島襄は，同志社英学校を創設し，キリスト教精神にもとづく教育をおこなった。

(24)　荻生徂徠が主張した「古文辞学」とはどのような学問方法か，伊藤仁斎の古学の方法をふまえて，説明しなさい。

(25)　アメリカの生物学者ハーディンが示した「共有地の悲劇」とは，どのようなものか。次の語句を必ず使用して，説明しなさい。

【自由】

(☆☆☆◎◎◎)

解答・解説

中　高　社　会

【共通問題】

【1】(1)　北アメリカ…オ　　アフリカ…イ　　(2)　(a)　グリーンランド　　(b)　キ　　(c)　エ　　(d)　ウ　　(e)　オ　　(f)　ク　(3)　A，D　　(4)　低気圧(台風)の接近により気圧が下がり海面が吸い上げられたり，強風により海水が海岸に吹き寄せられるなどして，海岸沿いの低い土地が浸水すること。　　(5)　・自分が住んでいる場所(位置)では，どのような被害が想定されるかを確認する。　・自分が住んでいる場所に被害が及んだ際に，どの避難場所に避難するかを確認する。　　(6)　ベトナム

〈解説〉(1)　亜寒帯は北半球にしか存在しないので，ア～ウは南アメリカ大陸，オーストラリア大陸，アフリカ大陸のいずれか。熱帯が広いアが南アメリカ，乾燥帯が広いウがオーストラリアで，イがアフリカである。次の(2)のような地図を見るとユーラシア大陸の寒帯は広く感

じるが，実際はエで，オが北アメリカ大陸。　(2)　(a)　面積の大きい島は，1位グリーンランドから5位くらいまでは覚えておきたい。ニューギニア島，カリマンタン島，マダガスカル島の次に，カナダのバッフィン島がはいる。スマトラ島とグレートブリテン島の間には日本の本州(面積22.8万km²)がくる。　(b)　地球の表面は卵の殻のようにいくつものプレートにわかれていて，海嶺から生まれ，海溝に沈み込んでいく。大西洋では東にアフリカプレートとユーラシアプレート，西に南アメリカプレート，カリブプレート，北アメリカプレートがあり，その中心が大西洋中央海嶺。アイスランドは海嶺の一部がホットスポットとなって海上に島を形成し，ギャオとよばれる。　(c)　インドネシアは，アルプス＝ヒマラヤ造山帯と環太平洋造山帯の交点に位置し，非常に火山活動が活発である。スマトラ島，ジャワ島などからなるスンダ列島は，その西部でインド＝オーストラリアプレートがユーラシアプレートに沈み込むスンダ海溝を形成している。2004年のスマトラ島沖地震では大津波が発生し，各国で20万人を超える死者・行方不明者がでている。　(d)　貿易風は亜熱帯高圧帯から熱帯収束帯に向かって吹く恒常風で，北半球では北東風，南半球では南東風。したがって南半球のマダガスカルが該当する。グレートブリテン島，アイスランド島は偏西風，セイロン島は北東季節風，南西季節風の影響を受ける。(e)　経度0度とは，すなわち本初子午線のことである。したがって旧グリニッジ天文台のあるグレートブリテン島。グリニッジ天文台を「旧」とよぶのは，すでに移転し，現在この地では天文台としての活動を行っていないためである。この経度0度を元にした時刻をグリニッジ標準時＝GMTといい，日本は東経135度を標準時子午線と定めており，GMT＋9。　(f)　セイロン島は，元来仏教徒のシンハラ人の多く居住する島であった。イギリス領時代に茶のプランテーションが開かれ，その労働者として南インドから多数のタミル人が連行されたため，現在も国民の10％が少数派として存在する。タミル人はヒンドゥー教徒が多く，1980年代には激しい内戦状態であったが，2009年に集結。スリランカの公用語はシンハラ語とタミル語。　(3)　B　シベリアの洪水は，低緯度から北極海に向かって流れる河川が，初夏になって雪解け水が北流した時に河口部分がまだ凍っているために生じる。 C　オーストラリアは安定陸塊で，火山はない。 E　ペルー沖で貿易風が弱まって海面水温が平年よりも上昇する状態がエルニーニョ現象。 F　ブラジルの熱帯雨林はセルバ，タイガは針葉樹林のこと。 (4)　高気圧下では下降気流が生じ，晴天となり，低気圧下では上昇気流が生じ，降雨または降雪がある。低気圧が発達すると熱帯低気圧や台風となり，急激な低圧下において海水が引き上げられ，水位が上昇し，合わせて強風が陸地に吹くことで浸水被害をもたらすのが高潮である。 (5)　実際に自分が居住する地域のハザードマップを見ることは非常に大切である。地域の自治体で配布されていても，実際に目にしていないことも多い。居住地では浸水，津波，土砂崩れなど，どのような被害が想定されているか確認させたい。万が一，自宅が浸水想定域にあったとしても，驚いたり慌てたりせずに，どのルートを通ってどこへ避難すればよいのか確認する良い機会である。また，それと同時にいざというときの家族の連絡方法，学校にいるとして帰宅方法等の確認もさせたい。 (6)　在留外国人は令和5年6月末現在およそ320万人で，ベトナム52万人が2位を占める。在留外国人のうち，永住者がおよそ4分の1を占め，約90万人。特別永住者は第二次世界大戦後の取り決めによるもので，多くは韓国人，朝鮮人，台湾人で約30万人。ベトナム人が増加した背景には技能実習制度導入による。

【2】(1)　ウ　(2)　ウ　(3)　(a)　X　私有　Y　灌漑　Z　輸租　(b)　三世一身法では私有が限定的であったため，期限後は農夫がやる気をなくし開墾田が荒廃したから。　(4)　ア　(5)　エ　(6)　承久の乱　(7)　軍費調達のために守護に一国内の荘園や公領の年貢の半分を徴発する権限を認めた法令。　(8)　エ　(9)　ウ　(10)　ア　(11)　旧大名が任じられた知藩事　(12)　物価の急激な上昇に民衆は苦しめられ，物価の上昇に労働者の賃金の上昇が追いついていなかったため。　(13)　吉野作造　(14)　イ→ウ→ア→エ　(15)　ウ

〈解説〉(1)　Ⅰ　持統天皇が完成させ，694年に遷都。　Ⅱ　671年に天智天皇が死去し，翌年大友皇子の近江朝廷側と吉野の大海人皇子とが皇位をめぐって争った内乱。　Ⅲ　684年，天武天皇が制定した八色の姓。　Ⅳ　670年に天智天皇のもとで作成された戸籍。　(2)　伊勢は東海道に属する。南海道は現在の四国・淡路・和歌山・三重県の一部を指す。　(3)　政府は，人口増加による口分田の不足をおぎない税の増収をはかるため，開墾奨励の目的で723年に三世一身法を発布した。新たに灌漑を設けて開墾した者は三世まで，旧来の施設を利用した場合は本人一代の私有を認めた。743年の墾田永年私財法では墾田の永久私有を認めた。ただし，身分によって墾田所有面積に限度を設けた。　(4)「10世紀後半から11世紀頃」はそれまでの大陸文化に日本人の人情・嗜好を加味し，日本の風土にあうように工夫した，優雅で洗練された文化が生まれ，国風文化と呼ばれた。　(5)　ア　地頭は公領や荘園に設置され，職務は土地管理，年貢・兵粮米の徴収，治安維持であった。大犯三ヵ条は守護の基本的権限。　イ　政所は鎌倉幕府の一般政務や財政をつかさどる。御家人を組織し統制する機関は侍所で，その長官は和田義盛であった。　ウ　奉公は家臣が主君に奉仕する義務で，平時には京都大番役や幕府御所を警護する鎌倉番役などを指す。本領安堵や新恩給与は主君が家臣に与える御恩のこと。
(6)　1221年に後鳥羽上皇が鎌倉幕府打倒のために起こした兵乱。乱後，幕府は皇位の継承に介入するとともに京都には新たに六波羅探題をおいて，朝廷を監視し，京都の内外の警備，および西国の統轄にあたらせた。また，上皇方に加担した者の所領も没収され，戦功のあった御家人らをその地の地頭に任命した。　(7)　南北朝の動乱の中で，幕府は地方武士を動員するために，守護の権限を大幅に拡大した。半済令は1352年にはじめて発布され，1年限りのもので，動乱の激しかった近江・美濃・尾張の3国に限定されていた。やがて全国的に永続的に行われるようになり，年貢だけでなく，土地を分割するようになった。
(8)　a　参勤交代は家光の寛永令で整備された。　b　大名を監察する役目は目付ではなく大目付で，目付は旗本・御家人を監察する。

(9)　ア　宮崎安貞が著した農業書は『農業全書』である。『広益国産考』は1844年に大蔵永常が著し，商品作物の栽培と加工による農家の利益と国益を論じた。　イ　高度な土木技術を要する製塩法は揚浜塩田ではなく，入浜塩田である。　エ　出羽酒田を起点として江戸に至る東廻り海運・西廻り海運のルートを整備したのは江戸の商人河村瑞賢である。　(10)　18世紀～19世紀前半の寛政期を中心に，藩主みずから指揮して綱紀を引き締め，領内での倹約や統制を強め，財政難を克服して藩権力の復興をめざす藩政改革が広くおこなわれた。
イ　前田綱紀は加賀藩主で，17世紀に朱子学者の木下順庵を招いて学問を振興させた。　ウ　興譲館は米沢藩の藩校で，上杉綱憲の創立。1776年に上杉治憲が再興させた。　エ　19世紀の萩(長州)藩で行われた藩政改革の内容。　(11)　版籍奉還によって，旧大名は旧領地の知藩事に任命され，藩政にあたったが，廃藩置県により罷免されて東京居住を命じられた。かわって中央政府が派遣する府知事・県令が地方行政にあたることになった。　(12)　大戦景気によって日本はアメリカ向けの生糸輸出の増加，造船業・海運業の好況によりインフレが進行。一部の成金が生まれる一方で，多数の民衆が物価高騰に苦しんだ。
(13)　史料の最後に「民本主義」という言葉がある。これは吉野作造が提唱したデモクラシー思想で，主権在民の民主主義とは一線を画し，主権在君の明治憲法のもとで，民衆の政治参加を主張した。
(14)　アの金輸出解禁は1930年，イの震災手形の発生は1923年，ウのモラトリアムの発令は1927年，エの重要産業統制法は1931年である。
(15)　教育委員は当初公選制であったが，1956年6月から任命制となった。

【3】(1)　(a)　ウ　　(b)　ヒエログリフ　　(c)　アッシリアは重税と圧政で服属民の反抗を招いたが，アケメネス朝は服属した異民族には寛大な政治を行ったから。　　(2)　イ　　(3)　人間と同じ姿や感性をもつとされるオリンポス12神を信仰していた。　　(4)　ウ→ア→イ→エ
(5)　カタコンベ　　(6)　ア　イラン　　イ　科挙　　(7)　キルギス

(8) エ　(9) 李朝　(10) ワールシュタットの戦い　(11) エ
(12) ア　(13) 皇帝政治から，共和制へと変化した。

〈解説〉(1) (a) オリエントとは，「日の昇るところ」を意味する。「川のあいだの地域」はメソポタミアである。 (b) 日本語では神聖文字。名前からわかるとおり，「死者の書」など宗教関係の文書に使われた。この文字を簡略化したものにヒエラティック(神官文字)やデモティック(民衆文字)がある。 (c) アッシリアは，強制移住や武器の没収など，異民族に過酷な統治を行った。そのために，メディア・新バビロニアの連合軍によって滅亡した。一方，アケメネス朝は，ユダの人々をバビロン捕囚から解放し，フェニキア人の地中海貿易を保護するなど異民族に寛大な政治を行った。 (2)「ファーティマ」とは，ムハンマドの娘であり，アリーの妻であった女性の名である。よって，この王朝はシーア派である。特にその中のイスマーイール派が信奉された。(3) ギリシアの人々が信仰していたのは，オリンポスの12神である。主神であるゼウスを中心にオリンポス山で生活しており，姿が人間と同じであるだけでなく，人間と同じように泣いたり笑ったりすると考えられていた。 (4) スパルタクスの乱はBC73年に発生した剣闘士奴隷の反乱で，ポンペイウスによって鎮圧された。ポンペイウスはやがてカエサルらと第1回三頭政治を行うが，両者は対立し，カエサルが勝利して終身独裁官となり，独裁政治を行った。しかしカエサルは暗殺され，オクタヴィアヌスらが第2回三頭政治を行う。プトレマイオス朝のクレオパトラと結んだアントニウスは，オクタヴィアヌスとアクティウムの海戦で対決し，オクタヴィアヌスが勝利。プトレマイオス朝は滅亡した。 (5) 1世紀のネロ帝による迫害に続き，ディオクレティアヌス帝もさらに大規模な迫害を行った。こうした中で，官憲の弾圧を逃れるために，キリスト教徒はカタコンベ(地下墳墓)に逃れ，礼拝を行った。 (6) ア　6世紀以降中央アジアのトルコ化が進展する以前，この地には，前6世紀に南ロシアの草原地帯で栄えたスキタイ人を初めとして，匈奴に追われてこの地に大月氏を建国した月氏などイラン系とされる遊牧民がいて，オアシス地域からカスピ海東岸にかけての草原地帯で活動していた。5世紀からは，イラン系商業部族であるソグド人の活動も盛んになる。　イ　隋から始まる(当初は選挙と呼ばれていた)科挙は，儒学の学科試験にもとづく官吏登用法であり，1905年に廃止されるまで続いた。宋代においては，殿試が導入され，その制度が確立された。　(7)　キルギスはウイグルを滅ぼしたものの，ウイグルや突厥と違い，モンゴル高原に大帝国を形成し，覇を唱えることはなかった。　(8)　ア　金を滅ぼしたのはオゴタイ＝ハンである。　イ　王安石の改革は北宋で行われた。　ウ　三藩の乱を鎮圧したのは，清である。金は宋とともに遼を滅ぼしたが，宋が金による領土の要求に応えなかったために，靖康の変を引き起こした。(9)　ベトナム北部は，唐の時代には安南都護府が設置され，中国の支配下にあった。しかし，唐が滅亡すると統一国家形成の動きが進み，李朝が成立，宋に朝貢し，冊封されて属国となった。ベトナム北部初の統一国家である。　(10)　リーグニッツの戦いともと呼ばれる。「ワールシュタット」とは，死体の山という意味である。この戦いでたくさんの死体が積み上げられたことから，このように呼ばれるようになった。それほどまでにバトゥの軍隊は強く，ヨーロッパの諸侯連合軍は及ばなかったということである。しかし，大勝利にもかかわらず，オゴタイの死の報せに接したバトゥは，引き上げて南ロシアに定着してキプチャク＝ハン国を形成した。　(11)　第1回モロッコ事件は英仏協商成立の翌年の1905年に起こった。そのためイギリスは，アルヘシラス列国会議を開いてドイツを排除した。第2回モロッコ事件は1911年であり，翌年フランスがモロッコを保護国化した。　(12)　イ　サンディカリズム(労働組合主義)は，フランスにおいてあらわれた考え方。　ウ　ロシアにあらわれた社会主義政党は，社会革命党とロシア社会民主労働党。後者はレーニンらによって指導され，ボリシェヴィキとメンシェヴィキに分裂した。レーニンらのボリシェヴィキは十月革命で革命政権を樹立した。　エ　社会主義運動とは無関係である。(13)　辛亥革命によって中華民国が成立して清朝が倒壊した。中華民国の政治体制は共和制であり，清朝は皇帝中心の専制体制である。

【4】(1) (c)　(2) (i) (d)　(ii) ・衆議院が解散したとき。
・任期満了のとき。　(iii) 連座制　(3) (i) 技術革新がおこり，価格は下がる。　(ii) a 量的　b インフレ　c マイナス
(4) (i) (e)　(ii) ウ　(5) (i) エリクソン　(ii) 人間は弱い存在であるが，考えるという営みにより尊厳をもつ存在である。
(6) エッセンシャルワーカー　(7) (b)　(8) コペルニクス的転回　(9) (i) 九鬼周造　(ii) 心学(石門心学)

〈解説〉(1) A 成年年齢の引き下げとともに，結婚ができるようになる年齢は男女とも18歳に統一されている。 B 未成年者の契約には親などの同意を要し，同意のない契約は取消しできる。 C 裁判員に選ばれることもある。 (2) (i) A 橋本内閣は1990年代後半の内閣であり，消費税率を3%から5%に引き上げた。 B 集団的自衛権の行使に関する安全保障関連法の成立は，安倍内閣における出来事。C 憲法改正の手続を定める国民投票法の成立も，安倍内閣での出来事。 (ii) 衆議院議員の任期は4年だが，任期途中で解散されることがある。実際に，衆議院議員総選挙のほとんどの例は解散に伴うものである。なお，解散に伴う総選挙の後には特別国会が召集されるが，任期満了に伴う総選挙の後には臨時国会が召集される。 (iii) 連座制とは，候補者本人が選挙違反に加担していなくても，選挙運動の中核的な人が選挙違反を犯した場合に，当選が無効とされる制度のこと。わが国では当選が無効とされるだけでなく，当該選挙区からの立候補が5年間禁止される。 (3) (i) 生産技術の向上や原材料価格の低下などによって供給力が増せば，供給曲線は右にシフトする。すると，従来の価格のままでは超過供給(売れ残り)が発生するので，新たな需要曲線との交点にまで価格は低下し，取引量は増加するとともに需給が再び一致する。 (ii) a ゼロ金利政策によって著しく低くなった金利に代わり，市場に流通する資金量が誘導目標とされた。 b 消費者物価を対前年比で2%上昇させる目標が設定された。 c 市中銀行が日銀に持つ当座預金の一部にマイナスの金利が適用された。
(4) (i) A 高齢者の労働参加が進んでいるが，2019年の時点では45

歳以上の割合は5割強。　B　2022年にはOECD(経済協力開発機構)に加盟する38か国中30位の低水準だった。　C　みなし労働時間制とは，実際の労働時間に関係なく，一定の時間を働いたとみなす制度のこと。(ii)　1995年に食糧管理法は廃止され，食糧法が制定された。　ア　農業基本法に代わり，新農業基本法として食料・農業・農村基本法が制定された。食糧管理法や農業基本法は自作農の創設を目的とした法律ではない。　イ　傾斜生産方式ではなく，減反。　エ　準主業農家や主業農家の割合は低下し，副業的農家の割合が上昇している。
(5)　(i)　エリクソンは人生の各段階には達成すべき発達課題があるとするライフサイクル説を唱え，青年期の発達課題はアイデンティティの拡散の危機にあって，それを確立することとした。また，青年期をアイデンティティ確立のためのモラトリアムの期間とした。　(ii)　パスカルは，16～18世紀フランスにおけるモラリストと呼ばれる文筆家の代表的人物の一人。『パンセ』において人間を「考える葦」とした。また，人間を偉大と悲惨の「中間者」とも表現した。「パスカルの定理」など，自然科学者としても知られる。　(6)　エッセンシャルワーカーは，社会に不可欠な職業を営む人たちのことで，2020年の新型コロナウイルス感染症のパンデミック(世界的大流行)は，エッセンシャルワーカーの重要性を認識させる出来事であった。　(7)　A　イスラーム教では，豚肉などの食材を使わず，定められた方法で調理された食事をハラール食という。　B　アヒンサーはヒンドゥー教やジャイナ教でも説かれるが，特にジャイナ教では厳格に守られる。　C　キリスト教の黄金律は，新約聖書のマタイの福音書やルカの福音書にあるイエスの「山上の説教」で示されている。　(8)　カントは，認識が対象に従うのではなく，対象の認識は主観の先天的形式によって構成されるとし，これを天動説が信じられていた時代にあってコペルニクスが地動説を唱えたことになぞらえて，「コペルニクス的転回」と表現した。　(9)　i　九鬼周造は西洋哲学の研究の一方で，日本文化を研究し，江戸時代に発生した美的概念である「いき」に関し，『「いき」の構造』を著した。また，偶然性に関する研究により，『偶然性の問題』を著したことでも知られる。 ii 石田梅岩は，儒学などを独学で学び，商人道徳論である心学を構築し，商人が正当な商売によって得た利益は武士の俸禄と同じであり，何ら恥じるものではないとした。その思想は，現代のCSR(企業の社会的責任)の先がけとして再評価されている。

【選択問題】

【1】A (1) ウ (2) エ (3) エ (4) C.B.D. (5) 夜間人口が昼間人口よりも多くなる。 (6) 老朽化した都市内部が再開発され，建物がリニューアルされることによって，比較的裕福な人が移り住み，高級化していくこと。 (7) プライメートシティー

B (1) 夏は亜熱帯高圧帯の影響を受けて降水量が少なく，冬は偏西風の影響を受けて降水量が多い。 (2) ポンド (3) (a) 風力発電 (b) ノルウェーは，偏西風が吹くスカンディナヴィア山脈の風上側で，降水量が多く水が得やすいため。 (4) 記号…G 国名…フィンランド (5) 記号…D 国名…ドイツ (6) ③

(7) キプロス (8) 記号…N 国名…トルコ (9) 国境の管理が廃止され，人の移動に関わる障壁が大きく緩和された。

C (1) 記号…c 国名…タイ (2) 記号…f 国名…フィリピン (3) 石油や天然ガスの埋蔵が期待されるため。 (4) 中国系住民との格差の是正を図るために，マレー系住民を優遇する政策。

(5) ア バナナ イ 茶 ウ コーヒー豆 エ 天然ゴム

D (1) エ (2) やませ (3) ② (4) 輸送園芸農業(トラックファーミング) (5) ① (6) 記号…ア，コ 都市…政令指定都市 (7) ②

〈解説〉A (1) 階級区分図は密度のような相対的な数値を表すのに適する相対分布図である。等値線図は，等高線や等降水量線，等温線などに適する。ドットマップは分布図に適する。流線図は貿易や人の移動などを表すのに適する。外国人の国別観光客数，移動時間，野菜の生産量はいずれも絶対的な数値であるため，階級区分図がよい。

(2) GNSSのうち，アメリカで開発されたものがGPS。スマートフォンの地図アプリやカーナビなどにも搭載されており，救助が必要な人の現在位置を容易に知ることができる。広域な被災状況を知るためには，リモートセンシングの技術が有用である。災害復興計画を立てるためには，ハザードマップなどの作成が必須で，地図に情報を掲載したGISの手法が必要である。 (3) ダムは，水力発電や治水・利水，治山・砂防などを目的として建設される。砂防ダムは，大雨の際に土砂の流出を防ぐための設備で，水力発電用のものとは異なり，河川を横切るような簡易な形状をしているものも多い。渇水による水不足を防ぐのは，大規模なダムやため池である。砂防ダムには，効果もある一方で，海岸線の後退など新たな弊害も見つかっている。 (4) 都心の中心地のことをC.B.D.という。これはCentral Business Districtの頭文字。先進国では，C.B.D.の周辺部において，古くから中心であったため老朽化が進んで富裕層が郊外に移動して人口が減少，高齢者が居住するほか，仕事を求めて移民が増えるなどインナーシティ問題が生じていることがある。 (5) 都心に勤務する人々が，より安い家賃で，広い家に住める居住地として住む郊外の都市をベッドタウンという。日本では職住分離のベッドタウンが形成され，通勤電車での移動時間が長いことと，ベッドタウンで夜間人口が昼間人口より多くなることが特徴である。 (6) 都心部周辺で(4)に書いたインナーシティ問題が生じた後に地価が下がり切ると，再開発が始まって高層マンションや企業のオフィスが都心部に戻ってくる。これをジェントリフィケーションという。富裕層が多くなって都心部周辺に活気が戻り，高級店や観光客も増加する。 (7) 発展途上国の農村部や山村，漁村においてかつてより衛生状態の改善，予防接種や薬の普及などで乳幼児死亡率が下がるとともに平均寿命も伸び，また農業などの機械化が進むことで余剰人口が増える。そのため人々が都市に移動するプッシュ型移動，また仕事の多い都市が人々を引き寄せるプル型移動が生じる。インフラ整備が追いつかず，スラムが形成されることもある。 B (1) 冬季は偏西風の影響で降水があるが，夏季は中緯度高圧帯の影響を受けて気温が高く少雨で乾燥する。このため地中海沿岸では夏のバカンスを楽しむリゾート地が発展している。植物は乾燥に強い常緑硬葉樹であるオリーブやコルクがし，月桂樹が育つ。 (2) イギリスは国民投票の結果2020年にEUを脱退した。EU加盟当初から共通通貨ユーロを導入しておらず，ポンドが流通しており，現在も変わらない。

(3) (a) デンマークは国土が低平で水力発電には不向きであること，石炭や石油の産出も少ないことから，偏西風を利用した風力発電の割合が高く，総発電量の約6割を占める。陸上とともに洋上にも風車を設置している。また，わらや家畜の糞尿を利用したバイオ燃料による発電も2割近い。 (b) Eのノルウェーは偏西風がスカンディナヴィア山脈にぶつかって降水量が多いことから，水力発電に向く。脱炭素社会に対する意識も高く，北海油田で産出される石油や天然ガスは輸出し，国内では再生可能エネルギーを利用している。一方Fのスウェーデンでは偏西風の風下で降水量は多くなく，それでも4割は水力発電だが，原子力発電の割合が高いのが特徴である。 (4) Gのフィンランドは，バルト3国のエストニア，ハンガリーと共にウラル語族の言語を使用する。Aのスペイン，Bのフランス，Lのイタリア，Iのルーマニアはラテン系，Cのイギリス，Dのドイツ，Eのノルウェー，Fのスウェーデンはゲルマン系言語。Hのポーランド，Jのベラルーシ，Kのウクライナはスラブ系。 (5) Dのドイツは，面積35.8万km2で日本よりやや狭く，人口はおよそ8300万人。ついでイギリス6700万人，フランス6690万人。EU加盟を求めているNのトルコは8500万人で，ドイツよりも多いことも加盟を阻んでいるといわれる。 (6) イタリアが植民地としていたのは③のリビアとソマリア。①のモロッコは一部スペイン領で大半はフランス領，②のアルジェリアもフランス領。④のエジプトはイギリス領で，1922年独立。 (7) キプロスは南部のギリシャ系，北部のトルコ系の間で内戦状態が続き，1983年，北部は「北キプロス＝トルコ共和国」の独立を宣言した。国際的にはトルコしか承認していない。南部キプロスは，EUに加盟している。

(8) トルコは国民のほとんどがイスラーム教徒で，多数派のスンナ派が8割を占める。NATO加盟国だが，EUにはまだ加盟できていない。隣国アルメニアとの問題や，国土を持たない民族クルド人問題などを抱えている。シリアからは多くの難民を受け入れている。　(9)　シェンゲン協定は，批准する国同士では国境管理を撤廃する取り決めである。日本の県境を何もせずに行き来できるように，隣接するたとえばドイツとフランスの間を，パスポートの提示などなしに行き来できるようにした。EU加盟国でも離脱したイギリスは批准していなかったし，アイルランド，ルーマニア，ブルガリアは批准していない。一方で非EUのスイス，アイスランド，ノルウェーは批准している。

C　(1)　インドシナ半島の大半はフランス領で，仏領インドシナとされ，西からはインドを領有するイギリスがビルマ(現ミャンマー)まで来ていた。中間のタイは両国の緩衝国とするため，独立国であり続けることができた。　(2)　フィリピンは1521年マゼランが西周りで到達し，以後スペイン人が増え，その後植民地となった。この時期にキリスト教カトリックの布教が進み，現在も80％を占める。残りはプロテスタント10％，イスラーム教徒，仏教などである。　(3)　南沙諸島(＝スプラトリー群島)は，領有と境界をめぐり中国，ベトナム，フィリピン，マレーシア，ブルネイそして台湾の間で問題となっている。この地域の漁業権だけでなく，石油や天然ガスが埋蔵されているとされ，その所有が絡むためである。インドネシアはこの問題には関わっていない。　(4)　マレーシアは人口約3300万人の国家で，イギリスから独立後，半島先端のシンガポールが分離独立した。人口の6割をマレー系と先住民族が占め，彼らをブミプトラという。残る2割が中国系，そして約7％がインド系。経済は中国系華僑や華人が実権を持つため，ブミプトラの権利を守り，また優遇するための政策をとり，経済格差の縮小を図っている。　(5)　ア　エクアドルやフィリピンで多いことからバナナ。生産が多いのはインド，中国。　イ　ケニアとスリランカから茶。ベトナムでも高級茶が生産される。　ウ　コーヒー豆で，生産量1位はブラジルで3割強，次いでベトナムが2割，近年増加している。インドネシアでも生産している。ドイツでは生産しておらず，輸入して加工し，再輸出している。　エ　天然ゴムは東南アジアでの生産が多く，タイ，インドネシアで生産の約5割，輸出も約6割を占める。　D　(1)　カルデラは，山頂が噴火と火砕流の流出などによって生じたくぼ地で，阿蘇山の山頂で見られる。阿蘇山はエの熊本県にある。ほかに鹿児島県の姶良カルデラ，箱根カルデラなど。

(2)　ケの岩手県では，夏にオホーツク海高気圧の勢力が強いと，冷たい北東風であるやませが吹くことがある。そうすると生育途中の稲に影響し，成長が悪くなる冷害をもたらす。1993年夏は記録的な冷夏で，やませの影響もあり，日本が米不足に見舞われ，コメの輸入が解禁されるきっかけとなった。　(3)　第1次産業人口の割合が高いAはクの青森県。スの福島県は首都圏に近く，製造業が盛んであることからB。コの宮城県は人口が多い仙台市を持ち，小売業の販売額が多いCと考える。　(4)　九州や四国では，温暖な気候を利用して野菜の促成栽培を行う園芸農業が盛んである。園芸農業は都市の住民に対し野菜や花卉の生産を行って販売する商業的農業の1つで，そのうち，都市に近い範囲で行うものを近郊農業，遠隔地から運搬するものを輸送園芸農業またはトラックファーミングという。　(5)　年間降水量が多く，1月の気温が高いXはカの宮崎県宮崎市。次いで1月の気温が高いWはアの福岡県福岡市。1月の降水量が多いYは降雪が多いことから，日本海側のサの秋田県秋田市で，Zはケの岩手県盛岡市。　(6)　九州地方で人口最大の都市は，福岡市。人口50万人以上の北九州市は政令指定都市である。東北地方では，人口最大の都市は仙台市で，政令指定都市である。　(7)　白神山地は秋田県から青森県，平泉は「仏国土(浄土)を表す建築・庭園及び考古学的遺跡群」といい，岩手県にある。福岡県の沖ノ島は「神宿る島」宗像・沖ノ島と関連遺産群として2017年に世界遺産に登録された。屋久島は鹿児島県である。

【2】(1)　聖明王(聖王)　　(2)　寺院は古墳にかわって豪族の権威をしめすものとなった。　　(3)　高松塚古墳壁画　　(4)　民衆への布教を行ったから(僧侶の活動は寺院内に限られていたから)。　　(5)　ア　蔵人

頭　イ　藤原冬嗣　ウ　検非違使　エ　律令の規定を補足・修正　オ　施行細則　(6)　エ　(7)　手法…寄木造　背景…末法思想にもとづく仏像の大量需要。　(8)　本地垂迹説　(9)　ア　二毛作　イ　六斎市　ウ　大原女　エ　土倉　(10)　蒙古襲来後，幕府の支配権が全国的に強化される中，幕府政治は得宗の権威のもと，御内人や北条一門が幕府政治を主導する得宗専制政治が確立し，従来の執権政治における合議制は形骸化した。御家人社会では，分割相続の進展で土地を細分化する中，蒙古襲来での多大な出費や恩賞不足などにより御家人の窮乏化が進んだ。この状況に幕府は永仁の徳政令を発布し，御家人の救済をはかったが，効果は一時的であり窮乏化は一層進展した。　(11)　刀剣　(12)　ア　(13)　ア　(14)　海舶互市新例　(15)　大名から石高　万石について100石を上納させるかわりに参勤交代の負担をゆるめた。　(16)　カ　(17)　大塩平八郎　(18)　(a)　ア　秤量貨幣　イ　両替商　エ　荻原重秀　(b)　ウ　幕府の財政収益の増加　オ　物価の騰貴　(c)　カ　1枚あたりの重量が約4分の1程度に(大幅に)減っている　(d)　キ　金と銀の交換比率が違ったため，多量の金貨が海外に流出した　(19)　外国人判事の任用　(20)　エ　(21)　ウ　(22)　貨幣法を制定し，日清戦争の賠償金の一部を準備金として，貨幣価値の安定と貿易の振興をはかるため金本位制を採用した。　(23)　アーオーキ　(24)　警察予備隊　(25)　X　自動車をめぐる日本とアメリカの貿易摩擦(19字)

〈解説〉(1)　百済の聖明王は欽明天皇に仏像・経論などを伝えたとされるが，その年代については538年(『上宮聖徳法王帝説』『元興寺縁起』)とする説と552年(『日本書紀』)とする説があり，前者が有力説である。

(2)　蘇我氏による飛鳥寺や，舒明天皇創建と伝える百済大寺，厩戸王創建といわれる四天王寺・法隆寺などが建立された。

(3)　1972年，奈良県高市郡明日香村で発見された。石室の天井には星宿，壁面には男女群像が極彩色で描かれている。唐や高句麗の壁画の影響が指摘されている。　(4)　奈良時代には，仏教は国家の保護を受けて発展した一方で，政府からきびしく統制を受け，一般に僧侶の活動も寺院内に限られていた。行基は民衆への布教とともに用水施設や救済施設をつくる社会事業を行い，国家から取締りを受けながらも多くの民衆に支持された。　(5)　平安時代初期における政治改革では桓武天皇と嵯峨天皇によるものを区別しておくことが重要である。以下の年表を参照。

桓武天皇(在位781～806)		嵯峨天皇(在位809～823)	
784	長岡京遷都	810	蔵人所設置(藤原冬嗣らを蔵人頭に)
792	健児の制を定める		平城太上天皇の変(薬子の変)
794	平安京遷都	816	検非違使設置
795	公出挙を3割に減らし，雑徭半減	820	弘仁格式撰進
797頃	勘解由使設置	823	大宰府管内に公営田制実施
	坂上田村麻呂を征夷大将軍に任命		
801	班田を一紀(12年)一班とする		

(6)　ア『凌雲集』は最初の勅撰漢詩文集。嵯峨天皇の命で，小野岑守らが24人の漢詩91首を収載したもの。空海は漢詩文作成についての評論『文鏡秘府論』や詩文集『性霊集』などを著した。　イ　桓武天皇ではなく嵯峨天皇。　ウ　春日大社ではなく日吉神社。春日神社の神木の榊をささげて，京都で強訴を行ったのは奈良法師と呼ばれた興福寺の僧兵である。　(7)　末法思想とは釈迦の死後，正法・像法の世を経て，仏法の衰えた末法の世がくるという説で，当時，1052年から末法の世に入るといわれていた。そのため，人々の来世で救われたいという願望を高めた。　(8)　本地垂迹説によって，天照大神を大日如来の化身と考えるなど，それぞれの神について特定の仏をその本地として定めることがさかんになった。　(9)　ア　二毛作とは同じ耕地を表作に米，裏作に麦と年2回耕作することをいう。鎌倉時代に畿内・山陽道など先進地帯に普及するようになって，農民の生活向上に貢献した。　イ　六斎市は月に6回開かれた定期市。商品の増大，流通経済の発達により，市の開催頻度が増した。　ウ　大原女は京都の郊外大原に住む行商の女性で，炭や薪を頭に載せて京の町を売り歩いた。

エ　鎌倉・室町時代の金融業者。土倉が納めた倉役は，幕府の重要財源であった。　(10)　まず，蒙古襲来後の政治において北条氏のなかでも家督をつぐ得宗の勢力が強大となり，その家臣である御内人や北条氏一門が幕政を主導するようになった点を記述する。また，御家人の窮乏化の背景に分割相続と貨幣経済の発展がある点，御家人の窮乏に対して永仁の徳政令が発布された点を抑えておきたい。　(11)　日明貿易の輸出品としては刀剣のほか，槍や鎧などの武器・武具類，扇・屛風などの工芸品，銅・硫黄などの鉱産物がある。　(12)　イ　日明貿易は4代将軍足利義持が朝貢形式に反対して一時中断し，6代将軍足利義教の時に再開された。　ウ　日明貿易では生糸や陶磁器は輸入された。　エ　大内氏は堺商人ではなく博多商人と結んだ。堺商人は細川氏と結んだ。　(13)　a　関ヶ原の戦いでは石田三成ら西軍が徳川家康の東軍と戦って敗北し，徳川氏の覇権が確立した。　b　徳川家康は，リーフデ号の航海士ヤン＝ヨーステンと水先案内人のイギリス人ウイリアム＝アダムスを江戸に招いて外交・貿易の顧問とした。(14)　海舶互市新例は長崎貿易の制限令。年間で清船30隻・銀6000貫，蘭船2隻・銀3000貫に制限し，金銀の流出を防止した。　(15)　上げ米は1722年に8代将軍徳川吉宗によって実施され，幕府の財政不足を補うことを目的としていた。一定の成果はあったものの，大名の監視・統制がゆるみ，主従関係が弱まることを懸念し，9年で取りやめた。(16)　Ⅰは1792年，Ⅱは1807年，Ⅲは1811年，Ⅳは1804年のことである。　(17)　大坂町奉行所の元与力である大塩平八郎は，1837年に，貧民救済のために武装蜂起した。大坂という重要な直轄都市で，幕府の元役人であった武士が主導して公然と武力で反抗したことは，幕府や諸藩に大きな衝撃を与えた。　(18)　(a)　金は計数貨幣，銀は秤量貨幣であった。東日本ではおもに金貨が(金遣い)，西日本ではおもに銀貨が(銀遣い)それぞれ取引や貨幣計算の中心とされた。両替商は三貨間の両替や秤量を商売とした。荻原重秀は財政難打開のため，1695年初の貨幣改鋳を実施した。　(b)　荻原重秀の貨幣改鋳では金の含有率を減らし，質の劣った小判の発行を増加して，その出目(改鋳益金)

で財政を補ったが，貨幣価値の下落は物価騰貴を引き起こし，人々の生活を圧迫した。　(c)・(d)　当時，金銀の交換比率は，外国では1:15，日本では1:5と差があった。外国人は外国銀貨を日本に持ち込んで日本の金貨を安く手に入れたため，10万両以上の金貨が流出した。そのため，品質を落とした万延貨幣改鋳を行ってこれを防いだが，貨幣の実質価値は下がり，物価上昇に拍車をかけることになった。　(19)　井上改正案では，領事裁判権の撤廃，輸入関税の一部引上げのかわりに外国人裁判官を任用し，内地開放案などを示した。大隈改正案では，外国人判事任用を大審院に限るなど井上案を若干改善した。　(20)　a　日本社会党は1906年，堺・片山らが結成し，政府が公認した日本最初の社会主義政党。第1次西園寺内閣の融和政策に乗じて結成。　c　桂太郎ではなく第2次西園寺内閣に関する記述。　(21)　資料2は1907年の第3次日韓協約に関する内容。日本は1907年のハーグ密使事件をきっかけに韓国皇帝高宗を退位させ，第3次日韓協約を結んで韓国の内政権をも手に入れた。　(22)　金本位制は金貨を本位貨幣とする制度で，1871年に新貨条例で金本位制の採用を定めたが，金準備の不足で確立せず，日清戦争の賠償金で解消，1897年の貨幣法で確立した。(23)　満州事変は1931年，日独伊三国軍事同盟は1940年である。アは1932年，イは1942年，ウは1928年，エは1930年，オは1936年，カは1943年，キは1938年，クは1945年，ケは1917年である。　(24)　朝鮮戦争が始まると，在日アメリカ軍が朝鮮に動員されたあとの軍事的空白を受けるために，GHQの指令で警察予備隊が新設された。

(25)　日本は省エネ型の自動車・電気機械や，半導体・IC・コンピューターなどのハイテク産業が輸出を中心に生産をのばした。1980年代に，自動車の対米輸出が急増し，アメリカの自動車産業は大きな打撃を受け，対日非難(ジャパン＝バッシング)を高めた。

【3】(1)　出家者が厳しい修行をおこなって自身の救済を求めるものから，自身の悟りよりも人々の救済がより重要と考え，出家しないまま修行をおこなう意義を説いた菩薩信仰が広まった。　(2)　マタラム

朝　(3)　(a)　アイバク　(b)　ヒンドゥー教教徒とイスラーム教徒との融合をはかり，非イスラーム教徒に課されていたジズヤ(人頭税)を廃止した。　(c)　イ　(4)　西ローマ帝国の復活を宣言し，西ヨーロッパ世界が，政治的・文化的・宗教的にビザンツ帝国から独立した。　(5)　ア　(6)　周王朝は，血縁関係に基づいていたが，西ヨーロッパは個別の契約に基づいている。また双務的契約が特徴で，一人で複数の主君をもつこともできた。　(7)　エ　(8)　カペー朝が断絶してヴァロワ朝がたつとイギリス国王エドワード3世は，母親がカペー家の出身であることからフランス王位継承権を主張したから。　(9)　東インド会社　(10)　ア→イ→エ→ウ　(11)　(a)　ナントの王令の廃止によって，ユグノーの商工業者が大量に亡命したから。　(b)　フランス国旗を掲げ民衆を導いている女性は，犠牲を出しつつも民衆を率いており，革命の精神を強調していることを読み取る。　(12)　ヨーゼフ2世　(13)　思想家…ヴォルテール　特徴…繊細優美なロココ式　(14)　プガチョフの農民乱後，農奴制を強化したから。　(15)　(a)　バヤジット1世はニコポリスの戦いでバルカン半島に進出したが，アンカラの戦いでティムールに大敗を喫した。その後，メフメト2世はコンスタンティノープルをおとしいれ，ビザンツ帝国を滅ぼした。セリム1世は新興のサファヴィー朝を破りシリアに進出をして1517年マムルーク朝を滅ぼした。スレイマン1世は1529年に第1次ウィーン包囲でヨーロッパ諸国に脅威を与え，プレヴェザの海戦でスペイン・ヴェネツィアの連合艦隊を破り地中海の制海権を手中にした。　(b)　ティマール　(c)　条約…ローザンヌ条約　国名…トルコ共和国　(16)　ベトナム…ドンズー運動　イラン…イラン立憲革命　(17)　(a)　ドイツ帝国，オーストリア＝ハンガリー帝国　(b)　パリ講和会議で決定したヨーロッパの新国際秩序であるヴェルサイユ体制とワシントン会議で決まったアジア・太平洋地域の国際秩序であるワシントン体制。　(18)　エ　(19)　劉少奇　(20)　部分的核実験禁止条約　(21)　イ

〈解説〉(1)　この運動を大乗仏教という。衆生救済を目的として，在家

でも菩薩信仰を行えば救済されるとした。それまでの上座部仏教などの部派仏教を，小乗仏教と蔑視した。　(2)　この王朝は，ジャワ島にプランバナン寺院群を建てた。　(3)　(a)　1206年に成立した奴隷王朝である。アフガニスタンのゴール朝の将軍であったアイバクがデリーに自立し，建朝した。その後，ハルジー朝，トゥグルク朝，サイイド朝，ロディー朝とデリーを都とするイスラーム政権が続き，これらを総称してデリー＝スルタン朝という。　(b)　インドには多くのヒンドゥー教徒がおり，アクバルは，異教徒のみに課されていたジズヤを廃止することで，ヒンドゥー教徒とイスラーム教徒の融和を図った。(c)　国民会議派のガンディーは，ジンナーと違い，統一インドの実現を主張していた。しかし，ヒンドゥー教徒がインドとして，イスラーム教徒がパキスタンとして独立することが決まると，狂信的なヒンドゥー教徒によって暗殺された。　(4)　西ヨーロッパの主要部を統一したカールは，教皇レオ3世によって西ローマ皇帝として戴冠された。これにより，ローマ教会のキリスト教にもとづく西ローマ帝国が復活し，西ヨーロッパ世界が成立した。　(5)　イ　十字軍の遠征によって商業が復活し，その通り道であったイタリアの都市が繁栄した。
ウ　十字軍を機にアリストテレス哲学が逆輸入され，西ヨーロッパで12世紀ルネサンスが起こった。　エ　メディチ家についての記述である。　(6)　周の封建制は主従関係を結ぶ者同士に血縁関係があったが，ヨーロッパの封建制では，バラバラの個人同士の関係であった。さらに，ヨーロッパの封建制は複数の主君に仕えることができる点で，日本などの封建制と異なる。　(7)　ア　ロロが北フランスに建てたのはノルマンディー公国である。　イ　両シチリア王国を建てたのはルッジェーロ2世である。　ウ　ノヴゴロド国を建てたのはリューリクである。　(8)　系図を見ると，カペー朝のフィリップ4世の娘がイギリスのプランタジネット朝のエドワード2世のもとに嫁いだことがわかる。そうなると，エドワード2世の息子のエドワード3世はフィリップ4世の孫にあたるため，フランスの王位継承権を主張した。　(9)　この会社を設立したオランダは，17世紀前半，世界商業の覇権を握って栄えた。1600年にはイギリス東インド会社が，1604年にはフランス東インド会社が設立されている。　(10)　アは1628年。この後スコットランド反乱の鎮圧のための費用を得るためにチャールズ1世は議会を招集したが，混乱し，内乱となった。これがピューリタン革命である。クロムウェルの活躍によって議会派が勝利した。またクロムウェルが制定した航海法はオランダの中継貿易に打撃を与え，イギリス＝オランダ戦争が起こった。しかし，クロムウェルは厳しいピューリタン政治を行ったために反発が強まり，1660年には王政が復古した。その後名誉革命を経てウィリアム3世とメアリ2世が権利の宣言を受け入れ，権利の章典として制定し，立憲君主制にもとづく体制が成立した。

(11)　(a)　ナントの王令では，カルヴァン派にも信仰の自由が認められていた。しかしそれが廃止され，信仰の自由が奪われることになったため，カルヴァン派の人々は，多数，海外に亡命した。カルヴァン派は商工業者が多かったために，フランスの経済発展は遅延した。(b)　史料は，ドラクロワの『民衆を率いる自由の女神』である。題材となったのは，1830年の七月革命である。史料に描かれている自由の女神がフランス国旗を掲げていることや民衆の犠牲が出ているのに進撃していることを読み取らせ，国民国家の概念やナショナリズムとつなげさせる。　(12)　ヨーゼフ2世は，啓蒙専制君主であったが，貴族の反対にあい，設問にあるような寛容な政策はほとんど成功しなかった。同じく啓蒙専制君主であるプロイセンのフリードリヒ2世やロシアのエカチェリーナ2世とともにポーランド分割を行った。　(13)　ヴォルテールは，『哲学書簡』でフランスの後進性を批判したことで知られている啓蒙思想家である。18世紀に盛んに行われたロココ式は，それ以前のバロック式が絶対王政の権威を示すための豪壮華麗な様式であったこととは逆に，繊細優美な特徴を持つ様式である。

(14)　エカチェリーナ2世は，当初は啓蒙専制君主にふさわしい寛容な政策を行ったが，プガチョフの乱を機に反動化した。その結果，農奴の自由を強く制限し，農奴制を完成させた。　(15)　(a)　指定された時期のスルタンの事績を，対外進出に関して，時系列的に記述すればよい。バヤジット1世がバルカンに勢力を拡大するものの，アンカラの戦いで敗北。その後半世紀後に対外的拡大を再度開始し，16世紀前半のスレイマン1世の時代に全盛期を迎える。　(b)　ブワイフ朝で創始され，セルジューク朝で確立されたイクター制は，西アジアのイスラーム政権に継承された。イクター(徴税権または徴税権付きの土地)は，オスマン帝国では，ティマールと呼ばれた。　(c)　第一次世界大戦後，オスマン帝国のスルタン政府は，屈辱的なセーブル条約を締結した。それに対して，ムスタファ＝ケマルを指導者とするトルコ国民革命が起こり，スルタン制を廃止して，トルコ共和国を樹立した。とともに屈辱的なセーブル条約を廃して，ローザンヌ条約を締結した。(16)　日露戦争においては，ヨーロッパ列強のロシアをアジアの日本が破ったことで，アジアの諸民族が勇気づけられた。問題にあるイランやベトナムの他に，インドでも独立運動が高揚し，インド国民会議カルカッタ大会が開催され，四綱領が採択された。　(17)　(a)　第一次世界大戦中，ドイツではドイツ革命が起こり，ホーエンツォレルン朝が倒壊し，ドイツ共和国(ワイマール共和国)が成立した。また，オーストリアでは，敗戦を受けてハプスブルク家の皇帝が退位し，共和国が成立するとともに，サン＝ジェルマン条約で放棄した地からは，ハンガリーなどの独立国家が生まれた。　(b)　第一次世界大戦後の国際秩序をヴェルサイユ＝ワシントン体制という。ヴェルサイユ体制は，民族自決を基本原則としつつ，敗戦国ドイツに過酷で戦勝国に有利な体制であり，パリ講和会議で成立した。ワシントン体制は，アジア・太平洋地域における日本の勢力伸長をアメリカが牽制した体制であり，ワシントン会議で成立した。　(18)　エのプラハの春は1968年に発生した。チェコでドプチェクを指導者として自由化・民主化が目指されたが，ワルシャワ条約機構軍によって圧殺された。フルシチョフのスターリン批判は1956年であり，フルシチョフは1964年には退陣している。プラハの春に対応したソ連の最高指導者は，ブレジネフである。　(19)　劉少奇は，鄧小平と同じく，緩やかな社会主義建設を主張し，毛沢東の反対派であった。そのため，1966年に始まったプロレタリア文化大革命の時期に，命を落としている。なお，毛沢東は，国家主席の座は降りても，党主席として，亡くなるまでずっと最高指導者であり続けた。　(20)　水中と大気圏中における核実験を禁止した条約で，核兵器を管理する最初の条約となった。1960年に核を保有し，開発中であったフランスは参加していない。中国は，条約を締結したソ連を非難し，中ソの対立が強まった。　(21)　ア　ドル＝ショックという。1971年。第四次中東戦争は1973年である。　ウ　ケネディではなくアイゼンハウアーである。　エ　アラファトはパレスチナ解放機構の議長であり，イスラエルの首相はラビン。この三者による合意をオスロ合意といい，これにより，パレスチナ暫定自治協定が成立した。

【4】(1)　イ　(2)　(i)　障害福祉年金と児童扶養手当の併給禁止措置は憲法第25条に違反するかどうか。　(ii)　ア　法律　イ　令状　ウ　証拠　(3)　(f)　(4)　法テラス(日本司法支援センター)
(5)　(c)　(6)　・国会議員が5人以上いる。　・直近の国政選挙の全国得票率2％以上。　(7)　ア　雇用保険　イ　事業主　ウ　40
(8)　(i)　ア　IMF(国際通貨基金)　イ　308　ウ　キングストン
(ii)　G5を招集し，外国為替市場に協調介入してドル高是正を行うことをプラザ合意において決めた。この合意にもとづいて各国がドル売りの公的介入を行った。　(9)　クラウディング・アウト　(10)　(i)　(d)
(ii)　ウ　(11)　(i)　特定商品の輸入が急増し，国内産業が重大な損害を受ける場合，あるいはそうした恐れがある場合に，一時的に輸入制限する。　(ii)　A国がX製品，Y製品において比較優位であるが，特化前は両国，各製品1単位ずつで合計4単位生産できる。A国がX製品に特化すると，$\frac{220}{100}$＝2.2単位，B国がY製品に特化すると，$\frac{360}{160}$＝2.25単位となり，全体として4.45単位生産でき，生産量を0.45増加できる。　(12)　パルメニデス
(13)　(i)　問答法(助産術)　(ii)　理性　(iii)　中庸
(14)　(i)　惻隠の心，羞悪の心，辞譲の心，是非の心　(ii)　ア

(15) ウ　(16) われ思う，ゆえにわれあり(コギト・エルゴ・スム)　(17) (i) 家族　(ii) 市民社会　(18) 道徳感情論　(19) 日本ではブリとハマチは区別されるが，英語圏ではその区別が存在しない。このように言語は互いの差異の中ではじめて意味をもつ記号の体系からなると考えた。　(20) エ　(21) あらゆる事物に霊魂や精神が存在すると信じるあり方。　(22) ウ　(23) ウ，エ　(24) 後世の儒教解釈を退け『論語』『孟子』に立ち戻る古学の方法を推し進め，古い言葉が当時使われていた風俗や制度をふまえて理解するべきであるとした。　(25) 有限な環境のなかで，各人が自由に自らの利益を追求しつづけた場合，最終的に全員が最大の損失をこうむるという悲劇的な結果になるということ。

〈解説〉(1) アメリカでは2年ごとに下院議員の総選挙が行われ，上院議員の3分の1が改選される。　ア　議会議員と州代表による連邦会議で選出されるし，実質的権限はない。　ウ　上院ではなく，下院優位。　エ　最高人民法院ではなく，全国人民代表大会。　オ　直接選挙で選出される。　(2) (i) 堀木訴訟では，最高裁はプログラム規定説に基づく判決を下した。プログラム規定説とは，憲法第25条は国民に権利を保障するものではなく，政府の政策目標を示しているに過ぎないとする説のこと。生活保護の支給基準に関する朝日訴訟でも，プログラム規定説を支持する判決が下された。　(ii) ア　憲法第31条は法定手続の保障に関する規定である。　イ　司法官憲とは裁判官のこと。家宅捜索や証拠品の押収にも令状を要する。　ウ「自白は証拠の王」とされ，自白に偏重した捜査手法が批判されることがある。

(3) A　内閣総理大臣にある。　B　その後，安全保障関連法が制定された。　C　テロ対策特別措置法が制定された。イラク復興支援特別措置法はイラク戦争勃発後の2003年に制定された。　(4) 法テラスは，法的トラブルの解決に役立つ情報の無料提供や経済的に余裕のない人への弁護士費用の立て替え，犯罪被害者の支援，犯罪被疑者のために国選弁護人を用意するなどの業務を行っている。全国の都道府県庁所在地などに置かれている。　(5) A　国庫支出金は国から支給されるので依存財源。地方交付税も依存財源だが，使途は自由な一般財源である。　B　解職請求の対象となる。ただし，住民投票ではなく，議会で解職の是非が決する。　C　所得税の減税と住民税の増税などが行われた。　(6)　政党助成法により，政党には国庫から政党交付金が提供されている。ただし，それを受けるには，所属国会議員数あるいは得票率で所定の要件を満たしていなければならない。政党交付金は主要政党にとって重要な財源の一つとなっている。　(7)　ア　雇用保険では，失業者への給付だけでなく，雇用安定事業なども行われている。　イ　雇用保険では勤労者も保険料を負担するが，労災保険は全額を事業主が負担する。　ウ　40～64歳の医療保険加入者は第2号被保険者，65歳以上の者が第1号被保険者とされている。
(8)　(i)　ア　IMFはブレトンウッズ協定に基づき，設立された。国連の専門機関の一つである。　イ　スミソニアン協定では，ドル金本位制と固定為替相場制の維持が図られたが，短期間で頓挫した。
ウ　キングストン合意とはIMFの暫定委員会による合意のこと。
(ii)「双子の赤字」とは，アメリカの経常収支と財政赤字のこと。ドル高によって「双子の赤字」が膨張したことから，プラザ合意に基づく各国による外国為替市場への協調介入により，ドル安に誘導された。その反面，わが国の輸出産業は打撃を受け，円高不況に見舞われた。
(9)　政府が国債を大量発行すれば，国債の価格は低下し，そのぶん金利が上昇する。金利の上昇によって，民間企業は社債の発行などによって事業資金を調達することが難しくなる。この現象をクラウディング・アウトという。　(10)　(i)　A　会社法の施行に伴い，有限会社法が廃止された。ただし，従来の有限会社は存続が認められている。
B　コングロマリットは多様な業種にわたり経営を行う巨大企業のこと。　C　造幣局は独立行政法人である。　(ii)　中小企業基本法では，サービス業においては資本金の額または出資総額が5000万円以下，あるいは常時使用する従業員の数が100人以下の会社を中小企業としている。資本金，従業員数のいずれの要件も満たしていないから，ウは誤り。　(11)　(i)　セーフガードは緊急輸入制限と訳される。国際的自由貿易体制を推進するWTO(世界貿易機関)協定でも例外的に認められている措置であり，わが国も中国産のネギなどに対し，セーフガードを発動したことがある。　(ii)　リカードの比較生産費説は，国際分業の利点を説くものであり，自由貿易を正当化する説である。対して，同時代人のリストは，経済発展段階説に基づき，幼稚産業には保護貿易などの政府による保護政策が必要とした。　(12)　パルメニデスは論理哲学的なエレア学派の創始者とされる哲学者。永遠不滅の「あるもの(ト・エオン)」のみを真の実在とし，多性や運動を錯覚による「あらぬもの(ト・メー・エオン)」とした。その思想は，プラトンのイデア論などに影響を与えた。　(13)　(i)　ソクラテスの問答法は，発言の矛盾などを指摘することで相手の不知を自覚させ，真の知の探究へと向かわせるものだった。また，ソクラテスの問答法は，彼の母親の職業が助産師だったことにちなみ，助産術とも呼ばれている。
(ii)　理性の徳は知恵，気概の徳は勇気，欲望の徳は節制である。プラトンは，統治者が知恵を発揮して善のイデアを認識するには，統治者が哲学を学ぶか哲学者が統治者になるべきとし，哲人王を理想とした。友愛はアリストテレスがポリスにとって必要とした。　(iii)　中庸はメソテースの訳。アリストテレスは徳を知性的徳と倫理的徳(習性的徳)に分け，倫理的徳を身に着けるには，感情や行動につき，過剰と不足の中庸を選び取る習慣づけが必要とした。例えば，野蛮と臆病の中庸は勇気である。　(14)　(i)　四端は四徳の端緒となる感情。惻隠の心は仁，羞悪の心は義，辞譲の心は例，是非の心は智の端緒であり，これらは誰もが持つ感情であるから，これらを適切に育むことによって誰もが有徳な人間になることができるとする，性善説を唱えた。
(ii)　荘子は老子と並ぶ道家の思想家であり，真人を理想とした。
イ　ニーチェが理想とした，神がいなくても積極的に生きる人のこと。
ウ　ルネサンス期において理想とされた。ダ・ヴィンチがその代表的人物。　エ　孟子が理想とした大人のこと。　(15)　トマス・モアは私有財産制が否定された共産主義的な理想郷をえがいた。　ア　エラスムスは自由意志をめぐるルターとの論争でも有名。　イ　マキャヴェリはマキャヴェリズム(権謀術数主義)の語源。　(16)　デカルトは方法的懐疑を唱え，疑いうるものを徹底的に排除することで，確実な真理に達しようとした。すると，そのように思考する「わたし」の精神の存在こそが否定しようのない真理であり，デカルトは「われ思う，ゆえにわれあり」を哲学の第一原理とした。　(17)　(i)　家族は人倫の基礎であり，人々は愛情によって結びつくが，そこに自由はない。(ii)　市民社会では個人は自由だが，「欲望の体系」であり，人倫の喪失態である。ヘーゲルは，国家を両者が止揚(アウフヘーベン)した人倫の最高形態とした。　(18)『道徳感情論』は『諸国民の富(国富論)』と並ぶ，アダム・スミスの著作。人々の他者に対する共感や，第三者的な「公平な観察者」の視点から自己の行動を抑制する能力によって，社会の秩序が保たれることなどを唱えた。　(19)　シニフィアンとは言葉そのもの，シニフィエはシニフィアンがもたらすイメージのこと。日本人にはブリと呼ばれる魚とハマチと呼ばれる魚を別物とイメージするが，それは日本語文化におけるものにすぎず，英語圏ではその区別がないのでどちらも“Yellowtail”と表現される。　(20)　レヴィナスは『全体性と無限』を著して他者論を唱え，「我を殺すな」と命じる他者を受け入れたときに，人は倫理的主体になるとした。　ア『アンチ・オイディプス』を著したドゥルーズとガタリの思想。　イ　ベンヤミンの思想。　ウ　ベルクソンの思想。　(21)　アニマとはラテン語で霊魂の意味。あらゆる事物に霊魂や精神が存在するとする考え方をアニミズムという。原始的な自然観であり，八百万神といわれるように，古代日本人も森羅万象に神が宿るとし，信仰の対象とした。(22)『正法眼蔵随聞記』は禅宗の一派である曹洞宗の開祖である道元の発言をまとめたもの。　ア　日蓮の『立正安国論』の一節。日蓮は日蓮宗(法華宗)の開祖である。　イ　親鸞の弟子の唯円の著とされる『歎異抄』の一節。親鸞は浄土真宗の開祖で，悪人正機を唱えた。エ　法然の『選択本願念仏集』の一節。法然は浄土宗の開祖で，専修念仏を唱えた。　(23)　ア『自由論』を翻訳したのは中村正直。植村正久はキリスト教思想家である。　イ　福沢諭吉らが唱えた天賦人権論とは，すべての人は生まれながらに自由・平等で，幸福を追求する権利を持つとする思想。　ウ　中江兆民は自由民権運動の理論的指導者の一人。　エ　新島襄はキリスト教思想家でもあった。 (24) 儒学を後代の解釈に寄らず，古典から直接的に学ぼうとする学問を古学という。山鹿素行が古学の祖であり，その一派として伊藤仁斎は古義学を唱え，荻生徂徠は古文辞学を唱えた。その研究態度は，古代日本人の精神を探究する国学に影響を与えた。 (25) 「共有地の悲劇(コモンズの悲劇)」とは，規制を実施しないと，人々の共有の資源は利己的な行動によって失われ，結果的に全員が損失を受けることを明らかにする話であり，環境問題や少子化の問題を論じる際，引き合いに出されることがある。

2023年度　実施問題

中　高　社　会

【1】次のA～Cの文章を読んで，問いに答えなさい。

A　原始から古代にかけて，日本は中国と密接な関係をつくっていたため，当時の中国の歴史書から日本の様子がわかる。①1世紀には日本は小国が分立しており，中国に朝貢していた。3世紀に編纂された②「魏志」倭人伝によると，邪馬台国は女王が呪術的権威を背景に政治を行っていた。③『宋書』倭国伝では，倭の五王が相次いで中国の南朝に朝貢していたことが記されている。奈良時代以降は国書の編纂も進み，国書からも日本の様子がわかるようになる。④8世紀には唐の僧鑑真が日本に戒律を伝え，日本の仏教の発展に寄与した。9世紀になると⑤菅原道真は遣唐使派遣の中止を提案し，結局，この時の遣唐使は派遣されずに終わった。

(1)　下線部①に関連して，次の問いに答えなさい。

(a)　倭人の社会が百余国にわかれ，楽浪郡に定期的に使者を送っていたことが記されている歴史書を答えなさい。

(b)　この時期に日本の小国の王が中国に朝貢したと考えられている理由を，次のア～エから1つ選び，記号で答えなさい。

ア　中央集権体制を確立するため。

イ　他の小国より倭国内での立場を高めようとしたため。

ウ　朝鮮半島南部をめぐる外交・軍事上の立場を有利にするため。

エ　朝鮮半島南部の鉄資源を確保するため。

(2)　下線部②に関連して，邪馬台国について説明した次の文ア～エより誤っているものを1つ選び，記号で答えなさい。

ア　邪馬台国では大人と下戸という身分制度や，租税の制度があった。

イ　卑弥呼は大夫である難升米等を遣わして魏の天子に朝献した。

ウ　邪馬台国の北には一大率をおいて，諸国を検察していた。

エ　卑弥呼が亡くなったのちも女性の壱与が王となり，争いがおさまらなかった。

(3)　下線部③に関連して，それまで近畿についで巨大な前方後円墳を営んだ吉備地方などで，この時期に大きな古墳が作られなくなったのはなぜか，ヤマト政権の性格の変化をふまえて説明しなさい。

(4)　下線部④に関連して，奈良時代に鎮護国家の思想を受けて，聖武天皇が行った大事業を2つ答えなさい。

(5)　下線部⑤に関連して，平安時代に起きた出来事Ⅰ～Ⅳを古いものから順に配列したものを，ア～カから1つ選び，記号で答えなさい。

Ⅰ　藤原基経が関白となる　　Ⅱ　藤原良房が摂政となる

Ⅲ　菅原道真が左遷される　　Ⅳ　藤原道長が太政大臣になる

ア　Ⅰ－Ⅲ－Ⅱ－Ⅳ　　イ　Ⅱ－Ⅰ－Ⅲ－Ⅳ

ウ　Ⅳ－Ⅱ－Ⅲ－Ⅰ　　エ　Ⅱ－Ⅳ－Ⅲ－Ⅰ

オ　Ⅳ－Ⅰ－Ⅲ－Ⅱ　　カ　Ⅰ－Ⅳ－Ⅱ－Ⅲ

B　⑥鎌倉時代以降，貨幣経済は徐々に発展していくことになる。鎌倉時代には売買の手段としては，米などの現物に代わって貨幣が多く用いられるようになり，荘園の一部では年貢の銭納もおこってきた。⑦室町時代には，新たに流入した銭が使用されたが，需要の増大とともに私鋳銭も流通するようになる。戦国大名は⑧貫高制を導入し，軍事制度の基礎を確立した。安土桃山時代に⑨豊臣秀吉は佐渡，石見大森，但馬生野などの主要な鉱山を支配下において貨幣を作った。

(6)　下線部⑥に関連して，鎌倉時代と室町時代に関して説明した次の文ア～エより誤っているものを1つ選び，記号で答えなさい。

ア　鎌倉時代にはもっぱら明銭が利用されていたが，室町時代には宋銭が流入した。

イ　鎌倉時代には月に三度開かれる三斎市も珍しくなかったが，室町時代には六斎市が一般化した。

ウ　鎌倉時代には刈敷や草木灰が肥料として使われたが，室町時代には下肥も広く使われるようになった。

エ　鎌倉時代には高利貸業者の借上が多く現れたが，室町時代には酒屋などの富裕な商工業者が土倉と呼ばれた高利貸業を兼ねた。

(7)　下線部⑦に関連して，室町時代に遠隔地商人のあいだで使われた為替手形の一種を何というか答えなさい。

(8)　下線部⑧に関連して，貫高制とはどのような制度か，説明しなさい。

(9)　下線部⑨に関連して，桃山文化に該当するものとして，適当なものを次の写真ア～エから1つ選び，記号で答えなさい。

ア　　　イ　　　ウ　　　エ

【問題図は著作権上の都合により掲載できません。】

(山川出版社『詳説日本史』より)

C　次の会話文を読んで，問いに答えなさい。

先生：今日は江戸幕府と外国とのつながりについて学習しましょう。江戸幕府は外国と全く貿易はしなかったのかな。

太郎：そうですね，鎖国といわれていたので，どの国とも貿易しなかったのではないですか。

花子：⑩江戸時代の初頭にはどちらかというと積極的に外国と貿易していた印象があります。今まで貿易していなかった国とも貿易を始めたみたいだし。

太郎：たしかに，そういわれると当時は⑪蝦夷地や琉球も外国だったよね。

花子：鎖国といわれていた時期も外交の窓口があって，全く外国とのつながりがなかったわけではないですよね。

先生：ではなぜ江戸時代は閉ざされた印象があるのかな。

花子：決まった国以外に対しては⑫厳しく外交を閉ざしていたからじゃないですか。ただ，⑬江戸時代の終わりに開国しましたよね。
先生：開国によって江戸幕府はどのくらい影響を受けたと思いますか。
太郎：もちろん外国からの影響は幕府が滅びるくらい大きかったと思うな。
花子：私は江戸幕府滅亡の最大の要因は⑭改革の失敗ではないかと思います。開国は最も大きい影響ではないと思います。ただ，⑮明治以降の日本は外国とのつながりの中で大きく発展できたと思います。
太郎：⑯明治から昭和期の外交について，テーマを決めて探究してみたいです。
花子：それならば私は第二次世界大戦後の経済成長と外国のつながりについて探究してみたいです。

(10)　下線部⑩に関連して，江戸時代以降に起きた出来事Ⅰ～Ⅳを古いものから順に配列したものを，ア～カから1つ選び，記号で答えなさい。

Ⅰ　外国船の寄港地を平戸と長崎に制限
Ⅱ　ポルトガル船の来航禁止
Ⅲ　奉書船以外の日本船の海外渡航禁止
Ⅳ　オランダ商館を長崎の出島に移す

ア　Ⅰ－Ⅲ－Ⅱ－Ⅳ　　イ　Ⅱ－Ⅰ－Ⅲ－Ⅳ
ウ　Ⅳ－Ⅱ－Ⅲ－Ⅰ　　エ　Ⅱ－Ⅳ－Ⅲ－Ⅰ
オ　Ⅳ－Ⅰ－Ⅲ－Ⅱ　　カ　Ⅰ－Ⅳ－Ⅱ－Ⅲ

(11)　下線部⑪に関連して，江戸時代の日本と北海道および沖縄との外交について説明した次の文ア～エより適切なものを1つ選び，記号で答えなさい。

ア　シャクシャインの戦いで，幕府はアイヌに敗北し，場所請負制度は崩壊した。
イ　琉球王国は国王の代替わりごとに，その就任を感謝する謝恩使を幕府に派遣した。

ウ　幕府は琉球王国の代替わりごとに，慶賀使を派遣して，奉祝した。

エ　コシャマインの戦いでアイヌは全面的に松前藩に服従させられた。

(12)　下線部⑫に関連して，次の史料は幕府が19世紀前半に出した法令の一部である。この法令の名称を答えなさい。

> …一体いきりすニ限らず，南蛮・西洋の儀は，御制禁邪教の国ニ候間，以来何れの浦方ニおゐても，異国船乗寄せ候を見受け候ハバ其所ニ有合せ候人夫を以て，有無に及ばず，一図ニ打払ひ，…
> (『御触書天保集成』)

(13)　下線部⑬に関する次の文a・bの正誤の組み合わせとして正しいものを，以下のア～エから1つ選び，記号で答えなさい。

a　開国によって物価が上昇したため，幕府は物価抑制を理由に五品江戸廻送令を出したが，在郷商人や列国の反対で効果は上がらなかった。

b　日本と外国の金銀比価が違い，多量の銀貨が海外に流出したため，江戸幕府は万延貨幣改鋳をおこない銀貨の価値を引き下げた。

ア　a　正　b　正　　イ　a　正　b　誤

ウ　a　誤　b　正　　エ　a　誤　b　誤

(14)　下線部⑭に関連して，天保の改革の誤った政策が物価騰貴をまねいたが，物価騰貴が起きた理由を，政策名にもふれながら答えなさい。

(15)　下線部⑮に関連して，明治政府と外国のつながりについて説明した次の文章の空欄(　ア　)～(　エ　)に適する人名および語句を答えなさい。

> 明治時代に日本は西洋の国をモデルにして近代化の推進をはかった。生糸の生産拡大に力を入れ，フランスの先進技術の導入・普及するために生糸の生産拡大の官営模範工場として群馬県に(　ア　)を設けた。農業では蝦夷地を北海道と改称

し，アメリカ式の大農場制度，畜産技術の移植をはかった政府はアメリカから(　イ　)をまねいて札幌農学校を開校した。教育では1871年の文部省創設の翌年にフランスの学校制度にならい統一的な(　ウ　)が公布された。憲法においてはドイツ人顧問(　エ　)らの助言を得て伊藤博文を中心に起草にあたり，のちに大日本帝国憲法が発布された。

(16)　下線部⑯に関連して，第一次世界大戦後幣原喜重郎外相は，幣原外交と呼ばれる協調政策をおこなったが，具体的にはどのような政策を行ったか説明しなさい。

(☆☆☆◎◎◎)

【2】次の文章を読んで，以下の問いに答えなさい。

すべての人々が政治に参加する①民主政治の成立とともに，明確な形をとり強制力をともなう法が作られ，「法の支配」が確立していった。特に近代ヨーロッパにおいて，法はしだいに普遍的な②人権の尊重を目的とするものとなった。また，③憲法では，政府による権力行使のあり方や，国家の組織のあり方などの④政治体制についても定められた。日本国憲法においては，国民主権，平和主義，⑤基本的人権の尊重を基本原理とし，権力分立の考えに基づいて⑥国会，内閣，⑦裁判所の各機関が互いに抑制し合う仕組みを定めている。また，中央の政治体制のみならず，⑧地方自治についても別に明記し，明治以来の中央集権的仕組みを変更して，民主政治をさらに推進する形となっている。この憲法のもと，戦後日本の政治が展開されてきたが，1947年の施行以来一度も改正されていない。近年は国際情勢の変化にともない，憲法改正の議論も盛んに行われており，私たち国民も主権者として改めて考える必要がある。

(1)　下線部①に関して，民主政治の成立に関する次の(a)～(d)の文章のうち，正しいものを一つ選び，記号で答えなさい。

(a)　ヨーロッパでは15世紀から16世紀にかけて，フランス革命などの市民革命によって絶対王政は倒された。

(b)　モンテスキューは「統治二論」において，政府が権利を侵害する場合には，人民には政府に抵抗する権利があるとした。

(c)　ホッブズは，各人が自然権を主張する自然状態は残忍かつ短命であるため，自然権を君主に譲渡しその命令に従うべきだとし，絶対王政を理論的に擁護した。

(d)　ロックとルソーによる社会契約説は，近代革命に大きな影響を与え，とりわけ前者は直接民主制，後者は間接民主制を主張した。

(2)　下線部②に関して，次の各問いに答えなさい。

(i)　A～Cの資料名の組み合わせとして正しいものは，以下の(a)～(f)のうちどれか，最も適当なものを一つ選び，記号で答えなさい。

A	B
国王は，王権により，国会の承認なしに法律（の効力）を停止し，また法律の執行を停止し得る権限があると称しているがそのようなことは違法である。	人は，自由かつ権利において平等なものとして出生し，かつ生存する。社会的差別は，共同の利益の上にのみ設けることができる。

C
われわれは，自明の真理として，すべての人は平等に造られ，創物主によって，一定の奪いがたい天賦の権利を付与され，その中に生命，自由および幸福の追求の含まれることを信ずる。

(a)　A　権利章典　　B　アメリカ独立宣言
　　C　フランス人権宣言

(b)　A　権利章典　　B　フランス人権宣言
　　C　アメリカ独立宣言

(c)　A　アメリカ独立宣言　　B　権利章典
　　C　フランス人権宣言

(d)　A　アメリカ独立宣言　　B　フランス人権宣言
　　C　権利章典

(e)　A　フランス人権宣言　　B　権利章典

C　アメリカ独立宣言

(f)　A　フランス人権宣言　　B　アメリカ独立宣言

C　権利章典

(ii)　国際連合が採択している次の(a)～(d)の条約のうち，日本が批准していないものを一つ選び，記号で答えなさい。

(a)　人種差別撤廃条約　　(b)　女子差別撤廃条約

(c)　子どもの権利条約　　(d)　死刑廃止条約

(3)　下線部③に関して，次の各問いに答えなさい。

(i)　大日本帝国憲法に関する次の(a)～(d)の文章のうち，正しいものを一つ選び，記号で答えなさい。

(a)　憲法制定前には，植木枝盛など民間人により私擬憲法が起草された。

(b)　憲法では，侵すことのできない永久の権利として，「臣民の権利」が認められていた。

(c)　天皇には多くの権限が与えられたが，統帥権については議会や内閣の干渉を受けた。

(d)　1925年の普通選挙法により，衆議院選挙において男女普通選挙が実現した。

(ii)　日本国憲法の天皇に関する次の条文を読んで，(　ア　)～(　ウ　)に適する語句を答えなさい。

第1条　天皇は，日本国の(　ア　)であり日本国民統合の(　ア　)であつて，この地位は，(　イ　)の存する日本国民の総意に基く。 第3条　天皇の国事に関するすべての行為には，(　ウ　)の助言と承認を必要とし，(　ウ　)が，その責任を負ふ。

(iii)　憲法改正に関する次の手続きが行われる順に並び替えなさい。

(a)　国会が憲法改正の発議を行う。

(b)　天皇が国民の名において公布する。

(c)　各議院の総議員の3分の2以上の賛成を得る。

(d) 国民投票で過半数の賛成を得る。

(4) 下線部④に関して，各国の政治体制に関する次の(a)～(d)の文章のうち，正しいものを一つ選び，記号で答えなさい。

(a) ドイツでは大統領が国家元首だが，その役割は儀礼的なものに限られる。

(b) カナダ，ニュージーランド，オーストラリアなどのイギリス連邦加盟国の国家元首はイギリス王であり，国王が政治上の実権をもつ。

(c) フランスには首相がおらず，大統領が大きな権限をもつ大統領制が採用されている。

(d) アメリカの大統領は議会解散権，法案提出権などの権限をもつ。

(5) 下線部⑤に関して，次の(a)～(d)の法律のうち，その内容が憲法第14条の定める「法の下の平等」の趣旨に合致しないものを1つ選び，記号で答えなさい。

(a) 男女共同参画社会基本法　　(b) アイヌ民族支援法

(c) 障害者雇用促進法　　(d) 北海道旧土人保護法

(6) 下線部⑥に関する次の(a)～(d)の文章のうち，正しいものを一つ選び，記号で答えなさい。

(a) 衆議院では，解散による選挙が行われると，選挙から30日以内に臨時会が開かれ，内閣総理大臣の指名が行われる。

(b) 国会の各院は委員会と本会議からなり，実質的な議論は各種の委員会(常任委員会，特別委員会)を中心に進められ，委員会の議決をへて本会議で最終的に議決される。

(c) 衆議院で可決した法律を参議院が否決した場合，衆議院が総議員の3分の2の賛成を得て再可決すれば法律となる。

(d) 国会議員には不逮捕特権があり，国会会期中は，いかなる場合であっても逮捕されることはない。

(7) 下線部⑦に関して，裁判員制度の対象となる裁判はどのような裁判か，説明しなさい。

(8) 下線部⑧に関する次の(a)～(d)の文章のうち，正しいものを一つ選び，記号で答えなさい。

(a) 1999年に成立した地方分権一括法では，法定受託事務を廃止し，地方公共団体の活動を自治事務と機関委任事務に整理した。

(b) ふるさと納税は，自分の住んでいる地方公共団体に寄付をすることで，税金の控除や返礼品を受けとることができる制度である。

(c) 地方交付税は，地方公共団体間の財政格差を是正するために国が支給する，用途が指定された補助金である。

(d) 住民には直接請求権があり，議会の解散，議員や首長などの解職を請求することができる。

(☆☆◎◎◎)

【3】次の文章を読んで，以下の問いに答えなさい。

18世紀後半にイギリスで始まった産業革命は，生産技術のみならず①社会のあり方をも変え，資本主義経済とよばれる体制を確立した。日本でも資本主義に基づく②市場経済が行われ，経済主体である政府・③企業・④家計が経済を循環させ，国民所得を増加した。また，⑤金融政策や⑥財政政策を行い，⑦日本経済を発展させてきたが⑧問題点も多い。

(1) 下線部①に関して，ドイツのラッサールが示した夜警国家とはどのような国家観をさすか，説明しなさい。

(2) 下線部②に関して，次のグラフは，需要曲線と供給曲線を表している。市場において環境税が課される場合，曲線はどのように動くか，正しいものを(a)～(d)のうちから一つ選び，記号で答えなさい。

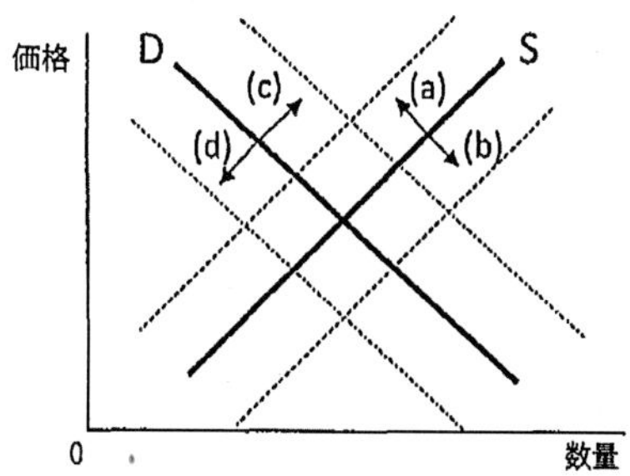

(3)　下線部③に関して，日本で1997年に解禁された，株式の保有によって複数の企業を支配することが主たる業務である会社を何というか，答えなさい。

(4)　下線部④に関して，生活の質を表すエンゲル係数について次の3つの語句を必ず用いて説明しなさい。

【　総消費支出　　生活水準　　低い　】

(5)　下線部⑤に関して，次の各問いに答えなさい。

(i)　株式投資などから得た配当等について，毎年120万円を上限とする新規購入分を対象に最長5年間，非課税にする仕組みを何というか，アルファベットで答えなさい。

(ii)　日本銀行が金融政策の基本方針を決めるために行う会合を何というか，答えなさい。

(6)　下線部⑥に関して，日本の租税区分を表す次の表に関して，4つの区分と税との組み合わせとして，正しいものを(a)～(d)から一つ選び，記号で答えなさい。

	直接税	間接税
国税	A	B
地方税	C	D

(a)　A－法人税　　(b)　B－住民税　　(c)　C－所得税

(d)　D－酒税

(7)　下線部⑦に関して，経済安定9原則に該当しないものを次の(a)～(d)から一つ選び，記号で答えなさい。

(a)　徴税の強化　　(b)　賃金の安定　　(c)　均衡予算

(d)　輸入の最大限増加

(8)　下線部⑧に関して，次の各問いに答えなさい。

(i)　次のA～Cは日本の社会保障制度に関する記述である。その正誤の組み合わせとして正しいものを，以下の(a)～(h)から一つ選び，記号で答えなさい。

A　雇用保険と介護保険において，国民皆保険が実現している。

B　大日本帝国憲法下に，日本初の救貧法である生活保護法が制定された。これが，現在の公的扶助制度の根幹となっている。

C　児童や障害者など，社会的に弱い立場にある人々が自立し，安定した社会生活を営むことができるように，施設を設けたり，サービスを提供したりするのは社会福祉である。

(a)　A　正　B　正　C　正　　(b)　A　正　B　正　C　誤
(c)　A　正　B　誤　C　正　　(d)　A　正　B　誤　C　誤
(e)　A　誤　B　正　C　正　　(f)　A　誤　B　正　C　誤
(g)　A　誤　B　誤　C　正　　(h)　A　誤　B　誤　C　誤

(ii)　働く貧困層とも呼ばれ，就労しているにも関わらず，所得が低く通常の生活が困難な世帯や個人を何というか，カタカナで答えなさい。

(iii)　就職に関して，Iターンについて説明しなさい。

(iv)　農業政策の弊害を改善するために1999年に制定された食料・農業・農村基本法の内容として誤っているものを一つ選選び，記号で答えなさい。

(a)　食料の安定供給の確保　　(b)　機械化による生産性の向上
(c)　農業の持続的発展　　(d)　農村の振興

(☆☆☆◎◎◎)

【4】青年期，源流思想について次の文章を読んで，以下の問いに答えなさい。

現在に至るまで，古今東西の賢人によって①「人間とは何か」という問いへの答えが，さまざまな考え方にもとづいて語られてきた。誕生から死に至る人間の生涯発達の変化は一様ではない。急激な変化を示す時期，比較的安定した時期など，②それぞれの時期には特徴があり，他と区分することができる。

また，人はどう生きるべきかに関する，自己探求とそれにもとづく人間としての自覚の深化の歴史が，人類の思想(③古代ギリシアの哲学，④ヘレニズム時代の思想，キリスト教，⑤イスラーム，⑥仏教などの宗教や，⑦中国思想)の歴史であったといえる。

【青年期】

(1)　下線部①について，人間の特質を知性(理性)にあるとし，人間をホモ－サピエンス(英知人・知性人)と定義した，スウェーデンの博物学者は誰か，答えなさい。

(2)　下線部②に関して，次の各問いに答えなさい。

(i)　性格に関する考え方について，次の(a)～(d)の文章のうち，誤っているものを一つ選び，記号で答えなさい。

(a)　類型論は性格を直感的に把握し，異なる類型を比較するには便利であるが，典型的な型に当てはめようとするなど，問題もある。

(b)　いくつかの特性の組み合わせによってパーソナリティーが構成される考え方を特性論という。

(c)　ドイツの精神医学者クレッチマーは人間の体型と気質の関係をとらえ，三つの性格に分類した。

(d)　シュプランガーは五つの因子の組み合わせによるビッグファイブを提唱した。

(ii)　第二次世界大戦中にアウシュヴィッツ強制収容所を生き抜いた経験から，人間らしい尊厳ある生き方を探究したオーストリアの精神医学者は誰か，答えなさい。

【源流思想】

(3)　下線部③に関して，プラトンが説いた，永遠不滅のイデア界と絶えず変化・生滅する不完全な現象界のように，世界を二つに分ける考え方を何というか，答えなさい。

(4)　下線部④に関して，ゼノンが説いたストア派の生活信条は何か，「(　　)生きよ」に合うように答えなさい。

(5)　下線部⑤に関して，イスラームについて，次の(a)～(d)の文章のうち，誤っているものを一つ選び，記号で答えなさい。

(a)　イスラームではムスリムが守るべきことが細かく定められており，ムハンマドの言行であるシャリーアにもとづいて規範を体系化したスンナが成立した。

(b)　アッラーへの信仰にもとづく共同体(ウンマ)が重視され，ムスリムは平等な関係であるとされている。

(c)　ジハードは聖戦と訳されることもあるが，もともとは神のために奮闘・努力するという意味である。

(d)　イスラームではムハンマドは人類の歴史における最後の預言者であり，神の啓示はここで終了したとされる。

(6)　下線部⑥に関して，次の各問いに答えなさい。

(i)　インド古代社会について述べた文章の正誤の組み合わせとして正しいものを，(a)～(d)から一選び，記号で答えなさい。

A　カースト制度のもととなった四つの身分階層をヴァルナという。

B　身分制度と，職業の世襲や出身地，言語などを同じくする小集団をシュードラという。

(a)　A　正　B　正　　(b)　A　正　B　誤

(c)　A　誤　B　正　　(d)　A　誤　B　誤

(ii)　次のA～Cはブッダの教えである四法印に関する記述である。その正誤の組み合わせとして正しいものを，以下の(a)～(h)から一つ選び，記号で答えなさい。

A　一切皆苦とは，人生のすべては苦しみにほかならず，自分の思うままにならないものという教えをさしている。

B　諸行無常とは，すべてのものは原因・条件によって生じたものであり，それ自体で存在している不変の実体は一つもないという教えをさしている。

C　諸法無我とは，極端な快楽主義に苦行主義にも偏らないという教えをさしている。

(a)　A　正　B　正　C　正　　(b)　A　正　B　正　C　誤

(c)　A　正　B　誤　C　正　　(d)　A　正　B　誤　C　誤

(e)　A　誤　B　正　C　正　　(f)　A　誤　B　正　C　誤

(g)　A　誤　B　誤　C　正　　(h)　A　誤　B　誤　C　誤

(7)　下線部⑦に関して，次の各問いに答えなさい。

(i)　孟子は人間には生まれながらにして備わっている四端の心があ

るとした。その中の惻隠の心とはどのような心か説明しなさい。

(ii)　老子は農村共同体程度の小国家こそ理想社会であると説いた。このような政治社会の理想的なあり方を何と呼ぶか，答えなさい。

(☆☆☆◎◎◎)

【5】次の会話文は日本に来た外国人観光客と日本人ガイドの会話である。この会話文を読んで，以下の問いに答えなさい。

外国人観光客：	日本の文化や宗教に興味があります。特に，日本では，①たくさんの神々がいることが，とても興味深いと感じています。
日本人ガイド：	日本人の精神風土は，古の日本人がもつ人間観や自然観が背景となって形成されてきました。それが，独自の日本の文化として現在にもあらわれています。
外国人観光客：	日本の文化は，外国の文化の影響を受けることなく，独特な文化を形成してきたのですか？
日本人ガイド：	いいえ，大陸から伝わってきた②仏教や③儒教などの影響も受けています。一方で，これらの教えに対抗するかたちで登場してきた④国学や農民の立場に立った思想もあります。
外国人観光客：	そうなのですね。文化の背景を知ることで，より一層，日本の文化に興味がわいてきました。
日本人ガイド：	日本の文化に興味を持っていただけて，とてもうれしいです。古の日本人の考え方や，外国からの影響を受け，それらを共存・重層させながら独自の日本の文化が作り上げられました。

(1)　会話文中の下線部①に関して，古代の日本において信仰の対象となった，多くの神々を総称して何というか，答えなさい。

(2)　会話文中の下線部②に関して，次は日本に伝わってきた仏教についてまとめたノートである。このノートを見て，以下の各問いに答えなさい。

> 《仏教の伝来》
> ・日本に伝えられた当初，仏は外国の神を意味する「[　ア　]」として受け止められた。
> 《日本における仏教の展開》
> ・6世紀…聖徳太子は，「和」を実現するために「ともに[　イ　]のみ」という謙虚な姿勢が求められるとした。
> ・奈良時代…鎮護国家の思想が強まる一方で，民間仏教の信仰も見られた。
> ・平安時代…大陸から学ばれた⑤新しい日本的な仏教の広がりが見られた。
> ※平安時代までに，神仏習合という考え方が広がり，本地垂迹説が説かれた。

(i)　ノート中の空欄[　ア　]と[　イ　]に適する語句をそれぞれ答えなさい。

(ii)　ノート中の下線部⑤に関して，次のA～Cは，日本仏教の展開に関する文章である。その正誤の組み合わせとして正しいものを(a)～(h)から一つ選び，記号で答えなさい。

A　空海は，「世間虚仮，唯物是真」という言葉で仏教的世界観を表した。

B　親鸞は，「善人なをもて往生をとぐ，いはんや悪人をや」という悪人正機を説いた。

C　栄西は，「只管打坐」をすることで「身心脱落」の境地を目指した。

(a)　A　正　B　正　C　正　　(b)　A　正　B　正　C　誤
(c)　A　正　B　誤　C　正　　(d)　A　正　B　誤　C　誤
(e)　A　誤　B　正　C　正　　(f)　A　誤　B　正　C　誤
(g)　A　誤　B　誤　C　正　　(h)　A　誤　B　誤　C　誤

(3)　会話文中の下線部③に関して，次の(a)～(d)のうち，日本における儒教の受容と展開についての記述として正しいものを一つ選び，記号で答えなさい。

(a)　中世の終わりまで仏教と並ぶ二大学問として研究されていた儒教は，江戸時代になると現実世界の新しい秩序理念として注目されるようになった。

(b)　林羅山は，天地に上下があるのと同様に，人倫にも上下や身分が定まっているという「上下定分の理」を説き，のちに松下村塾を開いた。

(c)　中江藤樹は，全ての人間において時・処・位に応じた孝の実践と，生まれつき備わっている良知の発揮が大切であると説いた。

(d)　荻生徂徠は，儒教における仁とは人間が日常現実の場において従うべき道としての愛であり，『論語』『孟子』には人倫日用の道が説かれているとした。

(4)　会話文中の下線部④に関して，次の各問いにそれぞれ答えなさい。

(i)　本居宣長が見出した，生まれながらの真心に通じ神々による人為の加わっていない道を何というか，答えなさい。

(ii)　石田梅岩の主著として最も適当なものを，次の(a)～(d)から一つ選び，記号で答えなさい。

(a)　『源氏物語玉の小櫛』　　(b)　『自然真営道』

(c)　『二宮翁夜話』　　(a)　『都鄙問答』

(☆☆☆◎◎◎)

【６】西洋の中世から近代にかけて登場した思想に関する，次の問いに答えなさい。

(1)　次はルネサンスについてまとめたノートの一部である。ノートの空欄[　ア　]～[　ウ　]に適する語句の組み合わせとして正しいものを，以下の(a)～(h)から一つ選び，記号で答えなさい。

《ルネサンス》
○ギリシャ・ローマ文化の復興,「再生」の意味
　古典研究を通じて人間性の回復が目指された,[　ア　]の運動が見られた
→中世の教会を中心とした[　イ　]な在り方からの脱却
○理想の人間像：万能人(普遍人)
レオナルド・ダ・ヴィンチ…イタリアで画家や建築家として活躍した
[　ウ　]…イタリアの詩人,長編の叙事詩『神曲』を書いた

(a)　アー懐疑主義　　イー封建的　　ウーミケランジェロ
(b)　アー懐疑主義　　イー封建的　　ウーダンテ
(c)　アー懐疑主義　　イー民主的　　ウーミケランジェロ
(d)　アー懐疑主義　　イー民主的　　ウーダンテ
(e)　アー人文主義　　イー封建的　　ウーミケランジェロ
(f)　アー人文主義　　イー封建的　　ウーダンテ
(g)　アー人文主義　　イー民主的　　ウーミケランジェロ
(h)　アー人文主義　　イー民主的　　ウーダンテ

(2)　ルターにおける職業召命観を,次の語句を必ず使用して,説明しなさい。　　【天職】
(3)　ベーコンが排除除するべきと説いたイドラのうち,言語の不適切な使用によって生じるイドラを何というか,答えなさい。
(4)　次の文章はカントの義務論とベンサムらの功利主義についてまとめたノートである。以下の各問いに答えなさい。

《義務論》…行為の[　ア　]を重視する
代表的哲学者：カント　・理性により発せられる道徳法則にしたがう→意志の自律＝自由
・「目的の王国」
《功利主義》…行為の[　イ　]を重視する

代表的哲学者：ベンサム・「最大多数の最大幸福」を実現する行為が最善である←ミルにより修正 ・私益と公益の一致のために，①人々の行為を規制する強制力の提案が立法者の役割

(i)　ノート中の空欄[　ア　]・[　イ　]に当てはまる語句の組み合わせについて，正しいものを(a)～(f)から一つ選び，記号で答えなさい。

(a)　アー自由　　イー動機　　(b)　アー自由　　イー結果

(c)　アー結果　　イー動機　　(d)　アー結果　　イー自由

(e)　アー動機　　イー結果　　(f)　アー動機　　イー自由

(ii)　ノート中の下線部①に関して，ベンサムの説いた制裁(サンクション)として，適当でないものを一つ選び，記号で答えなさい。

(a)　内的制裁　　(b)　政治的制裁　　(c)　物理的制裁

(d)　宗教的制裁　　(e)　道徳的制裁

(☆☆◎◎◎)

中高社会・地理歴史共通

【1】次の問いに答えなさい。

(1)　次の文章は，生徒の太郎さんが「プレートの運動と移動する大陸について授業で発表する原稿の一部である。文章中の(　ア　)～(　エ　) に適する語句を答えなさい。

1912年，ドイツ人の(　ア　)は，大西洋をはさむ南アメリカ大陸とアフリカ大陸の海岸線の形の類似性に着目し，かつて存在した一つの巨大大陸パンゲアが，分裂・移動して現在の大陸の分布になったとする(　イ　)説を唱えました。しかし，

大陸を移動させる原動力を説明できず，当時，この考えは受け入れられませんでした。その後，海底地形などの研究が進み，1970年頃に(　イ　)説を科学的に裏づける，プレート(　ウ　)という考えが確立されました。今日では，パンゲアは中生代中期にはローラシア大陸と(　エ　)大陸に分かれ，その後も分裂・移動を続けて現在の六大陸ができたと考えられています。

(2)　資料1のa～dは，プレート境界の一部(破線)とプレートの移動方向(矢印)を示している。a～dに示したプレートの移動方向が適当でないものを1つ選び，記号で答えなさい。

資料1

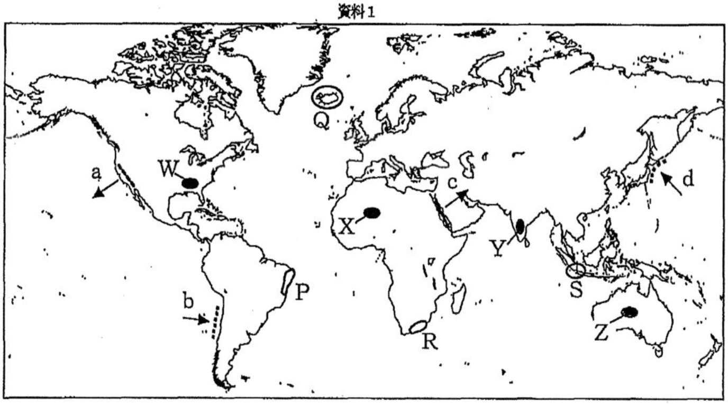

(3)　火山は，変動帯でみられることが多い。資料1のP～Sのうち，活発な火山活動がみられる範囲をすべて選び，記号で答えなさい。

(4)　資料2は，太郎さんが火山について調べたことをまとめたメモである。下線部①の例として適当な場所を，資料1のW～Zより1つ選び，記号で答えなさい。

資料2

<メモ>
・火山周辺には，①溶岩が風化して肥沃な土壌が形成され，農業がさかんな地域がある。
・高温のマグマに熱せられた地下水は，温泉に利用されることもある。
・日本の国立公園の3分の2には火山があり，火山の美しい景観は観光資源となっている。
・火山付近では，②地熱を利用して発電を行っているところがある。一方，③さまざまな災害の危険性も伴うため，人間生活に大きな影響を与えている。

(5)　資料2の下線部②について，資料3のア～ウは太陽光発電，地熱発電，風力発電のいずれかの導入実績を示している。地熱発電を示しているものを選び，記号で答えなさい。

資料3

ア		イ		ウ	
国名	発電量	国名	発電量	国名	発電量
中国	18,839	中国	7,817	アメリカ	372
アメリカ	8,908	日本	4,272	フィリピン	193
ドイツ	5,613	ドイツ	4,121	インドネシア	186
インド	3,285	アメリカ	4,030	トルコ	106
スペイン	2,317	イタリア	1,939	ニュージーランド	98
イギリス	1,887	イギリス	1,151	メキシコ	92
フランス	1,376	インド	909	イタリア	92
ブラジル	1,276	フランス	697	アイスランド	71

（万kw）

（統計年は太陽光発電が2016年，地熱発電および風力発電が2017年，第一学習社『最新地理図表GEO二訂版』より作成）

(6)　資料2の下線部③について，災害の例としてあげた次の文章ⅠとⅡの正誤の組み合わせとして正しいものを，ア～エより選び，記号で答えなさい。

Ⅰ　噴火による火山灰や溶岩片，高温のガスがまざり合って流れる土石流は，高速で山麓に広がり，大きな被害をもたらす。

Ⅱ　噴火によって大気中に噴き上げられた火山灰は，何か月も大気中をただよって日射をさえぎり，地球規模で気温を低下させることがある。

	ア	イ	ウ	エ
Ⅰ	正	正	誤	誤
Ⅱ	正	誤	正	誤

(7) 資料4はロンドンと札幌の雨温図である。ロンドンは，札幌より高緯度にあるにも関わらず，冬は札幌よりも暖かい。その理由を説明しなさい。

資料4

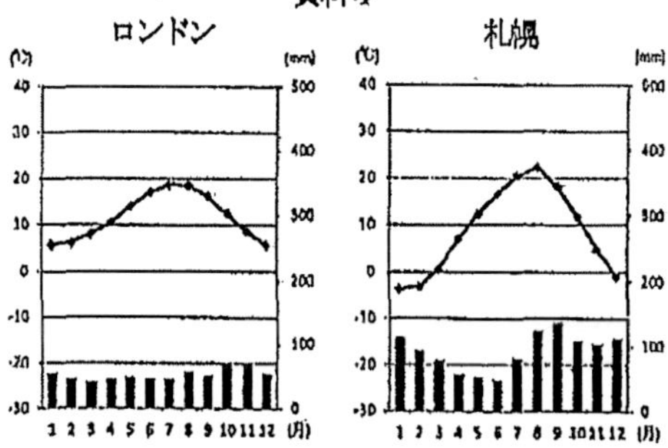

(二宮書店『データブック　オブ・ザ・ワールド』より作成)

(8) 農業の生産性を比較するための指標に，「土地生産性」と「労働生産性」がある。それぞれの指標について，簡潔に説明しなさい。

(9) 資料5は，モンゴル高原で遊牧生活を営む人々の住居である。資料5の住居が遊牧に適している理由を説明しなさい。

資料5

【問題図は著作権上の都合により掲載できません。】

(10) 資料6のP～Sは，原油の産出量，原油の輸出量，石炭の産出量，石炭の輸出量のいずれかの上位国を示している。原油の産出量を示しているものを選び，記号で答えなさい。また，Xに該当する国名を答えなさい。

資料6

	P	Q	R	S
1位	中国	サウジアラビア	オーストラリア	サウジアラビア
2位	インド	X	インドネシア	X
3位	インドネシア	イラク	X	アメリカ
4位	オーストラリア	カナダ	コロンビア	イラク
5位	X	アラブ首長国連邦	南アフリカ	中国
6位	アメリカ	クウェート	アメリカ	イラン

(統計年は2016年，二宮書店『データブック　オブ・ザ・ワールド』より作成)

(11)　次のア～エの文章は，シンガポール，スイス，カナダ，フィリピンの公用語について述べたものである。次のア～エのうち，内容として誤っているものを1つ選び，記号で答えなさい。

ア　シンガポールは中国語，英語，マレー語，タミル語を使用する住民が住む多民族国家であるが，中国系住民が多数を占めるため，中国語を公用語としている。

イ　スイスは多民族・多言語の国家であり，ドイツ語，イタリア語，フランス語，ロマンシュ語の4つの言語を公用語としている。中でもドイツ語を使用する人が最も多い。

ウ　カナダでは，ケベック州にフランス系住民が多く住んでおり，英語とフランス語を公用語としている。

エ　フィリピンではフィリピノ語と英語の両方を公用語としている。

(12)　資料7のア～エは，アメリカ，インド，日本，ブラジルのインターネット利用者率と利用者数を示したものである。ア～エのうち，インドとブラジルに該当するものをそれぞれ選び，記号で答えなさい。

資料7

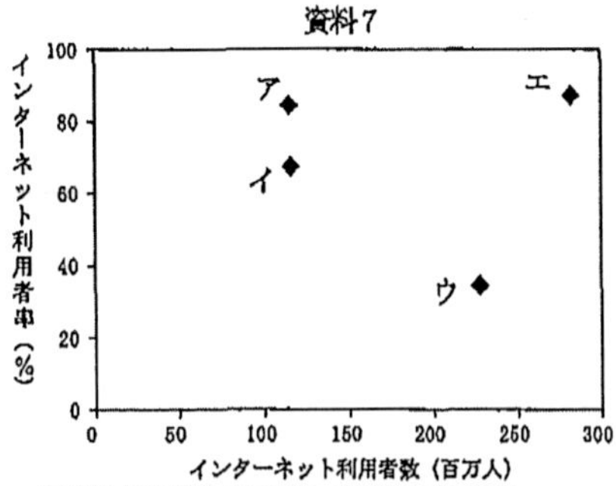

(統計年は利用者数が2014年，利用者率が2017年，
二宮書店『データブック　オブ・ザ・ワールド』より作成)

(13) 近年の情報通信技術の急速な発達は，一方で情報通信技術を活用できる者と活用できない者との格差を拡大させている。個人間ばかりでなく，地域間や国家間等でもみられるこの情報格差のことを何というか，カタカナで答えなさい。

(14) 資料8は，先進国の都市問題について述べたものである。文章中の(　ア　)~(　ウ　)に適する語句を答えなさい。なお，語句はすべてカタカナで答えること。

資料8

> アメリカ合衆国やヨーロッパなどの大都市の中には，都心部や古くからの市街地において住宅環境が悪化した結果，高所得者層や若者が郊外に流出し，人口減少や高齢化，購買力の低下やコミュニティの崩壊などの現象がおこるところが出てきた。これは(　ア　)問題とよばれる。しかし，いくつかの都市では，老朽化した住宅や工場などの施設を取りこわして再開発を行い，新しい商業施設や高級な高層住宅を建設することで，若者を中心とする比較的豊かな人々が流入する(　イ　)という現象がみられる。
>
> 先進国大都市では，(　ア　)問題を含むさまざまな都市問題を解消するため，再開発を進めてきている。ロンドンのテムズ川やパリのセーヌ川周辺，東京のお台場や横浜など日本の港湾都市では，水辺の倉庫街や工場跡などの広大な土地に，住宅やショッピングセンター，娯楽施設などを建設する(　ウ　)開発が進んできた。

(15) 資料9のア～オは，インドネシア，エチオピア，カナダ，日本，フランスのいずれかの国を示している。インドネシアとフランスに該当するものをそれぞれ選び，記号で答えなさい。

資料9

	人口密度（人/km²）	産業別人口構成（%）		
		第１次	第２次	第３次
ア	330.1	3.4	24.3	70.7
イ	141.6	31.8	21.2	47.0
ウ	105.1	2.8	20.0	76.8
エ	101.5	72.7	7.4	19.9
オ	3.7	1.6	19.6	78.8

(統計年は人口密度が2019年，産業別人口構成はインドネシア，カナダ，日本，フランスが2016年，エチオピアが2013年
二宮書店『データブック　オブ・ザ・ワールド』より作成)

(☆☆☆◎◎◎)

【2】次の文章を読んで，以下の問いに答えなさい。

世界史の教科書には多くの人物が登場するが，あらためて見るとそのほとんどが男性であることに気づかされる。

①古代においては，「子を産み，家を守る」ことが女性の役割とされ，女性＝家庭的なもの，男性＝公的なものとされた。また，中世ではヨーロッパ社会に②キリスト教が広まっていく中で，女性の権利の制約や性差別が増幅された。③女性が国王や皇帝などの君主に即位した例もあるが，まれなケースである。近世以降「理性」を重視する啓蒙思想が登場するが，ここにおいても，女性は「理性」によって男性に従うものとされた。例えばフランス人権宣言で「人は，自由かつ平等」とされているが，そこに女性は含まれていない。また，④ナポレオン法典においても「夫は妻を保護し，妻は夫に服従する義務を負う」とあり，家父長制が強調されている。

このような女性軽視の傾向はアジアも同様である。⑤中国では⑥儒学的な女性蔑視の立場から，歴史家は女性が政治に関与することを批判的に見ていた。6世紀末から1300年以上にわたって続いた「科挙」の受験資格は女性には認められず，中国史上唯一の女帝であった(　ア　)の時代を「武韋の禍」と呼ぶのも女性蔑視の表れである。⑦イスラーム世界でも『クルアーン』の解釈によって女性の権利は制限されてきた。⑧第一次世界大戦後，(　イ　)が指導した⑨トルコ革命の際に，近

代化改革の例として「女性の解放」が強調されていることからもそれがわかる。

19世紀後半以降，世界中で女性解放運動が高まり女性の社会進出が進んできているが，未だ完全な平等が実現できているとは言い難い。日本の例で言えば，世界経済フォーラムが公表した，「グローバル・ジェンダー・ギャップ報告書 2021」で，総合順位は156カ国中120位である。21世紀には誰もが平等に活躍できる社会が築かれなければならない。

(1) 文中の(　ア　)・(　イ　)に適する人名を答えなさい。

(2) 下線部①に関連して，次の問いに答えなさい。

(a) 古代ギリシアで恋愛などをテーマにした叙情詩を歌った女性叙情詩人は誰か，答えなさい。

(b) 古代ローマの内乱の1世紀は，前31年の戦いで勝利したオクタウィアヌスによって収拾した。この時の戦いの名称と，プトレマイオス朝の女王クレオパトラと結んでオクタウィアヌスと戦い敗れた人物の名を，それぞれ答えなさい。

(3) 下線部②に関連して，次の問いに答えなさい。

(a) ローマ支配下のパレスチナで生まれたキリスト教は，貧富の区別なく神の救いを与えられるとする教義から，女性など社会的弱者を中心に広まったが，当初からローマ社会に受け入れられたわけではなかった。4世紀のローマ社会におけるキリスト教の立場の移り変わりについて，次の三人の皇帝に言及し，65字以内で説明しなさい。

コンスタンティヌス	ディオクレティアヌス
テオドシウス	

(b) キリスト教の修道院(修道会)について述べた文として誤っているものを次のア～エから1つ選び，記号で答えなさい。

ア　アウグスティヌスは，イタリアのモンテ＝カシノに修道会を開いた。

イ　クリュニー修道院は，聖職者の世俗化などの問題に対し教会刷新運動を行った。

ウ　シトー修道会は，森林を切り開いて大開墾時代の先頭に立って活躍した。

エ　フランチェスコ修道会やドミニコ修道会は，民衆の中に入って教化したため托鉢修道会とも呼ばれた。

(c)　明，清時代には中国でキリスト教の布教が試みられたが，これに際し起こった「典礼問題」に対し，康熙帝がとった対応を説明しなさい。

(d)　19世紀半ばの清で起こった太平天国の乱は，キリスト教理念を取り入れた拝上帝会を母体とする農民反乱で，男女平等などを掲げていた。拝上帝会を組織し，この乱を起こした人物の名を答えなさい。

(4)　下線部③に関連して，次の問いに答えよ。

(a)　イギリスの女王について述べた文として誤っているものを次のア～エから1つ選び，記号で答えなさい。

ア　メアリ1世は，スペイン王室と結んでカトリック復帰を図った。

イ　エリザベス1世は，アルマダの海戦でスペイン海軍を破った。

ウ　メアリ2世は，権利の請願を受け入れてウィリアム3世とともに王位に就いた。

エ　ヴィクトリア女王は，インド帝国皇帝を兼ねた。

(b)　次の地図中Xは，オーストリア君主マリア＝テレジアから，2度の戦争によってプロイセンが獲得した地域である。この2度の戦争を戦ったプロイセン国王の名と，地図中Xの地域名をそれぞれ答えなさい。

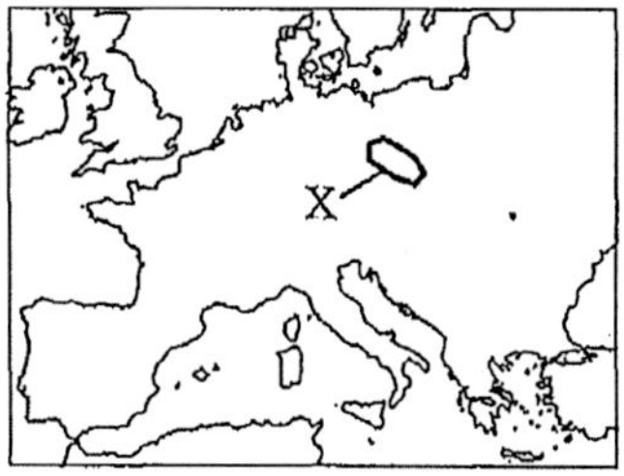

(5) 下線部④に関連して，次の問いに答えなさい。

(a) 中南米には16世以降ヨーロッパ諸国が入植し，重商主義政策による搾取を行った。これら本国政府の搾取に対し，フランス革命やナポレオンの統治を通じて，中南米でも植民地支配からの独立を求める運動が高まった。中南米の独立について述べた文として最も適当なものを次のア～エから1つ選び，記号で答えなさい。

ア　シモン＝ボリバルは，ボリビアなどの独立運動を指導した。

イ　アメリカ合衆国大統領モンローは，ヨーロッパとの連帯を主張して中南米諸国の独立に反対した。

ウ　チリは，サン＝マルティンの指導のもとポルトガルから独立した。

エ　フランスから独立したキューバは，世界最初の黒人共和国となった。

(b) ナポレオン失脚後のウィーン会議で，フランス外相タレーランが主張した正統主義とは，具体的にはどのような理念か説明しなさい。

(6) 下線部⑤に関連して，次の問いに答えなさい。

(a) 中国の歴史は，北方遊牧民との抗争の歴史でもある。モンゴル高原を中心とする草原地帯には，歴史上多くの遊牧民族が出現して勢力を誇り，武力で中国王朝を圧倒したケースもあった。次の遊牧民族ア～エを，モンゴル高原に大勢力を築いた時代が古い順に並べ替えよ。

ア　突厥　　イ　契丹　　ウ　匈奴　　エ　柔然

(b) 政治的に支配者側となった民族が，文化的には逆に被支配者側の民族から大きな影響を与えられることが，歴史上はしばしば起こっており，その一例として4～6世紀に華北を支配した北魏がある。平城から洛陽への遷都など漢化政策を推進した北魏皇帝の名を答えなさい。

(7) 下線部⑥に関連して，次の問いに答えなさい。

(a) 歴代中国王朝の，儒学への対応について述べた文として最も適当なものを次のア～エから1つ選び，記号で答えなさい。

ア　秦の始皇帝は，法家の商鞅の献策を受けて，焚書・坑儒と呼ばれる思想統制を行った。

イ　前漢の武帝は，孔穎達の献策を受けて儒学を官学化した。

ウ　明の洪武帝は，里老人に六諭と呼ばれる儒学道徳を説かせた。

エ　満州人王朝である清では，儒学が軽視され，官僚には色目人が重用された。

(b) 儒学道徳を重視する文治主義を推進した宋は，軍事力が弱体化し周辺勢力との和平のための歳賜が財政を圧迫した。そのため11世紀後半の宰相王安石は新法と呼ばれる改革を行った。この改革の内容と結果について述べた文として最も適当なものを次のア～エから1つ選び，記号で答えなさい。

ア　府兵制に代えて，傭兵による募兵制を開始した。

イ　司馬炎を中心に旧法党が形成され，新法改革に抵抗した。

ウ　戸籍・租税台帳として賦役黄冊を作成させた。

エ　青苗法によって農民へ低利子で貸し付けを行った。

(c) 14世紀末に建国された朝鮮王朝は，明から朱子学を取り入れるなど，儒教を重視する体制をとった。このような体制の下で官僚を独占するようになった朝鮮の特権的支配階層を何と呼ぶか，答えなさい。

(8) 下線部⑦に関連して，次の問いに答えなさい。

(a) イスラームの成立には，メッカが商業都市として発展したことが関係している。6世紀後半ごろからメッカが商業都市として発展することになった背景を，次の語句を用いて説明しなさい。

ビザンツ帝国　交易路

(b)　イスラーム世界において『クルアーン』の解釈などを行う法学者・知識人を何と呼ぶか，答えなさい。

(9)　下線部⑧に関連して，総力戦となった第一次世界大戦を契機に女性参政権を導入する国が増加した。次のア～エの国のうち第一次世界大戦開始前から女性参政権が実現していた国を1つ選び，記号で答えなさい。

ア　イギリス　　イ　アメリカ　　ウ　ドイツ

エ　ニュージーランド

(10)　下線部⑨に関連して，トルコ革命に関連する事項について述べた文のうち誤っているものを次のア～エから1つ選び，記号で答えなさい。

ア　侵入したギリシア軍を撃退し，イズミルを回復した。

イ　スルタン制を廃止した。

ウ　アラビア文字を公用文字とした。

エ　連合国とローザンヌ条約を結び，不平等条項などを撤廃した。

(11)　次の会話文を読み，以下の問いに答えなさい。

太郎：第1回…，第2回…，第3回…

花子：太郎君，何をぶつぶつ言ってるの？

太郎：ああ，世界史の勉強をしているんだけど「イギリスの選挙法改正」が何度も出てきて，「いつ」，「どんな」改革が行われたのか覚えにくいんだよね。年代とかも丸暗記するしかないのかなあ。

花子：ある程度の年代は私も覚えるようにしているけど，全部丸暗記は難しいんじゃないかな。歴史的な出来事は，その時代背景や因果関係を考えながら理解することが大事だって，先生も授業で言っていたから，私もそれを意識して勉強しているよ。

太郎：時代背景や因果関係かあ…

花子：そうねえ。例えば「イギリスの選挙法改正」ならこの資料Aがヒントになるよ。

資料A

『アカデミア世界史』(浜島書店）より

太郎：ロマン主義画家(　ア　)作の「民衆を導く自由の女神」だよね。フランスの(　イ　)をテーマに描いたものだよね。

花子：そうそう。じゃあ(　イ　)の年代は覚えてる？

太郎：それなら僕でもわかるよ。先生が授業で，「フランスの三大革命は，ヨーロッパ全体に大きな影響を与えた革命だから，時代もしっかり覚えておくように」って強調していたからね。(　イ　)は1830年だ。

花子：正解。そこまで覚えているなら大丈夫よ。今，あなたが自分で言ったじゃない。「(　イ　)はヨーロッパ全体に影響を与えた」って。

太郎：あ，そうか！イギリスの第1回選挙法改正は(　イ　)の余波で起こった運動だ。ということは，「(　イ　)の少し後に起こった」と推測できるね。でも，「いつ」については分かるけど，改革の内容については分からないね。

花子：そんなことないよ。第1回選挙法改正の主な内容は2つあるけど，そのうちの1つはさっきあなたが言ったように(　イ　)の影響で起こった運動というのが手掛かりね。(　イ　)によって成立したフランスの体制はどんな社会層の人たちに利益があるものだったかな。

太郎：ええと。(　イ　)によって国王に即位した(　ウ　)は，産業資本家の利益保護を図る政策を行ったはず…。そうか！このような変革に刺激を受けて行われる選挙法改正の内容は(　エ　)だ。

花子：正解よ。あともう1つの改正内容を考える際にはこの資料Bが手掛かりになるわ。これは「イギリスの産業地帯別の人口増加率」を示したものよ。このグラフを見てどんなことに気が付くかな。

資料B

【問題図は著作権上の都合により掲載できません。】

『歴史総合　近代から現代へ』(山川出版社)より

太郎：そうだなあ。産業革命が始まる18世紀後半から19世紀前半にかけて，国全体の人口増加率が高くなっていて，特に首都や工業地帯での伸びが大きいのが目立つね。

花子：そうね。じゃあそのことと，1832年の第1回選挙法改正の内容に相互関係はないかな。

太郎：ええと…あ，わかったよ！都市部で人口の急増が起こっていることに対応して，(　オ　)という改革が行われたんだ。

花子：その通り！ただ事象を丸暗記するよりも，時代背景や因果関係を意識すると理解しやすいでしょ。

太郎：本当だね。僕もこれからは時代背景や因果関係を意識して勉強するよ。

(a)　会話文中の(　ア　)～(　ウ　)に適する人名および語句を答えなさい。

(b)　会話文中の(　エ　)・(　オ　)に当てはまるイギリスの第1回選挙法改正の内容を，会話文や資料を参考にしてそれぞれ答えなさい。

(☆☆◎◎◎)

地　理・歴　史

【共通問題】

【1】次のA～Cの文章を読んで，問いに答えなさい。

A　原始から古代にかけて，日本は中国と密接な関係をつくっていたため，当時の中国の歴史書から日本の様子がわかる。①1世紀には日本は小国が分立しており，中国に朝貢していた。3世紀に編纂された②「魏志」倭人伝によると，邪馬台国は女王が呪術的権威を背景に政治を行っていた。③『宋書』倭国伝では，倭の五王が相次いで中国の南朝に朝貢していたことが記されている。奈良時代以降は国書の編纂も進み，国書からも日本の様子がわかるようになる。④8世紀には唐の僧鑑真が日本に戒律を伝え，日本の仏教の発展に寄与した。9世紀になると⑤菅原道真は遣唐使派遣の中止を提案し，結局，この時の遣唐使は派遣されずに終わった。

(1)　下線部①に関連して，次の問いに答えなさい。

(a)　倭人の社会が百余国にわかれ，楽浪郡に定期的に使者を送っていたことが記されている歴史書を答えなさい。

(b)　この時期に日本の小国の王が中国に朝貢したと考えられている理由を，次のア～エから1つ選び，記号で答えなさい。

ア　中央集権体制を確立するため。

イ　他の小国より倭国内での立場を高めようとしたため。

ウ　朝鮮半島南部をめぐる外交・軍事上の立場を有利にするため。

エ　朝鮮半島南部の鉄資源を確保するため。

(2)　下線部②に関連して，邪馬台国について説明した次の文ア～エより誤っているものを1つ選び，記号で答えなさい。

ア　邪馬台国では大人と下戸という身分制度や，租税の制度があった。

イ　卑弥呼は大夫である難升米等を遣わして魏の天子に朝献した。

ウ　邪馬台国の北には一大率をおいて，諸国を検察していた。

エ　卑弥呼が亡くなったのちも女性の壱与が王となり，争いがおさまらなかった。

(3)　下線部③に関連して，それまで近畿についで巨大な前方後円墳を営んだ吉備地方などで，この時期に大きな古墳が作られなくなったのはなぜか，ヤマト政権の性格の変化をふまえて説明しなさい。

(4)　下線部④に関連して，奈良時代に鎮護国家の思想を受けて，聖武天皇が行った大事業を2つ答えなさい。

(5)　下線部⑤に関連して，平安時代に起きた出来事Ⅰ～Ⅳを古いものから順に配列したものを，ア～カから1つ選び，記号で答えなさい。

Ⅰ　藤原基経が関白となる　　Ⅱ　藤原良房が摂政となる
Ⅲ　菅原道真が左遷される　　Ⅳ　藤原道長が太政大臣になる

ア　Ⅰ－Ⅲ－Ⅱ－Ⅳ　　イ　Ⅱ－Ⅰ－Ⅲ－Ⅳ
ウ　Ⅳ－Ⅱ－Ⅲ－Ⅰ　　エ　Ⅱ－Ⅳ－Ⅲ－Ⅰ
オ　Ⅳ－Ⅰ－Ⅲ－Ⅱ　　カ　Ⅰ－Ⅳ－Ⅱ－Ⅲ

B　⑥鎌倉時代以降，貨幣経済は徐々に発展していくことになる。鎌倉時代には売買の手段としては，米などの現物に代わって貨幣が多く用いられるようになり，荘園の一部では年貢の銭納もおこってきた。⑦室町時代には，新たに流入した銭が使用されたが，需要の増大とともに私鋳銭も流通するようになる。戦国大名は⑧貫高制を導入し， 軍事制度の基礎を確立した。安土桃山時代に⑨豊臣秀吉は佐渡，石見大森，但馬生野などの主要な鉱山を支配下において貨幣を作った。

(6)　下線部⑥に関連して，鎌倉時代と室町時代に関して説明した次の文ア～エより誤っているものを1つ選び，記号で答えなさい。

ア　鎌倉時代にはもっぱら明銭が利用されていたが，室町時代には宋銭が流入した。

イ　鎌倉時代には月に三度開かれる三斎市も珍しくなかったが，室町時代には六斎市が一般化した。

ウ　鎌倉時代には刈敷や草木灰が肥料として使われたが，室町時代には下肥も広く使われるようになった。

エ　鎌倉時代には高利貸業者の借上が多く現れたが，室町時代には酒屋などの富裕な商工業者が土倉と呼ばれた高利貸業を兼ねた。

(7)　下線部⑦に関連して，室町時代に遠隔地商人のあいだで使われた為替手形の一種を何というか答えなさい。

(8)　下線部⑧に関連して，貫高制とはどのような制度か，説明しなさい。

(9)　下線部⑨に関連して，桃山文化に該当するものとして，適当なものを次の写真ア～エから1つ選び，記号で答えなさい。

ア　　イ　　ウ　　エ

【問題図は著作権上の都合により掲載できません。】

(山川出版社『詳説日本史』より)

C　次の会話文を読んで，問いに答えなさい。

先生：今日は江戸幕府と外国とのつながりについて学習しましょう。江戸幕府は外国と全く貿易はしなかったのかな。

太郎：そうですね，鎖国といわれていたので，どの国とも貿易しなかったのではないですか。

花子：⑩江戸時代の初頭にはどちらかというと積極的に外国と貿易していた印象があります。今まで貿易していなかった国とも貿易を始めたみたいだし。

太郎：たしかに，そういわれると当時は⑪蝦夷地や琉球も外国だったよね。

花子：鎖国といわれていた時期も外交の窓口があって，全く外国とのつながりがなかったわけではないですよね。

先生：ではなぜ江戸時代は閉ざされた印象があるのかな。

花子：決まった国以外に対しては⑫厳しく外交を閉ざしていたからじゃないですか。ただ，⑬江戸時代の終わりに開国しましたよね。

先生：開国によって江戸幕府はどのくらい影響を受けたと思いますか。

太郎：	もちろん外国からの影響は幕府が滅びるくらい大きかったと思うな。
花子：	私は江戸幕府滅亡の最大の要因は⑭改革の失敗ではないかと思います。開国は最も大きい影響ではないと思います。ただ，⑮明治以降の日本は外国とのつながりの中で大きく発展できたと思います。
太郎：	⑯明治から昭和期の外交について，テーマを決めて探究してみたいです。
花子：	それならば私は第二次世界大戦後の経済成長と外国のつながりについて探究してみたいです。

(10)　下線部⑩に関連して，江戸時代以降に起きた出来事Ⅰ～Ⅳを古いものから順に配列したものを，ア～カから1つ選び，記号で答えなさい。

Ⅰ　外国船の寄港地を平戸と長崎に制限
Ⅱ　ポルトガル船の来航禁止
Ⅲ　奉書船以外の日本船の海外渡航禁止
Ⅳ　オランダ商館を長崎の出島に移す

ア　Ⅰ－Ⅲ－Ⅱ－Ⅳ　　イ　Ⅱ－Ⅰ－Ⅲ－Ⅳ
ウ　Ⅳ－Ⅱ－Ⅲ－Ⅰ　　エ　Ⅱ－Ⅳ－Ⅲ－Ⅰ
オ　Ⅳ－Ⅰ－Ⅲ－Ⅱ　　カ　Ⅰ－Ⅳ－Ⅱ－Ⅲ

(11)　下線部⑪に関連して，江戸時代の日本と北海道および沖縄との外交について説明した次の文ア～エより適切なものを1つ選び，記号で答えなさい。

ア　シャクシャインの戦いで，幕府はアイヌに敗北し，場所請負制度は崩壊した。
イ　琉球王国は国王の代替わりごとに，その就任を感謝する謝恩使を幕府に派遣した。
ウ　幕府は琉球国王の代替わりごとに，慶賀使を派遣して，奉祝した。
エ　コシャマインの戦いでアイヌは全面的に松前藩に服従させられた。

(12)　下線部⑫に関連して，次の史料は幕府が19世紀前半に出した法令の一部である。この法令の名称を答えなさい。

> …一体いきりすニ限らず，南蛮・西洋の儀は，御制禁邪教の国ニ候間，以来何れの浦方ニおゐても，異国船乗寄せ候を見受け候ハバ其所ニ有合せ候人夫を以て，有無に及ばず，一図ニ打払ひ，…
> (『御触書天保集成』)

(13)　下線部⑬に関する次の文a・bの正誤の組み合わせとして正しいものを，以下のア～エから1つ選び，記号で答えなさい。

a　開国によって物価が上昇したため，幕府は物価抑制を理由に五品江戸廻送令を出したが，在郷商人や列国の反対で効果は上がらなかった。

b　日本と外国の金銀比価が違い，多量の銀貨が海外に流出したため，江戸幕府は万延貨幣改鋳をおこない銀貨の価値を引き下げた。

ア　a 正　b 正　　イ　a 正　b 誤
ウ　a 誤　b 正　　エ　a 誤　b 誤

(14)　下線部⑭に関連して，天保の改革の誤った政策が物価騰貴をまねいたが，物価騰貴が起きた理由を，政策名にもふれながら答えなさい。

(15)　下線部⑮に関連して，明治政府と外国のつながりについて説明した次の文章の空欄(　ア　)～(　エ　)に適する人名および語句を答えなさい。

> 明治時代に日本は西洋の国をモデルにして近代化の推進をはかった。生糸の生産拡大に力を入れ，フランスの先進技術の導入・普及するために生糸の生産拡大の官営模範工場として群馬県に(　ア　)を設けた。農業では蝦夷地を北海道と改称し，アメリカ式の大農場制度，畜産技術の移植をはかった政府はアメリカから(　イ　)をまねいて札幌農学校を開校した。教育では1871年の文部省創設の翌年にフランスの学校制度に

ならい統一的な(　ウ　)が公布された。憲法においてはドイツ人顧問(　エ　)らの助言を得て伊藤博文を中心に起草にあたり，のちに大日本帝国憲法が発布された。

(16)　下線部⑯に関連して，第一次世界大戦後幣原喜重郎外相は，幣原外交と呼ばれる協調政策をおこなったが，具体的にはどのような政策を行ったか説明しなさい。

(17)　下線部⑰に関連して，戦後にシャウプを団長とする租税専門家チームが来日し，税制の改革をおこなったが，その内容について答えなさい。

(☆☆☆◎◎◎)

【選択問題】

※以下の【1】～【3】は選択問題です。1つ選び，答えなさい。

【1】Ⅰ　アフリカ，Ⅱ　オセアニアに関して，次の問いに答えなさい。

Ⅰ　アフリカ

(1)　以下の文章は，資料1のA～Cの河川について述べたものである。A～Cの河川とア～ウの説明文の組み合わせとして正しいものを選び，番号で答えなさい。

資料1

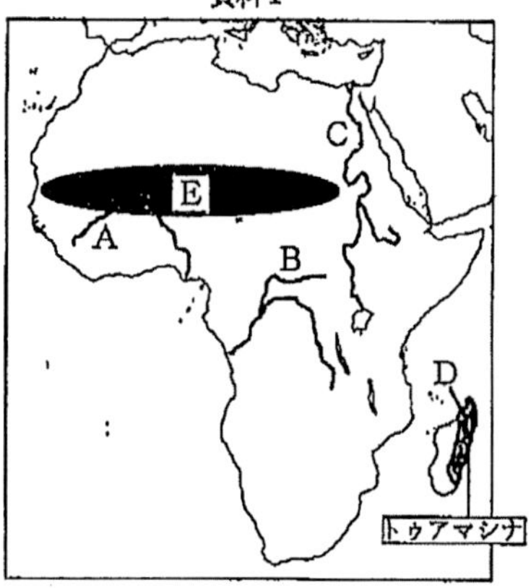

ア　複数の国を通過する河川で，途中で砂漠をとおり海へ流れ出る。中・上流域ではオアシス農業がみられ，河口部には三角州が発達しており，付近には油田地帯がある。

イ　複数の国を通過する河川で，2つの大きな源流が合流したのち，砂漠をとおり海へ流れ出る。河口部には三角州が発達しており，付近は綿花，小麦，米の栽培など農業が盛んである。

ウ　流域面積世界第2位の河川で，盆地を流れる中流域では内陸水路交通が発達している。下流部は急流で多くの滝があり，外洋を結ぶ交通は発達していない。

	①	②	③	④	⑤	⑥
A	ア	ア	イ	イ	ウ	ウ
B	イ	ウ	ア	ウ	ア	イ
C	ウ	イ	ウ	ア	イ	ア

(2)　資料2は，マダガスカル島東部のトゥアマシナのハイサーグラフである。

資料2

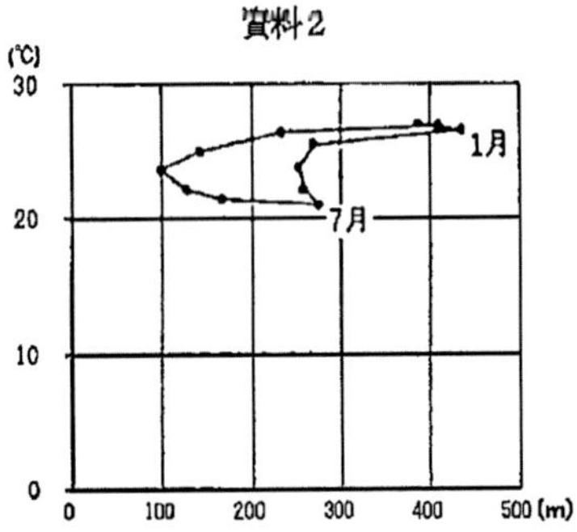

(気象庁ホームページより作成)

(a)　グラフからはケッペンの気候区分の熱帯雨林気候であることが読み取れる。そのように判断できる理由を説明しなさい。

(b)　島の西部には砂漠気候やステップ気候がみられ降水量が少ないのに対し，トゥアマシナを含む資料1のD地域は熱帯雨林気候で年中降水量が多くなっている。D地域で年中降水量が多くなる理由を説明しなさい。

(3)　資料1のE地域では，砂漠化が進んでいる。E地域で砂漠化が進行した人為的要因について，E地域の名称を明らかにし，次の語句を用いて3つの点から説明しなさい。

【　薪　　家畜　】

(4)　北アフリカの砂漠地帯では，降雨時のみ一時的に水が流れ，普段は枯れている河川がみられる。これを何と呼ぶか答えなさい。

(5)　資料3は，タンザニアの変電所の警告板である。以下の文章は，資料3について説明した文章である。資料3および文章中の[　X　]に共通して入る言語名を答えなさい。

資料3

【問題図は著作権上の都合により掲載できません。】

(とうほう『新編地理資料』より)

タンザニアはかつてイギリスの委任統治領であった影響で，公用語は英語である。また，インド洋交易におけるアラブ人，ペルシア人，インド人たちとの接触の過程で形成された[　X　]語も国語とされるほか，インド系やアラブ系の民族も居住しているため，4つの言語表記がされている。警告板には4つの言語で「危険」と表記されている。

(6)　次の表は，資料4のア～カのいずれかの国の輸出上位5品目と輸出総額および輸出総額に占める割合を示している。次表のA，C，Eに該当する国を資料4より選び，記号で答えなさい。

資料4

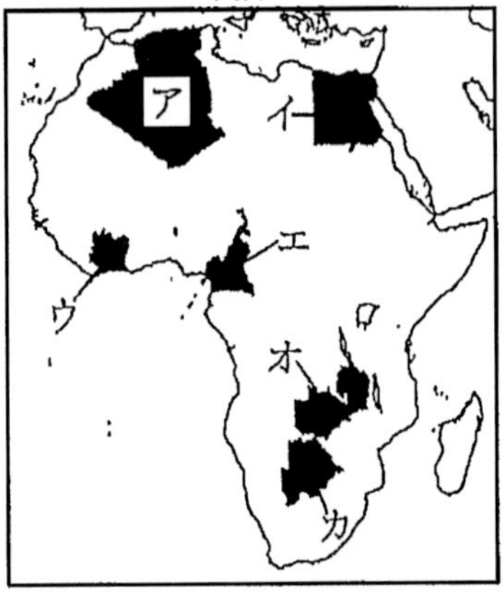

	A	
1位	石油製品	14.2
2位	野菜と果実	9.3
3位	原油	7.3
4位	機械類	5.8
5位	衣類	5.5
	輸出総額　261億ドル	

	B	
1位	原油	36.1
2位	天然ガス	20.3
3位	石油製品	18.3
4位	液化天然ガス	10.4
5位	液化石油ガス	9.0
	輸出総額　351億ドル	

	C	
1位	原油	39.3
2位	木材	14.1
3位	カカオ豆	12.3
4位	綿花	5.1
5位	アルミニウム	4.2
	輸出総額　33億ドル	

	D	
1位	カカオ豆	27.9
2位	カシューナッツ	9.7
3位	金（非貨幣用）	6.6
4位	天然ゴム	6.6
5位	石油製品	5.6
	輸出総額　118億ドル	

	E	
1位	ダイヤモンド	89.8
2位	機械類	2.9
3位	牛肉	1.4
4位	化学薬品	0.7
5位	金（非貨幣用）	0.7
	輸出総額　66億ドル	

	F	
1位	銅	75.2
2位	化学薬品	2.6
3位	切手類	2.1
4位	機械類	1.9
5位	金属製品	1.6
	輸出総額　82億ドル	

(品目右欄の数字は%。統計年はA，C，Dが2017年，B，E，Fが2018年
二宮書店『データブック　オブ・ザ・ワールド』より作成)

(7)　アフリカは，ほぼ全域がヨーロッパの植民地となった歴史をもっている。1914年当時にフランスの植民地であった国を，資料4のア～カよりすべて選び，記号で答えなさい。

(8)　資料5は，エチオピアとケニアの主な輸出品目と輸出額に占める割合を示したものである。Yに該当する農産物は，かつてイギリス植民地時代にイギリス資本のプランテーションが開かれ栽培が盛んになったものである。この農作物名を答えなさい。

資料5

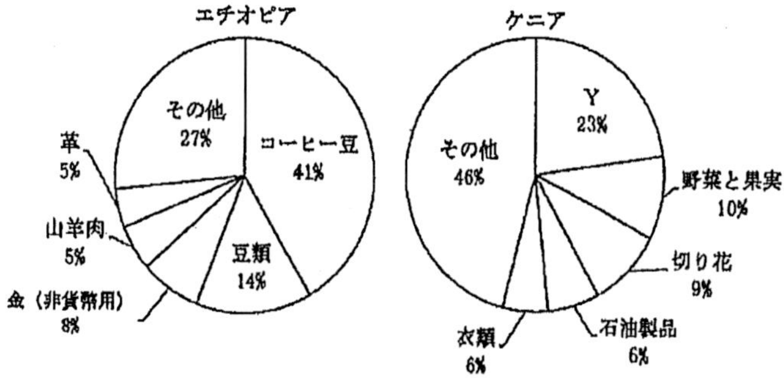

(統計年はエチオピアが2016年，ケニアが2018年，二宮書店『データブック　オブ・ザ・ワールド』より作成)

(9)　エチオピアやケニアのように，特定の1次産品の生産と輸出に依存した経済体制を何というか答えなさい。

Ⅱ　オセアニア

(10)　オセアニアについて説明した次の文章のうち，内容として誤っているものを1つ選び，記号で答えなさい。

ア　オセアニアは，オーストラリア大陸やニュージーランド，太平洋の島々からなり，ニューギニア島からニュージーランドにかけての島々は環太平洋造山帯に属し，火山が多い。

イ　経度180度の東側を総称して，「多数の島々」という意味でポリネシアという。ニュージーランドは経度180度より西側に位置しているが，ポリネシア系の民族が住むため，ポリネシアに含まれる。

ウ　経度180度以西で緯度0度以北を「小さい島々」という意味でミクロネシアという。パラオ，マーシャル諸島，ミクロネシア連邦などの独立国がある。

エ　経度180度以西で緯度0度以南を「黒い島々」という意味でオーストロネシアという。島々の中には，レアメタルを豊富に産出する島もある。

(11)　(南緯40度，東経140度)の地点を，資料6のa～dより選び，記号で答えなさい。

資料6

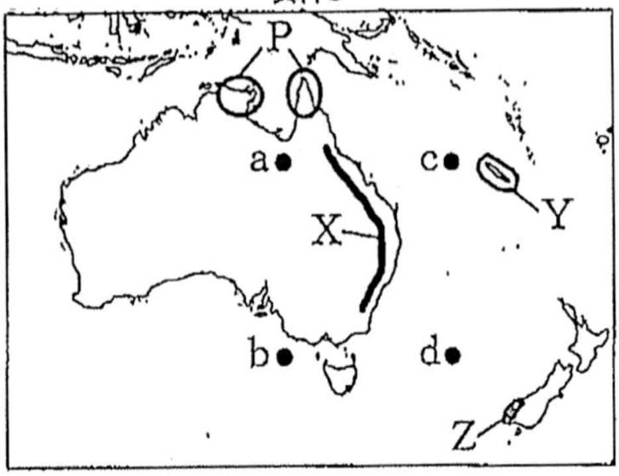

(12)　資料6のXの山脈名を答えなさい。また，Xの山脈と地体構造が同じ山脈をア～エより選び，記号で答えなさい。

ア　ウラル山脈　　イ　ヒマラヤ山脈　　ウ　ピレネー山脈

エ　ロッキー山脈

(13)　資料6のYの島では，ステンレス鋼や水素電池の製造に用いられるレアメタルが豊富に産出される。このレアメタル名を答え，またこの島を領有している国名も答えなさい。

(14)　資料6のZの海岸部には，出入りの複雑な海岸地形がみられる。この海岸地形名を答えなさい。

(15)　オーストラリアは世界的な鉱産資源の産出国である。次の表のア～エは，金鉱・鉄鉱石・銅鉱・ボーキサイトのいずれかの産出上位国と産出量全体に占める割合を示している。資料6のPの地域で多く産出される鉱産資源の生産量を示しているものをア～エより選び，記号で答えなさい。

	ア		イ		ウ		エ	
1位	オーストラリア	34.7	チリ	30.2	中国	14.5	オーストラリア	30.4
2位	ブラジル	18.4	中国	9.0	オーストラリア	9.3	中国	22.5
3位	中国	16.6	ペルー	8.9	ロシア	8.1	ブラジル	12.7
4位	インド	6.9	アメリカ	7.2	アメリカ	7.1	ギニア	11.7
5位	ロシア	4.4	コンゴ民主	5.3	カナダ	5.3	インド	8.8
6位	南アフリカ共和国	3.3	オーストラリア	5.1	ペルー	4.9	ジャマイカ	3.2

(%)

(統計年はボーキサイト，金鉱が2016年，鉄鉱石，銅鉱が2015年，二宮書店『データブック　オブ・ザ・ワールド』より作成)

(16)　資料7は，オーストラリアの羊毛生産量が世界有数であることを知った生徒が，牧羊の盛んな地域を示す図を作成したものである。その生徒が，降水量と農牧業の関係をみるため年降水量(　X　) mmの境界線を引き，小麦栽培とサトウキビ栽培の盛んな地域も書き加えることにした。どのような図になるのが適切か。あとの地図に，小麦およびサトウキビ栽培の盛んな地域を書き入れなさい。また，(　X　)にあてはまる適当な数字を次より選び，記号で答えなさい。

ア　250　　イ　500　　ウ　1,000　　エ　1,250

資料7

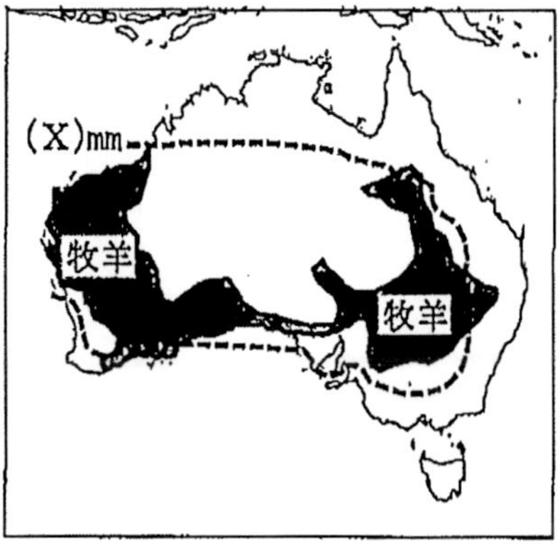

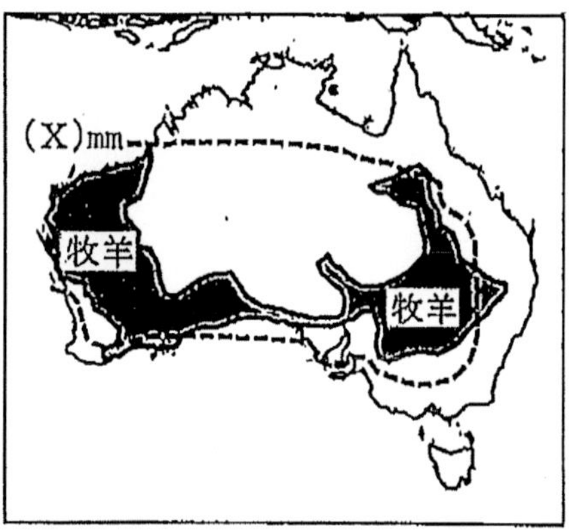

(17)　資料8のア～エは，オーストラリア，コンゴ民主共和国，ドイツ，ブラジルの人口上位5都市を示したものである。オーストラリアと

ブラジルを示すものをそれぞれ選び，記号で答えなさい。

資料8

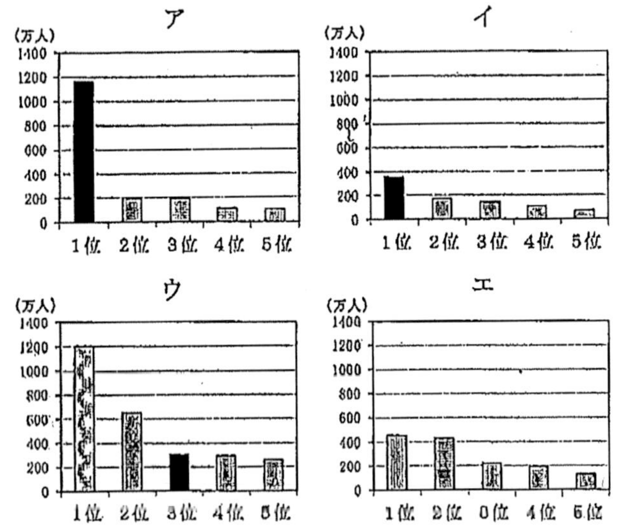

※縦軸は人口を示している。網掛けが濃く表示されている都市は，その国の首都である。
(統計年は，オーストラリアおよびコンゴ民主共和国が2015年，ドイツおよびブラジルが2016年，二宮書店『データブック オブ・ザ・ワールド』より作成)

(☆☆☆◎◎◎)

【2】次のA～Cの文章を読んで，問いに答えなさい。

A　古代日本は中国にならい，公地公民制をおこなっていた。しかし，①公地公民制のいきづまりがくると奈良時代に政府は三世一身法や墾田永年私財法を発することで対応した。②鎌倉幕府は封建制度にもとづいて成立し，将軍は御家人を(　ア　)に任命することで本領安堵や新恩給与をおこなった。③室町時代には守護の権限を大幅に拡大した。守護には荘園や公領の年貢の半分を徴発できる(　イ　)令の権限や守護請を認め，さかんにおこなわれた。豊臣秀吉は荘園制のもとで一つの土地に何人もの権利が重なり合っていた状態を整理し，(　ウ　)には実際に耕作している農民の田畑と屋敷地を登録した。

(1)　文章中の(　ア　)～(　ウ　)に適する語句を答えなさい。

(2)　下線部①に関連して，三世一身法や墾田永年私財法が出されるきっかけとなった公地公民制のいきづまりとは何か説明しなさい。

(3)　下線部②に関連して，鎌倉幕府の確立は1192年という説と1185年という説などがあるが，1192年は源頼朝が征夷大将軍に任命された年である。1185年の何をきっかけとして鎌倉幕府が成立したといわれているか答えなさい。

(4)　下線部③に関連して，室町時代の守護について説明した次の文章の空欄(　ア　)～(　ウ　)に適する語句を答えなさい。

鎌倉幕府の守護の職務であった(　ア　)に加え，刈田狼藉や幕府の裁判の判決を強制執行する権限である(　イ　)が新しく守護に与えられた。室町時代にはそれぞれの家の中では嫡子が全部の所領を相続する単独相続が一般的になり，血縁的結合を主としていた地方武士団も(　ウ　)的結合を重視するものへ変質していった。

B　江戸時代は徳川家康以降，④厳しく大名を統制する政治が行われていた。しかし，慶安の変が起きると徳川家綱は(　ア　)の禁を緩和するなど文治主義への転換がはかられるようになり，さらに徳川綱吉は神道の影響から(　イ　)を出し，死や血を忌みきらう風潮をつくり出した。その後幕府は財政面などで再興をはかり改革を続けていったが，改革は必ずしも成功したとは言えなかった。⑤改革に成功した薩長土肥などのほかいくつかの大きな藩は(　ウ　)とよばれ，⑥幕末の政局に強い発言力を持った。

(5)　文章中の(　ア　)～(　ウ　)に適する語句を答えなさい。

(6)　下線部④について，江戸幕府が大名を統制するために，徳川秀忠だけでなく家光以降も将軍の代がわりごとに発布した法令は何か。

(7)　下線部⑤について，改革を行った藩に関して説明した次の文ア～エより誤っているものを1つ選び，記号で答えなさい。

ア　鹿児島藩は調所広郷が黒砂糖の専売を強化し，琉球王国との貿易を増やした。

イ　長州藩では村田清風が紙・蠟の専売制を改革した。さらに越荷方をおいて，財政の再建に成功した。

ウ　肥前藩では鍋島直正が均田制を実施し，外国人商人のグラヴァーから洋式武器を購入して軍事力を強化した。

エ　土佐藩では「おこぜ組」と呼ばれる改革派が支出の緊縮をおこなって財政の再建につとめた。

(8)　下線部⑥に関連して，次の出来事Ⅰ～Ⅲを古いものから順に配列したものを，ア～カから選び，記号で答えなさい。

Ⅰ　幕府は前水戸藩主徳川斉昭を幕府に参画させ，江戸湾に台場を築くなどの改革をおこなった。

Ⅱ　越前藩主松平慶永らは将軍継嗣問題に対して，徳川慶喜を将軍に推した。

Ⅲ　幕府は薩摩藩の島津久光の要求を受け入れて，松平慶永を政治総裁職に，徳川慶喜を将軍後見職に任命した。

ア　Ⅰ－Ⅲ－Ⅱ　　イ　Ⅱ－Ⅰ－Ⅲ　　ウ　Ⅱ－Ⅲ－Ⅰ
エ　Ⅲ－Ⅱ－Ⅰ　　オ　Ⅰ－Ⅱ－Ⅲ　　カ　Ⅲ－Ⅰ－Ⅱ

C　明治時代に政府は⑦西南戦争の戦費の必要から不換紙幣を増発したことで激しいインフレーションが起こった。松方正義が大蔵卿に就任すると，増税と(　ア　)費以外の歳出を徹底的に緊縮した。そして歳入の余剰で不換紙幣を処分する⑧デフレ政策をとった。1885年には銀兌換の銀行券を発行し，銀本位の貨幣制度を整えた。その後(　イ　)戦争で⑨巨額の賠償金を得た政府はこれをもとに戦後経営に取り組んだ。1897年に貨幣法を賠償金の一部を準備金として金本位制を採用した。その後，金輸出が禁止されたが，第一次大戦後まもなく⑩金輸出を解禁し，為替相場を安定させた。しかし⑪1931年に成立した犬養毅内閣の蔵相(　ウ　)は，金輸出再禁止を断行し，円の金兌換を停止した。日本経済はこれをもって⑫最終的に金本位制度を離れて，(　エ　)制度に移行した。

(9)　文章中の(　ア　)～(　エ　)に適する語句を答えなさい。

(10)　下線部⑦に関連して，西南戦争を起こした中心人物の名前を答えなさい。

(11)　下線部⑧に関連して，デフレ政策について説明した次の文ア～エより誤っているものを1つ選び，記号で答えなさい。

ア　デフレ政策によって，米・繭などの物価の下落が著しく，深刻な不況は全国におよんだ。

イ　増税に加え地租が定額金納であったため，農民の負担は重くなり，自作農が土地を手放して小作農に転落した。

ウ　農村が窮迫したことにより，民権運動が激化し，福島事件や秩父事件を起こした。

エ　国立銀行条例を出して，国立の銀行が銀兌換の銀行券を発行することを義務付けた。

(12)　下線部⑨に関連して，次の問いに答えなさい。

(a)　明治から大正期にかけて，生糸の生産技術がどのように発展したか答えなさい。

(b)　明治から大正期にかけて，綿布の輸出額が輸入額を超えたが，この産業の国産力織機を考案した人物の名前を答えなさい。

(13)　下線部⑩に関連して，この時の首相の名前を答えなさい。

(14)　下線部⑪に関する次の文a・bの正誤の組み合わせとして正しいものを，以下のア～エから1つ選び，記号で答えなさい。

a　海軍青年将校の一団によっておこされた二・二六事件によって犬養毅は暗殺された。

b　金輸出再禁止をおこなうことで，日本は円安を利用し飛躍的に輸出を伸ばし，とくに綿織物の輸出は世界一位の規模となった。

ア　a　正　b　正　　イ　a　正　b　誤

ウ　a　誤　b　正　　エ　a　誤　b　誤

(15)　下線部⑫に関して，第二次世界大戦後に日本は何度かのきっかけで，大きく為替が変動することになった。第二次世界大戦後の為替の変動について，変動のきっかけと変動の状況について具体的に示した板書計画の空欄に適する語句を答えなさい。

【1940年代】ドッジの要求に従い，1ドル360円の単一為替レートが設定される
【1970年代】(　　)ショックにより円高が加速
【1970年代】(　　)体制により1ドル308円になる
【1970年代】ドル不安により(　　)制になる
【1980年代】(　　)合意によって円高が加速する

(☆☆☆◎◎◎)

【3】次の文章を読んで，以下の問いに答えなさい。

①古代文明形成の端緒は農業であった。人類は大規模な②土木工事を伴う灌漑農法を発達させ，西アジアでは麦類，東アジアや③東南アジアでは稲や雑穀の栽培がおこなわれた。農業生産性が向上し，人口が増加すると，④農民以外の職業への分化，社会の階級化が進み，やがて国家が形成された。豊かな⑤穀倉地帯を支配した国家は強大化し，「帝国」と称される大勢力となるものもあった。農業を基幹とする国家では，人口増加などの社会の変化に対応して，為政者がさまざまな⑥土地制度改革や，農業生産体制の改革を行った。

農業技術・農法の革新が，社会に大きな変革をもたらすケースは，洋の東西を問わず歴史上しばしばみられる。春秋・戦国時代の中国において鉄製農具や牛耕の普及が，家族単位の農業を可能とし，これが氏族制度の動揺につながったことや，中世西欧において重量有輪犂や三圃性の普及によって起こった農業生産性の向上が，⑦「商業ルネサンス」につながったことなどはこの代表例であろう。

近世においては，コショウに代表される香辛料が，西欧諸国が⑧アジア航路開拓を目指す大きな要因にもなり⑨「世界の一体化」を促した。さらに近代においては，⑩サトウキビ，コーヒー，茶，綿花など商品作物の大量生産が，西欧諸国の植民地政策の主目的とされたケースも多く，帝国主義拡大と農業にも密接なつながりがある。

世界の人口は⑪産業革命以降急速に増加し，現代世界では人口の9人に1人は飢餓に苦しんでいる。一方で，先進国を中心に大量の食品ロ

スが発生しているという問題もある。また発展途上国が先進国向けの輸出用農作物を栽培する過程で環境破壊が深刻化しており，世界全体で取り組むべき課題は多い。

(1) 下線部①に関連して，エジプト文明はナイル川の氾濫によってもたらされる肥沃な土壌に支えられて発展した。エジプト新王国で前14世紀にテル＝エル＝アマルナへ遷都した王(ファラオ)が行った宗教改革の内容について，王の名を明らかにして説明しなさい。

(2) 下線部②に関連して，次の問いに答えなさい。

(a) 古代ローマ人は優れた土木建築技術を有していた。古代ローマが建築・造営したものとして誤っているものを次のア～エから1つ選び，記号で答えなさい。

ア　ガール水道橋　　イ　コロッセウム　　ウ　パルテノン神殿
エ　アッピア街道

(b) 隋は華北と江南を結ぶ大運河の建設を行った。しかしこの大規模な土木工事は農民の大きな負担となり，隋は農民反乱によって滅亡した。この大運河建設と並んで大きな負担となり，農民反乱のきっかけとなった隋の外交政策とは何か，具体的な国名を挙げて答えなさい。

(c) アメリカ合衆国は，20世紀初頭にコロンビアからパナマを独立させ運河の建設を行った。これに代表されるような「棍棒外交」と称される積極的なカリブ海政策を行ったアメリカ合衆国の大統領は誰か，答えなさい。

(3) 下線部③に関連して，東南アジア大陸部沿岸には古くから港市が建設された。紀元後1世紀に，次地図に示したX地域(メコン川下流域)に建国された，東南アジア最古ともされる国家の名を答えなさい。なお，この国の港オケオからはローマの貨幣やインドの神像が出土している。

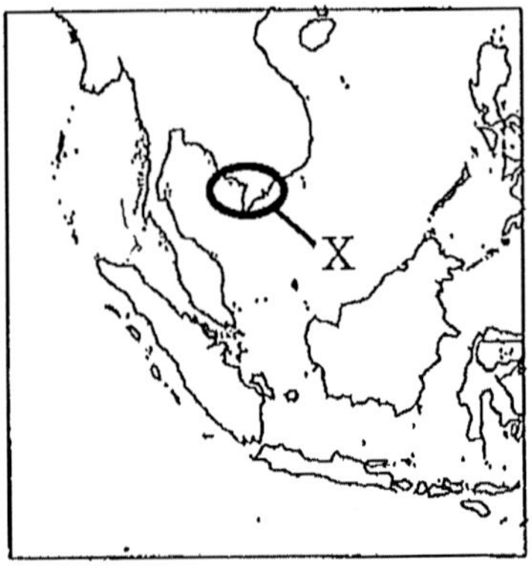

(4)　下線部④に関連して，次の問いに答えなさい。

(a)　歴代の中国王朝では，農民反乱が王朝滅亡の原因となったケースも多い。中国王朝で起こった農民反乱について述べた文として，最も適当なものを次のア～エから1つ選び，記号で答えなさい。

ア　後漢は，太平道の寇謙之に率いられた黄巾の乱をきっかけに滅亡した。

イ　唐末期に，塩の密売人安禄山が指導する大規模な農民反乱が起こった。

ウ　元は，白蓮教徒らが中心となった紅巾の乱をきっかけにモンゴル高原へ退いた。

エ　明は，李自珍が指導する農民反乱に都を占領されて滅んだ。

(b)　19世紀後半，ロシア帝国のアレクサンドル2世は，農奴解放令を発して上からの近代化改革を試みたが，改革は不徹底で農民の不満はかえって増大した。この改革はどのような点で不十分であったのか，2つの観点から説明しなさい。

(c)　イスラーム教は，発祥地が乾燥帯であり，またムハンマドが商人だったため商業(交易)を重視する傾向があり，ムスリム商人は広大な交易網を形成し，商品とともにイスラーム教も伝えた。その際アラビア語圏外(インドや東南アジアなど)の人々への布教には，理屈ではなく感覚に訴える神秘主義者の貢献が大きかった。

このイスラーム教の神秘主義を何というか，カタカナで答えなさい。

(5) 下線部⑤に関連して，次の問いに答えなさい。

(a) 古代よりエジプト，シリアは穀倉地帯として知られ，様々な勢力の争奪の場となった。イスラーム勢力がエジプト，シリアをビザンツ帝国から奪ったのは次のア～エのいつの時代(王朝)のことか，1つ選び，記号で答えなさい。

ア　正統カリフ時代　　イ　ウマイヤ朝　　ウ　アッバース朝
エ　セルジューク朝

(b) 宋代の中国では江南の開発が進み，長江下流域は「蘇湖(江浙)熟すれば天下足る」という諺が生まれるほどの穀倉地帯となった。この地域が穀倉地帯として発展した背景には，日照りに強い早稲種が新たに中国に導入されたことがある。この早稲種の名称を答えなさい。

(6) 下線部⑥に関連して，次の問いに答えなさい。

(a) ローマの領土は3世紀以後縮小に向かい，同時に貴族の大土地所有制(農場経営)にも変化が現れた。これについて変化の前後それぞれの土地所有制度の呼称を明らかにし，労働力に注目してその変化の内容を説明しなさい。

(b) 1910年に起こったメキシコ革命に際し，農民運動を指揮したサパタとともに革命を主導し，大統領となった人物は誰か，答えなさい。

(c) 1976年の復権以後，長く中国の最高指導者であった鄧小平は，「改革・開放」を掲げ，農業や工業分野での近代化を図った。これに伴い毛沢東が「大躍進政策」推進のために編成した組織が解体された。この組織の名称を答えなさい。

(7) 下線部⑦に関連して，商業の活性化によって発展した中世西欧の都市について述べた次の文のうち誤っているものを次のア～エから1つ選び，記号で答えなさい。

ア　南ドイツの都市アウクスブルクでは，銀鉱山開発などで財を成したフッガー家が栄えた。

イ　北ドイツ諸都市は北海やバルト海交易で栄え，リューベックを盟主としてハンザ同盟を結んだ。

ウ　北イタリアやフランドルの中世都市では，綿織物工業が盛んであった。

エ　シャンパーニュ地方の大市はヨーロッパ南北の商業圏をつなぐ役割を果たした。

(8)　下線部⑧に関連して，西欧諸国によるアジア航路開拓は，従来の地中海東岸での交易(レヴァント貿易)が，15世紀以降のオスマン帝国の台頭により停滞したことが一因である。オスマン帝国スルタンの事績について述べた文として，最も適当なものを次のア～エから1つ選び，記号で答えなさい。

ア　バヤジット1世は，アンカラの戦いでティムールに勝利した。

イ　メフメト2世は，コンスタンティノープルを陥落させビザンツ帝国を滅ぼした。

ウ　セリム1世は，セルジューク朝を滅ぼし，メッカ，メディナ両聖都保護権を手に入れた。

エ　スレイマン1世は，第2次ウィーン包囲を行ったが失敗した。

(9)　下線部⑨に関連して，次の資料1は中国の人口の推移である。これによると清中期の18世紀半ばごろから急激な人口の増加がみられる。これには2つの要因が考えられる。一つはアメリカ大陸原産のサツマイモやトウモロコシが中国でも栽培されるようになり食糧事情が改善されたこと，もう一つは，資料1のXが示す新しい税制導入によって隠匿人口が表面化したことである。この税制の名称と内容をそれぞれ答えなさい。

資料1

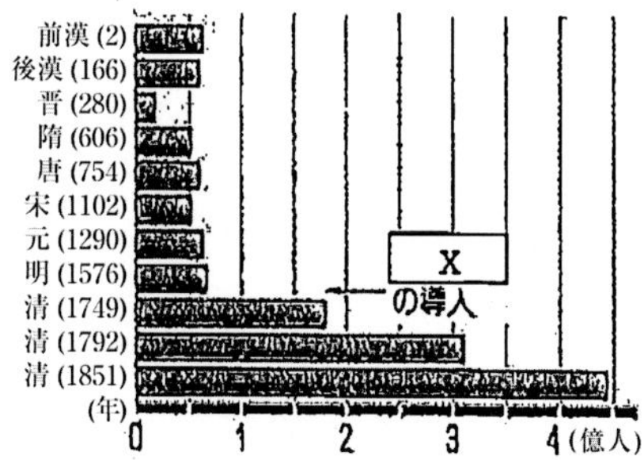

『アカデミア世界史』(浜島書店) より

(10) 下線部⑩に関連して，次の問いに答えなさい。

(a) 12～15世紀にかけて，カイロやアレクサンドリアを拠点とし，インド洋と地中海を結んで香辛料や砂糖などの東西交易で活躍したムスリム商人を何と呼ぶか，答えなさい。

(b) イランでは19世紀末に反英闘争の一環としてある特産品(商品作物)の不買運動が全国に広がった。この製品の営業利益独占権をイギリスがイラン王室から得ていたためであるが，この製品は何か答えなさい。

(c) 次の資料2は，19世紀後半にイギリスが各地から輸入した原綿量の推移を示したものである。

資料2

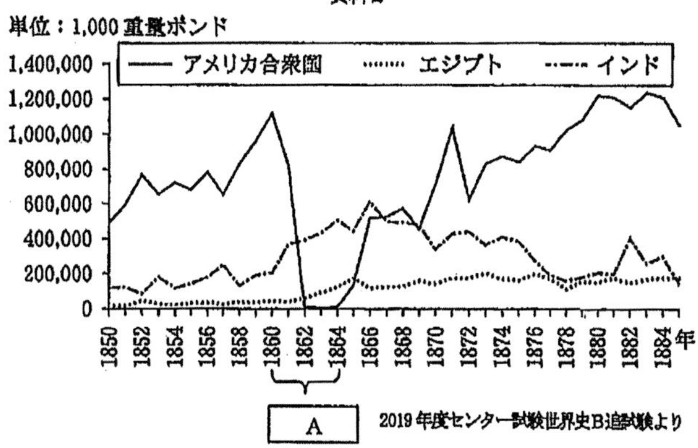

2019年度センター試験世界史B追試験より

① この資料を活用して指導を行う際，資料中の[A]に示した時期に関する学習課題(問い)を作成しなさい。

② ①で挙げた問いに対しての，答えの例を作成しなさい。なおその際，資料に挙げた3つの国すべてに言及すること。

(11) 下線部⑪に関連して，18世紀後半のイギリス産業革命を支えた労働力は，囲い込み(エンクロージャー)によって土地を失い都市に流入した農民によって担われていた。この囲い込みは16～17世紀に盛んに行われた第一次と，18～19世紀の第二次でその土地利用の目的が異なる。第一次，第二次それぞれの囲い込みの目的を説明しなさい。

(12) 貿易に関連する諸問題を調べていた生徒が，「1970年代以降の日米貿易摩擦問題」や「2018年からの米中貿易摩擦問題」に感心を持ち，次のような質問をしてきた。

「米中貿易摩擦問題では，現在でも米中両国がWTO(世界貿易機関)に多数の貿易紛争案件を提訴しているようなのですが，そもそもなぜ貿易に制限をかけることを，世界的なルールで禁止しているのですか。」

この質問に対し，次の資料3を参考にして，WTOの前身となった組織(条約)が形成されるに至った経緯を説明しなさい。

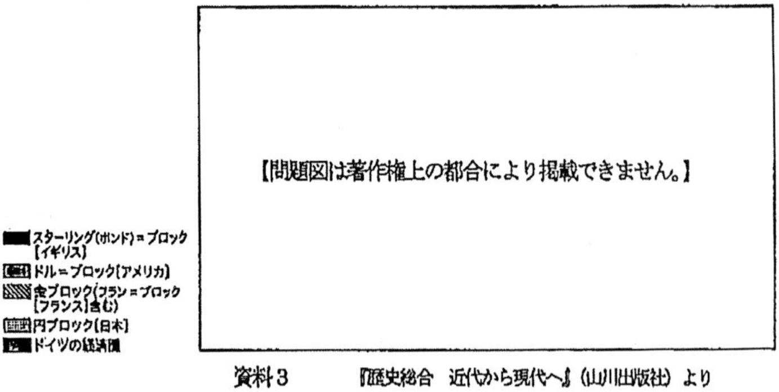

資料3　　『歴史総合　近代から現代へ』(山川出版社) より

(☆☆◎◎◎)

公　民　科

【共通問題】

【１】次の文章を読んで，以下の問いに答えなさい。

すべての人々が政治に参加する①民主政治の成立とともに，明確な形をとり強制力をともなう法が作られ，②「法の支配」が確立していった。特に近代ヨーロッパにおいて，法はしだいに普遍的な③人権の尊重を目的とするものとなった。また，④憲法では，政府による権力行使のあり方や，国家の組織のあり方などの⑤政治体制についても定められた。日本国憲法においては，国民主権，⑥平和主義，⑦基本的人権の尊重を基本原理とし，権力分立の考えに基づいて⑧国会，⑨内閣，⑩裁判所の各機関が互いに抑制し合う仕組みを定めている。また，中央の政治体制のみならず，⑪地方自治についても別に明記し，明治以来の中央集権的な仕組みを変更して，民主政治をさらに推進する形となっている。この憲法のもと，⑫戦後日本の政治が展開されてきたが，1947年の施行以来一度も改正されていない。近年は国際情勢の変化にともない，憲法改正の議論も盛んに行われており，私たち国民も主権者として改めて考える必要がある。

(1)　下線部①に関して，次の各問いに答えなさい。

(i)　民主政治の成立に関する次の(a)～(d)の文章のうち，正しいものを一つ選び，記号で答えなさい。

(a)　ヨーロッパでは15世紀から16世紀にかけて，フランス革命などの市民革命によって絶対王政は倒された。

(b)　モンテスキューは「統治二論」において，政府が権利を侵害する場合には，人民には政府に抵抗する権利があるとした。

(c)　ホッブズは，各人が自然権を主張する自然状態は残忍かつ短命であるため，自然権を君主に譲渡しその命令に従うべきだとし，絶対王政を理論的に擁護した。

(d)　ロックとルソーによる社会契約説は，近代革命に大きな影響を与え，とりわけ前者は直接民主制，後者は間接民主制を主張した。

(ii) 民主政治の展開に関する次の(a)～(d)の文章のうち，正しいものを一つ選び，記号で答えなさい。

(a) 19世紀までは制限選挙制が一般的であったが，フランスの資本家が参政権の拡大を求めて起こしたチャーティスト運動などを背景に，各国で徐々に普通選挙が実現していった。

(b) ファシズムは大衆民主主義のなかから登場したが，結果的に，国民の権利や自由を制限する抑圧的な政治体制を強いた。

(c) ポピュリズムとは，多様な意見を認め，異議申し立ての自由を確保する民主主義の一形態である。

(d) 多様な宗教，言語，人種集団が存在する国では意見の対立が起こりやすいため，一般的には多数者支配型の民主主義が望ましいと言える。

(2) 下線部②に関する次の(a)～(d)の文章のうち，正しいものを一つ選び，記号で答えなさい。

(a) 中世イギリスのマグナ・カルタは，身分制の存在を否定し，「法の支配」を宣言したものである。

(b) 支配者といえども法に従わなければならないという考え方を「法治主義」という。

(c) 絶対王政の下では，エドワード・コークによって「法の支配」の考えは否定された。

(d) コモン・ローは，「王は何人の下にも立つことはない。しかし，神と法の下にある」というブラクトンの考えに基づいている。

(3) 下線部③に関して，次の各問いに答えなさい。

(i) A～Cの資料名の組み合わせとして正しいものは，以下の(a)～(f)のうちどれか，最も適当なものを一つ選び，記号で答えなさい。

A	B
国王は、王権により、国会の承認なしに法律（の効力）を停止し、また法律の執行を停止し得る権限があると称しているがそのようなことは違法である。	人は、自由かつ権利において平等なものとして出生し、かつ生存する。社会的差別は、共同の利益の上にのみ設けることができる。

C
われわれは、自明の真理として、すべての人は平等に造られ、造物主によって、一定の奪いがたい天賦の権利を付与され、その中に生命、自由および幸福の追求の含まれることを信ずる。

(a)　A　権利章典　　B　アメリカ独立宣言
　　C　フランス人権宣言
(b)　A　権利章典　　B　フランス人権宣言
　　C　アメリカ独立宣言
(c)　A　アメリカ独立宣言　　B　権利章典
　　C　フランス人権宣言
(d)　A　アメリカ独立宣言　　B　フランス人権宣言
　　C　権利章典
(e)　A　フランス人権宣言　　B　権利章典
　　C　アメリカ独立宣言
(f)　A　フランス人権宣言　　B　アメリカ独立宣言
　　C　権利章典

(ii)　国際連合が採択している次の(a)～(d)の条約のうち，日本が批准していないものを一つ選び，記号で答えなさい。

(a)　人種差別撤廃条約　　(b)　女子差別撤廃条約
(c)　子どもの権利条約　　(d)　死刑廃止条約

(4)　下線部④に関して，次の各問いに答えなさい。

(i)　大日本帝国憲法に関する次の(a)～(d)の文章のうち，正しいものを一つ選び，記号で答えなさい。

(a)　憲法制定前には，植木枝盛など民間人により私擬憲法が起草された。

(b)　憲法では，侵すことのできない永久の権利として，「臣民の権利」が認められていた。

(c)　天皇には多くの権限が与えられたが，統帥権については議会や内閣の干渉を受けた。

(d)　1925年の普通選挙法により，衆議院議員選挙において男女普通選挙が実現した。

(ii)　日本国憲法の天皇に関する次の条文を読んで，(　ア　)~(　ウ　)に適する語句を答えなさい。

第1条	天皇は，日本国の(　ア　)であり日本国民統合の(　ア　)であつて，この地位は，(　イ　)の存する日本国民の総意に基く。
第3条	天皇の国事に関するすべての行為には，(　ウ　)の助言と承認を必要とし，(　ウ　)が，その責任を負ふ。

(iii)　憲法改正に関する次の手続きが行われる順に並び替えなさい。

(a)　国会が憲法改正の発議を行う。

(b)　天皇が国民の名において公布する。

(c)　各議院の総議員の3分の2以上の賛成を得る。

(d)　国民投票で過半数の賛成を得る。

(5)　下線部⑤に関して，次の各問いに答えなさい。

(i)　「議院内閣制」における行政府と立法府の関係について，「大統領制」との違いに着目して説明しなさい。

(ii)　各国の政治体制に関する次の(a)~(d)の文章のうち，正しいものを一つ選び，記号で答えなさい。

(a)　ドイツでは大統領が国家元首だが，その役割は儀礼的なものに限られる。

(b) カナダ，ニュージーランド，オーストラリアなどのイギリス連邦加盟国の国家元首はイギリス王であり，国王が政治上の実権をもつ。

(c) フランスには首相がおらず，大統領が大きな権限をもつ大統領制が採用されている。

(d) アメリカの大統領は議会解散権，法案提出権などの権限をもつ。

(iii) 競争的な選挙をともなう自由民主主義体制と異なり，中国や旧社会主義圏で見られる，単一政党が支配する体制を何というか，答えなさい。

(6) 下線部⑥に関する次の(a)～(d)の文章のうち，正しいものを一つ選び，記号で答えなさい。

(a) 現在の日本は，ドルベースの総額で比較すると，世界的に見て防衛費(軍事支出)の少ない国である。

(b) 現在の日本は，アメリカに対し日本における米軍の駐留と基地使用を認め，米軍駐留経費のかなりの部分を負担している。

(c) 現在の日本では，集団的自衛権の行使はいかなる場合でも禁止されている。

(d) 現在の日本は交戦権を否認しているため，武力攻撃などの緊急事態への国内での対応を定めた有事法制は存在しない。

(7) 下線部⑦に関して，以下の各問いに答えなさい。

(i) 次の(a)～(d)の法律のうち，その内容が憲法第14条の定める「法の下の平等」の趣旨に合致しないものを一つ選び，記号で答えなさい。

(a) 男女共同参画社会基本法　　(b) アイヌ民族支援法

(c) 障害者雇用促進法　　(d) 北海道旧土人保護法

(ii) 自由権・社会権に関する次の(a)～(d)の文章のうち，誤っているものを一つ選び，記号で答えなさい。

(a) 現行犯逮捕以外の逮捕の場合や捜索・押収の場合には，裁判官の発する令状が必要である。

(b)　知的財産権の保護に関わり，東京高等裁判所の支部として知的財産高等裁判所が設置されている。

(c)　労働組合法では，全ての労働者に対し，労働組合を作る権利や団体行動権(争議権)を認めている。

(d)　朝日訴訟において，最高裁判決では，プログラム規定説にもとづく考え方がとられ，生活保護の基準は厚生大臣(当時)の判断によるとされた。

(iii)　次のA～Cの法令のうち，新しい人権である「知る権利」を保障するために制定されたものとして適当なものをすべて選び，その組み合わせとして最も適当なものを，(a)～(g)から一つ選び，記号で答えなさい。

A　情報公開法　　B　特定秘密保護法　　C　通信傍受法

(a)　A　　(b)　B　　(c)　C　　(d)　AとB　　(e)　AとC

(f)　BとC　　(g)　AとBとC

(8)　下線部⑧に関する次の(a)～(d)の文章のうち，正しいものを一つ選び，記号で答えなさい。

(a)　衆議院では，解散による選挙が行われると，選挙から30日以内に臨時会が開かれ，内閣総理大臣の指名が行われる。

(b)　国会の各院は委員会と本会議からなり，実質的な議論は各種の委員会(常任委員会，特別委員会)を中心に進められ，委員会の議決をへて本会議で最終的に議決される。

(c)　衆議院で可決した法律を参議院が否決した場合，衆議院が総議員の3分の2の賛成を得て再可決すれば法律となる。

(d)　国会議員には不逮捕特権があり，国会会期中は，いかなる場合であっても逮捕されることはない。

(9)　下線部⑨に関する次のA～Cの文章について，その正誤の組み合わせとして正しいものを(a)～(h)から一つ選び，記号で答えなさい。

A　戦後の日本における法案成立率は，議員提出法案よりも内閣提出法案の方が高い。

B　中央省庁等改革基本法に基づき，1府12省庁へ省庁の再編が行われた。

C　国会で作られた法律を具体化するために，行政部に命令や規則の制定が委ねられている。

(a)　A　正　B　正　C　正　(b)　A　正　B　正　C　誤
(c)　A　正　B　誤　C　正　(d)　A　正　B　誤　C　誤
(e)　A　誤　B　正　C　正　(f)　A　誤　B　正　C　誤
(g)　A　誤　B　誤　C　正　(h)　A　誤　B　誤　C　誤

(10)　下線部⑩に関して，以下の各問いに答えなさい。

(i)　裁判員制度の対象となる裁判はどのような裁判か，説明しなさい。

(ii)「司法」に関する次の(a)～(d)の文章のうち，正しいものを一つ選び，記号で答えなさい。

(a)　違憲法令審査権はすべての裁判所によって行使されうるが，最終的な判断を下すのは最高裁判所である。

(b)　検察審査会制度は，検察官が起訴処分にした事件の適否を審査するものである。

(c)　判決が確定し裁判が終了した事件については，いかなる理由があろうとも裁判がやり直されることはない。

(d)　民法の改正(2022年施行)により，少年法における18・19歳の少年は「特定少年」とされたが，従来と同じく，更生の観点から，重大な罪を犯した場合でも実名報道されることはない。

(11)　下線部⑪に関する次の(a)～(d)の文章のうち，正しいものを一つ選び，記号で答えなさい。

(a)　1999年に成立した地方分権一括法では，法定受託事務を廃止し，地方公共団体の活動を自治事務と機関委任事務に整理した。

(b)　ふるさと納税は，自分の住んでいる地方公共団体に寄付をすることで，税金の控除や返礼品を受けとることができる制度である。

(c)　地方交付税は，地方公共団体間の財政格差を是正するために国が支給する，用途が指定された補助金である。

(d)　住民には直接請求権があり，議会の解散，議員や首長などの解職を請求することができる。

(12)　下線部⑫に関する次の(a)～(d)の文章のうち，正しいものを一つ選び，記号で答えなさい。

(a)　55年体制においては，自民党がその他の政党と連立して政権を担当することが多かった。

(b)　一票の格差をめぐっては，衆議院ではこれまでに制度改革によって定数の格差是正が行われたが，参議院では衆議院に比べて依然として差が大きいままである。

(c)　選挙違反については，当選者本人が有罪判決を受けなければ，当選は無効にはならない。

(d)　現在は，高度成長期に見られた利益集団と族議員や官僚との結びつきが強まり，より政治への影響力が増してきている。

(☆☆☆◎◎◎)

【２】次の文章を読んで，以下の問いに答えなさい。

18世紀後半にイギリスで始まった産業革命は，生産技術のみならず①社会のあり方をも変え，資本主義経済とよばれる体制を確立した。日本でも資本主義に基づく②市場経済が行われ，経済主体である政府・③企業・④家計が経済を循環させ，⑤国民所得が増加した。また，⑥金融政策や⑦財政政策を行い，⑧日本経済を発展させてきたが⑨問題点も多い。

(1)　下線部①に関して，次の各問いに答えなさい。

(i)　17世紀に重商主義を唱え，国家の富や財宝を増大させるのは，諸外国との貿易による全体的な黒字であると主張した人物は誰か，答えなさい。

(ii)　ドイツのラッサールが示した夜警国家とはどのような国家観をさすか，説明しなさい。

(2)　下線部②に関して，次の各問いに答えなさい。

(i)　市場に関する次の(a)～(d)の文章のうち，正しいものを一つ選び，記号で答えなさい。

(a)　生産や売り上げにおいて一社がほとんど占めている場合を寡

占という。

(b) 非排除性とはある人が多く消費しても他の人の消費分が減らないことをいう。

(c) ある企業の生産高または売上高が同種商品の市場全体の生産高または売上高に占める割合を市場占有率という。

(d) プライスリーダー(価格先導者)の価格設定に対して，その他の企業が追従する価格を均衡価格という。

(ii) 以下のA・Bは需要と供給に関する記述である。その正誤の組み合わせとして，正しいものを(a)～(d)から一つ選び，記号で答えなさい。

A 生活必需品において需要の価格弾力性は大きい。

B 供給の価格弾力性は本や自動車など生産調整が容易な商品は小さい。

(a) A 正 B 正 (b) A 正 B 誤

(c) A 誤 B 正 (d) A 誤 B 誤

(iii) 次のグラフは，需要曲線と供給曲線を表している。市場において環境税が課される場合，曲線はどのように動くか，正しいものを(a)～(d)のうちから一つ選び，記号で答えなさい。

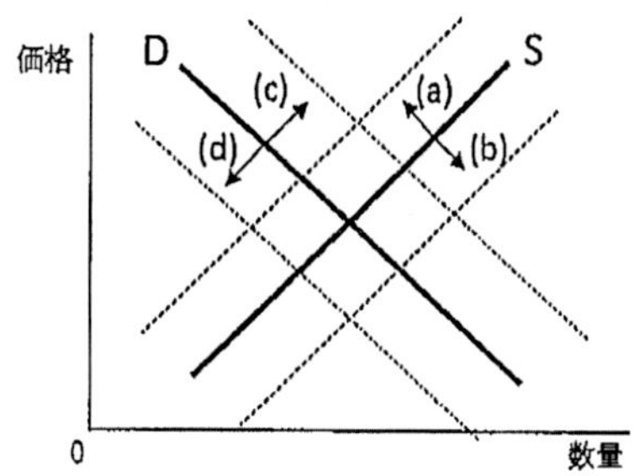

(3) 下線部③に関して，次の各問いに答えなさい。

(i) 2006年に施行された会社法にもとづいて，会社の種類について表した次の表中の(ア)～(ウ)に適する語句をそれぞれ答えなさい。

	出資者	特徴
株式会社	有限責任の株主	多数の株式発行で大資本を集めやすい。
（ア）会社	無限責任社員	親子兄弟、知人などによる小規模会社が多い。
（イ）会社	無限責任社員と有限責任社員	小規模な会社が多い。
（ウ）会社	有限責任社員	ベンチャー企業などに適する。

(ii)　株主らが，会社に損害を与えた役員の経営責任を追及し，損害賠償を求める訴訟制度を何というか，答えなさい。

(iii)　日本で1997年に解禁された，株式の保有によって複数の企業を支配することが主たる業務である会社を何というか，答えなさい。

(4)　下線部④に関して，次の各問いに答えなさい。

(i)　生活の質を表すエンゲル係数について次の3つの語句を必ず用いて説明しなさい。

【　総消費支出　　生活水準　　低い　】

(ii)　次のグラフは2020年の日本の家計の金融資産構成である。「投資信託」「株式等」「現金・預金」「保険・年金・定型保証」が(a)～(d)に当てはまるが，「現金・預金」に当てはまるものを一つ選び，記号で答えなさい。

日本における家計の金融資産構成

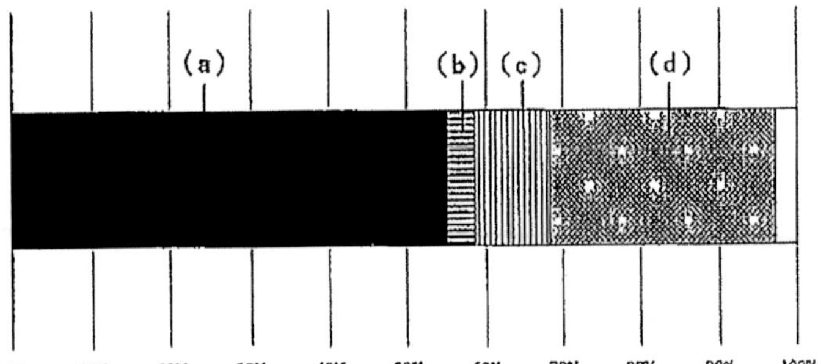

日本銀行資料より作成

(5)　下線部⑤に関して，三面等価の原則とは国民所得における三つの面の額が等しいことをいうが，その三つの面をすべて答えなさい。

(6)　下線部⑥に関して，次の各問いに答えなさい。

(i)　株式投資などから得た配当等について，毎年120万円を上限とする新規購入分を対象に最長5年間，非課税にする仕組みを何というか，アルファベットで答えなさい。

(ii)　日本銀行が金融政策の基本方針を決めるために行う会合を何というか，答えなさい。

(7)　下線部⑦に関して，次の各問いに答えなさい。

(i)　次の税率算出例の表を用いて課税所得500万円にかかる所得税を答えなさい。

課税所得	税率
１９５万円以下	５%
３３０万円以下	１０%
６９５万円以下	２０%
９００万円以下	２３%
１８００万円以下	３３%
４０００万円以下	４０%
４０００万円超	４５%

(a)　55万5000円　　(b)　57万2500円　　(c)　62万5000円

(d)　100万円

(ii)　日本の租税区分を示す次の表に関して，4つの区分と税との組み合わせとして，正しいものを(a)～(d)から一つ選び，記号で答えなさい。

	直接税	間接税
国税	A	B
地方税	C	D

(a)　A－法人税　　(b)　B－住民税　　(c)　C－所得税

(d)　D－酒税

(8)　下線部⑧に関して，次の各問いに答えなさい。

(i)　経済安定9原則に該当しないものを次の(a)～(d)から一つ選び，記号で答えなさい。

(a)　徴税の強化　　(b)　賃金の安定　　(c)　均衡予算

(d)　輸入の最大限増加

(ii)　日本の戦後の好景気について，時期が古いものから順に並べたとき，3番目になるものを，記号で答えなさい。

(a)　いざなぎ景気　　(b)　神武景気　　(c)　オリンピック景気

(d)　岩戸景気

(iii)　平成不況の打破を掲げた小泉内閣が行った新自由主義的政策に該当しないものは次のどれか，二つ選び，記号で答えなさい。

(a)　構造改革特区の設立　　(b)　所得倍増計画

(c)　郵政民営化　　(d)　特殊法人の統廃合

(e)　国立大学の法人化　　(f)　国庫支出金の増大

(9)　下線部⑨に関して，次の各問いに答えなさい。

(i)　次のA～Cは日本の社会保障制度に関する記述である。その正誤の組み合わせとして正しいものを，以下の(a)～(h)から一つ選び，記号で答えなさい。

A　雇用保険と介護保険において，国民皆保険が実現している。

B　大日本帝国憲法下に，日本初の救貧法である生活保護法が制定された。これが，現在の公的扶助制度の根幹となっている。

C　児童や障害者など，社会的に弱い立場にある人々が自立し，安定した社会生活を営むことができるように，施設を設けたり，サービスを提供したりするのは社会福祉である。

(a)　A　正　B　正　C　正　(b)　A　正　B　正　C　誤

(c)　A　正　B　誤　C　正　(d)　A　正　B　誤　C　誤

(e)　A　誤　B　正　C　正　(f)　A　誤　B　正　C　誤

(g)　A　誤　B　誤　C　正　(h)　A　誤　B　誤　C　誤

(ii)　働く貧困層とも呼ばれ，就労しているにもかかわらず，所得が低く通常の生活が困難な世帯や個人を何というか，カタカナで答えなさい。

(iii)　就職に関して，Iターンについて説明しなさい。

(iv)　消費者問題について時期が古いものから順に並べた場合，3番目になるものを，記号で答えなさい。

(a)　消費者保護基本法の制定

(b)　森永ヒ素ミルク事件の発生

(c)　消費者庁の設置

(d)　製造物責任法(PL法)の制定

(v)　農業政策の弊害を改善するために1999年に制定された食料・農業・農村基本法の内容として誤っているものを一つ選び，記号で答えなさい。

(a)　食料の安定供給の確保　　(b)　機械化による生産性の向上

(c)　農業の持続的発展　　(d)　農村の振興

(☆☆☆◎◎◎)

【3】青年期，源流思想について次の文章を読んで，以下の問いに答えなさい。

現在に至るまで，古今東西の賢人によって①「人間とは何か」という問いへの答えが，さまざまな考え方にもとづいて語られてきた。誕生から死に至る人間の生涯発達の変化は一様ではない。急激な変化を示す時期，比較的安定した時期など，②それぞれの時期には特徴があり，他と区分することができる。

また，人はどう生きるべきかに関する自己探求とそれにもとづく人間としての自覚の深化の歴史が，人類の思想(③古代ギリシアの哲学，④ヘレニズム時代の思想，⑤キリスト教，⑥イスラーム，⑦仏教などの宗教や，⑧中国思想)の歴史であったといえる。

【青年期】

(1)　下線部①について，人間の特質を知性(理性)にあるとし，人間をホモ－サピエンス(英知人・知性人)と定義した，スウェーデンの博物学者は誰か，答えなさい。

(2)　下線部②に関して，次の各問いに答えなさい。

(i)　性格に関する考え方について，次の(a)～(d)の文章のうち，誤っているものを一つ選び，記号で答えなさい。

(a)　類型論は性格を直感的に把握し，異なる類型を比較するには便利であるが，典型的な型に当てはめようとするなど，問題もある。

(b)　いくつかの特性の組み合わせによってパーソナリティーが構成される考え方を特性論という。

(c)　ドイツの精神医学者クレッチマーは人間の体型と気質の関係をとらえ，三つの性格に分類した。

(d)　シュプランガーは五つの因子の組み合わせによるビッグファイブを提唱した。

(ii)　フランスの歴史学者アリエスは，今日のように大人とは別の存在としての「子ども」の誕生は13世紀から17世紀にかけてであり，それ以前は7歳ぐらいになると仕事や遊びを大人とともにする存在とした。このような存在を何と呼んだか，答えなさい。

(iii)　次のA～Cは青年期の課題に関する記述である。その正誤の組み合わせとして正しいものを，以下の(a)～(h)から一つ選び，記号で答えなさい。

A　アメリカの心理学者オルポートは非指示的カウンセリングについて唱えた。

B　他人の観点からも物事を客観的にみられるようになることを，心理学者のピアジェは脱中心化と呼んだ。

C　フロイトは，人間の心には個人的無意識のほかに集合的無意識があると考えた。

(a)	A　正	B　正	C　正	(b)	A　正	B　正	C　誤
(c)	A　正	B　誤	C　正	(d)	A　正	B　誤	C　誤
(e)	A　誤	B　正	C　正	(f)	A　誤	B　正	C　誤
(g)	A　誤	B　誤	C　正	(h)	A　誤	B　誤	C　誤

(iv)　社会学者の山田昌弘により提唱されたパラサイトーシングルとはどのような人を指すか，以下の言葉を必ず用いて説明しなさい。　【　基礎的生活条件　】

(v)　第二次世界大戦中にアウシュヴィッツ強制収容所を生き抜いた

経験から，人間らしい尊厳ある生き方を探究したオーストリアの精神医学者は誰か，答えなさい。

【源流思想】

(3) 下線部③に関して，次の各問いに答えなさい。

(i) 次の古代ギリシアの自然哲学者が万物の根源としたものを，それぞれ(a)～(g)から選びなさい。

あ タレス　　い ピタゴラス　　う ヘラクレイトス

え デモクリトス

(a) 空気　(b) 植物　(c) 数　(d) 愛　(e) 水

(f) 原子　(g) 火

(ii) ソクラテスの問答法とはどのような方法か，次の言葉を必ず用いて説明しなさい。　【 無知 】

(iii) プラトンが説いた，永遠不滅のイデア界と絶えず変化・生滅する不完全な現象界のように，世界を二つに分ける考え方を何というか，答えなさい。

(iv) アリストテレスについて，次の文章の空欄ア～ウに適する語句を答えなさい。

アリストテレスは，倫理的徳の中で正義と(ア)を重視した。さらに，正義を全体的な正義と，部分的な正義とに大別し，そのうえで後者を，各人の業績や貢献に応じて富や名誉を与える(イ)的正義と，裁判におけるように，当事者間の損得の不均衡が生じた場合，均等になるようにする(ウ)的正義の二つにわけているとした。

(4) 下線部④に関して，ゼノンが説いたストア派の生活信条は何か，以下に合うように答えなさい。

(　　)生きよ

(5) 下線部⑤に関して，『新約聖書』におさめられているイエスの言行を書き記した四つの福音書の名として正しいものを一つ選び，記号で答えなさい。

(a)　マタイ　　(b)　パウロ　　(c)　モーセ　　(d)　ペテロ

(6)　下線部⑥に関して，イスラームについて，次の(a)～(d)の文章のうち，誤っているものを一つ選び，記号で答えなさい。

(a)　イスラームではムスリムが守るべきことが細かく定められており，ムハンマドの言行であるシャリーアにもとづいて規範を体系化したスンナが成立した。

(b)　アッラーへの信仰にもとづく共同体(ウンマ)が重視され，ムスリムは平等な関係であるとされている。

(c)　ジハードは聖戦と訳されることもあるが，もともとは神のために奮闘・努力するという意味である。

(d)　イスラームではムハンマドは人類の歴史における最後の預言者であり，神の啓示はここで終了したとされる。

(7)　下線部⑦に関して，次の各問いに答えなさい。

(i)　インド古代社会について述べた文章の正誤の組み合わせとして正しいものを，(a)～(d)から一つ選び，記号で答えなさい。

A　カースト制度のもととなった四つの身分階層をヴァルナという。

B　身分制度と，職業の世襲や出身地，言語などを同じくする小集団をシュードラという。

(a)　A　正　　B　正　　(b)　A　正　　B　誤

(c)　A　誤　　B　正　　(d)　A　誤　　B　誤

(ii)　次のA～Cはブッダの教えである四法印に関する記述である。その正誤の組み合わせとして正しいものを，以下の(a)～(h)から一つ選び，記号で答えなさい。

A　一切皆苦とは，人生のすべては苦しみにほかならず，自分の思うままにならないものという教えをさしている。

B　諸行無常とは，すべてのものは原因・条件によって生じたものであり，それ自体で存在している不変の実体は一つもないという教えをさしている。

C　諸法無我とは，極端な快楽主義にも苦行主義にも偏らないという教えをさしている。

(a) A 正　B 正　C 正　(b) A 正　B 正　C 誤
(c) A 正　B 誤　C 正　(d) A 正　B 誤　C 誤
(e) A 誤　B 正　C 正　(f) A 誤　B 正　C 誤
(g) A 誤　B 誤　C 正　(h) A 誤　B 誤　C 誤

(8) 下線部⑧に関して，次の各問いに答えなさい。

(i) 孟子の四徳に信を加えて五常とした前漢の人物を答えなさい。

(ii) 孟子は人間には生まれながらにして備わっている四端の心があるとした。その中の惻隠の心とはどのような心か説明しなさい。

(iii) 老子は農村共同体程度の小国家こそ理想社会であると説いた。このような攻治社会の理想的なあり方を何と呼ぶか，答えなさい。

(☆☆☆◎◎◎)

【4】次の会話文は日本に来た外国人観光客と日本人ガイドの会話である。この会話文を読んで，以下の問いに答えなさい。

外国人観光客：	日本の文化や宗教に興味があります。特に，日本では，①たくさんの神々がいることが，とても興味深いと感じています。
日本人ガイド：	日本人の精神風土は，古の日本人がもつ②人間観や自然観が背景となって形成されてきました。それが，独自の日本の文化として現在にもあらわれています。
外国人観光客：	日本の文化は，外国の文化の影響を受けることなく，独特な文化を形成してきたのですか？
日本人ガイド：	いいえ，大陸から伝わってきた③仏教や④儒教などの影響も受けています。一方で，これらの教えに対抗するかたちで登場してきた⑤国学や農民の立場に立った思想もあります。
外国人観光客：	そうなのですね。文化の背景を知ることで，よ

	り一層，日本の文化に興味がわいてきました。
日本人ガイド：	日本の文化に興味を持っていただけて，とてもうれしいです。古の日本人の考え方や，外国からの影響を受け，それらを共存・重層させながら独自の日本の文化が作り上げられました。

(1)　会話文中の下線部①に関して，古代の日本において信仰の対象となった，多くの神々を総称して何というか，答えなさい。

(2)　会話文中の下線部②に関して，次の各問いに答えなさい。

(i)　主著『風土』にて，人間の価値観やあり方は，その地域の地理的特性に影響を受けると説いた人物は誰か，答えなさい。

(ii)　心身の穢れを，水によって清める行為を何というか，答えなさい。

(3)　会話文中の下線部③に関して，次は日本に伝わってきた仏教についてまとめたノートである。このノートを見て，以下の各問いに答えなさい。

《仏教の伝来》
- 日本に伝えられた当初，仏は外国の神を意味する「[　ア　]」として受け止められた。

《日本における仏教の展開》
- 6世紀…聖徳太子は，「和」を実現するために「ともに[　イ　]のみ」という謙虚な姿勢が求められるとした。
- 奈良時代…鎮護国家の思想が強まる一方で，民間仏教の信仰も見られた。
- 平安時代…大陸から学ばれた⑥新しい日本的な仏教の広がりが見られた。

※平安時代までに，神仏習合という考え方が広がり，⑦本地垂迹説が説かれた。

(i)　ノート中の空欄[　ア　]と[　イ　]に適する語句をそれぞれ答えなさい。

(ii) ノート中の下線部⑥に関して，次のA～Cは，日本仏教の展開に関する文章である。その正誤の組み合わせとして正しいものを，以下の(a)～(h)から一つ選び，記号で答えなさい。

A 空海は，「世間虚仮，唯物是真」という言葉で仏教的世界観を表した。

B 親鸞は，「善人なをもて往生をとぐ，いはんや悪人をや」という悪人正機を説いた。

C 栄西は，「只管打坐」をすることで「身心脱落」の境地を目指した。

(a)	A 正	B 正	C 正	(b)	A 正	B 正	C 誤
(c)	A 正	B 誤	C 正	(d)	A 正	B 誤	C 誤
(e)	A 誤	B 正	C 正	(f)	A 誤	B 正	C 誤
(g)	A 誤	B 誤	C 正	(h)	A 誤	B 誤	C 誤

(iii) ノート中の下線部⑦に関して，「本地垂迹説」とはどのような考え方か，次の語句を必ず使用して，説明しなさい。

【 救済 】

(4) 会話文中の下線部④に関して，次の(a)～(d)のうち，日本における儒教の受容と展開についての記述として正しいものを一つ選び，記号で答えなさい。

(a) 中世の終わりまで仏教と並ぶ二大学問として研究されていた儒教は，江戸時代になると現実世界の新しい秩序理念として注目されるようになった。

(b) 林羅山は，天地に上下があるのと同様に，人倫にも上下や身分が定まっているという「上下定分の理」を説き，のちに松下村塾を開いた。

(c) 中江藤樹は，全ての人間において時・処・位に応じた孝の実践と，生まれつき備わっている良知の発揮が大切であると説いた。

(d) 荻生徂徠は，儒教における仁とは人間が日常現実の場において従うべき道としての愛であり，『論語』『孟子』には人倫日用の道が説かれているとした。

(5)　会話文中の下線部⑤に関して，次の各問いにそれぞれ答えなさい。

(i)　本居宣長が見出した，生まれながらの真心に通じ神々による人為の加わっていない道を何というか，答えなさい。

(ii)　石田梅岩の主著として最も適当なものを，次の(a)～(d)から一つ選び，記号で答えなさい。

(a)　『源氏物語玉の小櫛』　　(b)　『自然真営道』

(c)　『二宮翁夜話』　　(d)　『都鄙問答』

(iii)　次の文章は，安藤昌益の思想についてまとめたものである。空欄[　ア　]と[　イ　]に入る語句をそれぞれ答えなさい。

> 全ての人が農耕を営むことを[　ア　]と呼び，それが実現することで形成される，差別のない平等な世界を[　イ　]と呼び，理想とした。

(☆☆☆◎◎◎)

【5】西洋の中世から近代にかけて登場した思想に関する，次の問いに答えなさい。

(1)　次はルネサンスについてまとめたノートの一部である。ノートの空欄[　ア　]～[　ウ　]に適する語句の組み合わせについて，正しいものを(a)～(h)から一つ選び，記号で答えなさい。

> 《ルネサンス》
> ○ギリシャ・ローマ文化の復興，「再生」の意味
> 　古典研究を通じて人間性の回復が目指された，[　ア　]の運動が見られた
> →中世の教会を中心とした[　イ　]な在り方からの脱却
> ○理想の人間像：万能人(普遍人)
> レオナルド・ダ・ヴィンチ…イタリアで画家や建築家として活躍した
> [　ウ　]…イタリアの詩人，長編の叙事詩『神曲』を書いた

(a) アー懐疑主義　イー封建的　ウーミケランジェロ
(b) アー懐疑主義　イー封建的　ウーダンテ
(c) アー懐疑主義　イー民主的　ウーミケランジェロ
(d) アー懐疑主義　イー民主的　ウーダンテ
(e) アー人文主義　イー封建的　ウーミケランジェロ
(f) アー人文主義　イー封建的　ウーダンテ
(g) アー人文主義　イー民主的　ウーミケランジェロ
(h) アー人文主義　イー民主的　ウーダンテ

(2) ルターにおける職業召命観を，次の語句を必ず使用して，説明しなさい。　【 天職 】

(3) ベーコンが排除するべきと説いたイドラのうち，言語の不適切な使用によって生じるイドラを何というか，答えなさい。

(4) デカルトによって説かれた，理性によって自らの情念を統制する意志を何というか，答えなさい。

(5) 知覚以外は何も実在せず，自我さえも「知覚の束」にすぎないものとして，実在を否定した哲学者は誰か，答えなさい。

(6) 次の文章はカントの義務論とベンサムらの功利主義についてまとめたノートである。以下の各問いに答えなさい。

《義務論》…行為の[　ア　]を重視する
代表的哲学者：カント　・理性により発せられる①道徳法則にしたがう→意志の自律＝自由
・「目的の王国」
《功利主義》…行為の[　イ　]を重視する
代表的哲学者：ベンサム・「最大多数の最大幸福」を実現する行為が最善である←②ミルにより修正
・私益と公益の一致のために，③人々の行為を規制する強制力の提案が立法者の役割

(i)　ノート中の空欄[　ア　]・[　イ　]に当てはまる語句の組み合わせについて，正しいものを(a)～(f)から一つ選び，記号で答えなさい。

(a)　アー自由　イー動機　(b)　アー自由　イー結果

(c)　アー結果　イー動機　(d)　アー結果　イー自由

(e)　アー動機　イー結果　(f)　アー動機　イー自由

(ii)　ノート中の下線部①に関して，人間に普遍的に妥当する道徳法則に従う無条件の命令を何というか，答えなさい。

(iii)　ノート中の下線部②に関して，個性の発展のためには自由が必要であるため，個人の行動の自由に対して他者へ害を及ぼさない限りは規制されるべきではないという，ミルの説いた原則を何というか，答えなさい。

(iv)　ノート中の下線部③に関して，ベンサムの説いた制裁(サンクション)として，適当でないものを一つ選び，記号で答えなさい。

(a)　内的制裁　(b)　政治的制裁　(c)　物理的制裁

(d)　宗教的制裁　(e)　道徳的制裁

(7)　ヘーゲル哲学における最高原理であり，歴史を根本で支配し，自由を本質とする理性的な精神を何というか，答えなさい。

(☆☆☆◎◎◎)

【選択問題】

※以下の【1】～【3】は選択問題です。1つ選び，答えなさい。

【1】次の文章を読んで，以下の問いに答えなさい。

第二次世界大戦後，①国際連合が設立された。その後，米ソ両国をリーダーとする東西両陣営が対峙する②冷戦とよばれる緊張状態が続き，同時に③核軍拡競争を展開していった。

④国際経済においてはIMF－GATT体制のもとで，⑤自由貿易を拡大してきた流れに対し，⑥地域的な自由貿易圏創設の動きも活発化している。一方で，⑦経済格差の是正をはかることなどが必要である。さ

らに，⑧内戦，紛争で苦しんでいる人々に対して支援を行い，⑨地球的問題群とよばれる諸問題にも取り組んでいかなければならない。

(1) 下線部①に関して，次の各問いに答えなさい。

(i) 1944年，国際連合憲章の原案を討議した国際会議を何というか，答えなさい。

(ii) 国際連合の組織に関する次の(a)～(d)の文章のうち，正しいものを一つ選び，記号で答えなさい。

(a) 安全保障理事会は安全保障以外にも，事務総長の選出についても勧告権をもっている。

(b) 国際司法裁判所は国際紛争についての裁判所であり，オランダのアムステルダムに置かれている。

(c) あらゆる問題について最終的に国際連合の意思を決定するのは総会である。

(d) 総会によって設立した機関として国際労働機関がある。

(2) 下線部②に関して，次の各問いに答えなさい。

(i) 冷戦について，時期が古いものから順に並べた場合，3番目となるものを一つ選び，記号で答えなさい。

(a) 「アフリカの年」アフリカ17か国が独立

(b) 経済相互援助会議(COMECON)成立

(c) ジュネーブ四巨頭会談

(d) トルーマンドクトリン発表

(ii) 冷戦に関する次の(a)～(d)の文章のうち，正しいものを一つ選び，記号で答えなさい。

(a) 1960年代，イギリスはアメリカへの反発から独自外交を展開し，NATOから脱退した。

(b) スターリン批判を契機に，ハンガリーやユーゴスラビアで民主化を求める動きがあり，どちらもソ連により鎮圧された。

(c) 中国とソ連の間では，1950年代半ばから社会主義のあり方についての論争があり，1960年代末には，武力衝突が起きている。

(d) 1970年代にはアメリカとソ連の間で一時デタントが進んだ

が，ソ連のアフガニスタン侵攻やキューバ危機により再び緊張が高まった。

(3) 下線部③に関して，次の各問いに答えなさい。

(i) 1997年に締結された対人地雷全面禁止条約で大国による交渉難航を避けるため，条約案に賛成する国だけで条約を発効させ，不参加国に圧力をかけようとする方策がとられたが，この手法を何というか，答えなさい。

(ii) 次のA～Cは軍縮問題に関する記述である。その正誤の組み合わせとして正しいものを，以下の(a)～(h)から一つ選び，記号で答えなさい。

A 自己の安全を確立しようと軍事的な行動をとればとるほど危険な状況にいたってしまうことを「安全保障のパラドックス」という。

B 1996年にすべての核爆発実験を禁止するCTBT(包括的核実験禁止条約)が採択され，すでに発効されている。

C 中央アジアでは非核地帯をつくろうと，トラテロルコ条約が発効されている。

(a) A 正　B 正　C 正　(b) A 正　B 正　C 誤
(c) A 正　B 誤　C 正　(d) A 正　B 誤　C 誤
(e) A 誤　B 正　C 正　(f) A 誤　B 正　C 誤
(g) A 誤　B 誤　C 正　(h) A 誤　B 誤　C 誤

(4) 下線部④に関して，次の各問いに答えなさい。

(i) 1997年タイの通貨であるバーツの暴落がきっかけとなり，インドネシアや韓国などにも影響が及んだ経済危機を何というか，答えなさい。

(ii) 日米貿易摩擦の歴史について，時期が古いものから順に並べた場合，3番目となるものを，記号で答えなさい。

(a) 日米包括経済協議に合意
(b) 自動車の対米輸出自主規制を開始
(c) 対米鉄鋼輸出の自主規制を開始

(d) 日米構造協議の開始

(5) 下線部⑤に関して，次の各問いに答えなさい。

(i) IMF8条国とIMF14条国の違いについて説明しなさい。

(ii) GATTの正式名称を日本語で答えなさい。

(iii) 一般特恵関税について，次の語句を必ず使用して，説明しなさい。 【 UNCTAD(国連貿易開発会議) 】

(iv) 1957年に日本政府が発表した日本外交の三原則は「国連中心主義」「自由主義諸国との協調」とあと一つは何か，答えなさい。

(6) 下線部⑥に関して，次の各問いに答えなさい。

(i) 1967年に結成した欧州共同体(EC)の発足時の加盟国として誤っているものを，次の(a)～(d)から一つ選び，記号で答えなさい。

(a) イタリア (b) イギリス (c) ルクセンブルク

(d) ベルギー

(ii) 日本とEPA(経済連携協定)を締結している国として誤っているものを，次の(a)～(d)から一つ選び，記号で答えなさい。

(a) スイス (b) シンガポール (c) ベネズエラ

(d) モンゴル

(7) 下線部⑦に関して，次の各問いに答えなさい。

(i) 次のA・Bは南北問題是正に関する記述である。その正誤の組み合わせとして正しいものを(a)～(d)から一つ選び，記号で答えなさい。

A 1990年代に国連開発計画(UNDP)において保健・教育・所得という水準から算出した人間開発指数(HDI)が作成され，貧困国の生活水準の向上をはかろうとしている。

B 2000年に国連で貧困と飢餓の撲滅などの2015年までに達成すべきミレニアム開発目標(MDGs)が採択された。

(a) A 正 B 正 (b) A 正 B 誤

(c) A 誤 B 正 (d) A 誤 B 誤

(ii) 次のグラフは2018年のアメリカ，フランス，ドイツ，韓国，日本のODA実績の贈与相当額対GNI比のグラフである。日本に当てはまるものを(a)～(e)のうちから一つ選び，記号で答えなさい。

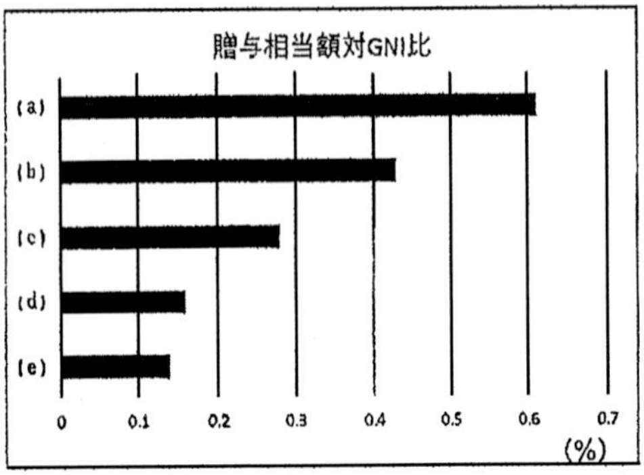

日本銀行資料より作成

(8)　下線部⑧に関して，次の(a)～(d)の文章のうち，誤っているものを一つ選び，記号で答えなさい。

(a)　「アラブの春」と呼ばれる一連の出来事の中でシリアでも反政府運動が高まり，アサド政権と複数の反政府勢力との間で内戦が勃発した。

(b)　スーダン西部のダルフール地方でアラブ系の政府軍や民兵と黒人系の反政府勢力との間で民族紛争が起きた。

(c)　ルワンダ独立後，多数派のツチ族と少数派のフツ族との間に部族間の対立による内戦が発生した。

(d)　北アイルランドではカトリック系住民がイギリスからの分離や独立を求めてプロテスタント系住民と対立したが両派とイギリス，アイルランド政府の交渉により和平協定が合意された。

(9)　下線部⑨に関して，次の各問いに答えなさい。

(i)　1972年にストックホルムで開催された国連主催の初めての環境についての会議を何というか，答えなさい。

(ii)　1989年に採択された有害廃棄物の国境を越えた輸出やその処分の規制などを定めた条約を何というか，答えなさい。

(☆☆☆◎◎◎)

【2】江戸時代から昭和にかけての日本の思想と西洋思想の受容についてまとめたレポートを読んで，以下の問いに答えなさい。

> レポートⅠ：【江戸時代】
>
> 江戸時代中期以降，①西洋の学問を受容する動きが見られ，幕府による実学が奨励されるようになると，科学的かつ実践的な実用技術が積極的に紹介されるようになる。このような動きの中，東洋の精神的伝統のうえに西洋の文化を受容しようとする態度があらわれた。佐久間象山の[　ア　]という言葉はまさに和魂洋才の姿勢をあらわしたものであろう。しかしその後，幕末から明治にかけて，水戸学や国学に影響をうけた尊王攘夷思想が倒幕思想に結びついていくこととなる。

(1) レポートⅠ中の空欄[　ア　]に当てはまる語句として正しいものを(a)～(d)から一つ選び，記号で答えなさい。

(a) 「尭舜孔子の道を明らかにし，西洋器械の術を尽くす」

(b) 「一身独立して一国独立す」

(c) 「志を立てて以て万事の源となす」

(d) 「東洋道徳，西洋芸術」

(2) レポートⅠ中の下線部①に関して，江戸時代中期の鎖国下においてオランダ語を通じて日本に入ってきた西洋の学問を，江戸時代末期のイギリス・ドイツ・フランスの学問を含む洋学に対して何と呼ぶか，答えなさい。

> レポートⅡ：【明治時代】
>
> 「哲学」や「主観」などの哲学用語を訳した[　ア　]や①福沢諭吉らで結成された明六社によって，西洋近代の思想や文化が紹介され，日本の近代化が進められた。彼らの啓蒙思想は，②中江兆民や植木枝盛らの自由民権思想に引き継がれることとなる。また，キリスト教が公認されるようになると，③キリスト教徒としての愛国の在り方が模索されるようになった。一方で，急激

な西洋思想の流入に対して，④明治中期になると，日本独自の日本の伝統思想を重視する動きがあらわれる。また，国家や政治からはなれた⑤自己の内面世界の確立が求められ[　イ　]文学運動として，展開されることとなる。

(3) レポートⅡ中の空欄[　ア　]・[　イ　]に当てはまる語句の組み合わせについて，正しいものを(a)～(f)から一つ選び，記号で答えなさい。

(a) アー森有礼　　イーロマン主義
(b) アー森有礼　　イー写実主義
(c) アー森有礼　　イープロレタリア
(d) アー西周　　イーロマン主義
(e) アー西周　　イー写実主義
(f) アー西周　　イープロレタリア

(4) レポートⅡ中の下線部①に関して，次のA～Cは，福沢諭吉に関する文章である。下線部の正誤の組み合わせとして正しいものを，以下の(a)～(h)から一つ選び，記号で答えなさい。

A　緒方洪庵の門下生として学んだのち，自ら適塾を開設して広く欧米文化を紹介した。

B　天賦人権論において封建制度を否定し，賢人と愚人の差は学ぶか学ばざるかによるとした。

C　日本には，学問の精神と独立の精神が欠けていることを指摘し，西洋化による日本の近代化を説いた。

(a)　A　正　B　正　C　正　　(b)　A　正　B　正　C　誤
(c)　A　正　B　誤　C　正　　(d)　A　正　B　誤　C　誤
(e)　A　誤　B　正　C　正　　(f)　A　誤　B　正　C　誤
(g)　A　誤　B　誤　C　正　　(h)　A　誤　B　誤　C　誤

(5) レポートⅡ中の下線部②に関して，中江兆民による「恩賜的民権」と「回復(恢復)的民権」とは，どのような考え方か。それぞれの民権の特徴について明確にしたうえで，それらをどのように実現するべきと考えたか，説明しなさい。

(6) レポートⅡ中の下線部③に関して，内村鑑三が生涯をささげようと志した「二つのJ」とは何と何か，答えなさい。

(7) レポートⅡ中の下線部④に関して，次の(a)～(d)の文章のうち，正しいものを一つ選び，記号で答えなさい。

(a) 三宅雪嶺と志賀重昂は，雑誌『日本人』を発行し国粋主義(国粋保存主義)を展開した。

(b) 徳富蘇峰は，新聞『日本』を発刊し，国民主義を展開した。

(c) 陸羯南は，『日本道徳論』を著し，皇室を尊重する儒教思想を展開した。

(d) 西村茂樹は，『国民之友』や『国民新聞』を発刊し，平民主義を展開した。

(8) レポートⅡ中の下線部⑤に関して，自由民権運動の激化に失望し文学界に転向し，「実世界」を批判し，自己の精神世界である「想世界」を重視した人物は誰か，答えなさい。

> レポートⅢ：【明治時代末～昭和】
>
> 西洋の思想を受容しつつ，東洋や日本の伝統思想にもとづいた独創的な思想が登場する。哲学者の[　ア　]は，主体と客体の区別のない主客身分の直接状態を[　イ　]と呼び，この経験によって「真の自己」があらわれると考えた。このような考え方とは異なり，共同体の中においてこそ真の人間のあり方を求めたのが，柳田国男である。彼は，民間伝承を保持している無名の人々を[　ウ　]と名づけ，①民俗学を創始した。

(9) レポートⅢ中の空欄[　ア　]～[　ウ　]に入る人物名や語句を，それぞれ答えなさい。

(10) レポートⅢ中の下線部①に関して，次の(a)～(d)の文章のうち，正しいものを一つ選び，記号で答えなさい。

(a) 神が降臨するための目印である依代の概念を民俗学に取り入れ，来訪神である「まれびと」が日本における神事観念であると説いた。

(b)　実用品である生活工芸の美しさを説き民芸運動を展開し，陶磁器などの美術作品を通して朝鮮半島の文化への理解を示し，日本の植民地政策を批判した。

(c)　日本と世界各地の民族を比較する一方，神社合祀攻策により人々の信仰の場や動植物の住む鎮守の森が伐採されたことに憤り，自然保護を訴える神社合祀反対運動を起こした。

(d)　『忘れられた日本人』を著し，民衆の生活や，民衆のもつ日常の家具や農具に注目し，膨大な現地調査を行い，文研研究や絵巻物から民衆の風俗を読み解く研究を行った。

(☆☆☆◎◎◎)

【3】次の文章を読んで，以下の問いに答えなさい。

> 公民での学びは，社会における他者との関係において形づくられる①公共的な空間において，役立てていくことを視野に入れる必要がある。公共的な空間では，さまざまな利害や葛藤が生じるため，そのような中で，いかにして②正義を実現するかが，課題となるであろう。また，③20世紀以降，これまでも蓄積を重ねてきた④科学の進歩が一層発展していく中で，新たに⑤現代の諸課題について考える際にも役立てることができるだろう。一方で，社会を形成する市民の一員として⑥主体的に自己の在り方を見つめることも忘れてはいけない。

(1)　文章中の下線部①に関して，次の文章は，アーレントによる人間の活動についてまとめたレポートである。レポート中の空欄[　ア　]～[　ウ　]に当てはまる語句を，それぞれ漢字2文字で答えなさい。

> 【レポート】
> アーレントは人間の活動力のうち，消費が目的のものを生産するといった生命の維持していくための営みを[　ア　]と呼

んだ。また，耐久性のある有用なものを作る活動を[　イ　]，さらに他者との間でことばによって行われる共同の行為を[　ウ　]と呼んだ。

(2)　文章中の下線部②に関して，次のA～Cは，正義を実現する分配のあり方について考えた思想家に関する文章である。その正誤の組み合わせとして正しいものを(a)～(h)から一つ選び，記号で答えなさい。

A　ロールズは，社会的基本財の配分のあり方を考える際，「無知のヴェール」による制約の下でルールを決めることで正義が実現すると考えた。

B　センは，選びうる人生の選択肢の幅である潜在能力(ケイパビリティ)の概念のもとで，平等について考えるべきであるとした。

C　ノージックは，国家は個人の自由を保護する「最小国家」が求められ，福祉政策のような所得の再分配に対して否定的な立場を取った。

(a)	A　正	B　正	C　正	(b)	A　正	B　正	C　誤
(c)	A　正	B　誤	C　正	(d)	A　正	B　誤	C　誤
(e)	A　誤	B　正	C　正	(f)	A　誤	B　正	C　誤
(g)	A　誤	B　誤	C　正	(h)	A　誤	B　誤	C　誤

(3)　文章中の下線部③に関して，次の各問いに答えなさい。

(i)　20世紀以降に活躍した哲学者の思想に関する次の(a)～(d)の文章のうち，正しいものを一つ選び，記号で答えなさい。

(a)　レヴィ・ストロースは，未開社会においても自然を支配する人間の知恵が「野生の思考」として体系的に形成されたと説いた。

(b)　ウィトゲンシュタインは，言語(ラング)とそれにもとづく発話行為(パロール)の関係から，私たちの世界観が形成されていると説いた。

(c)　レヴィナスは，言語や概念を用いるときに支配的な二項対立による思考を批判し，硬直した思考を解きほぐす脱構築を説いた。

(d)　デリダは，科学的命題と倫理的判断の根拠などを区別し，「語り得ないことについては沈黙しなければならない」と説いた。

(ii)　ナチスによる迫害の経験から，孤独と不安感に陥った大衆が自由から逃走し権威からの支配や従属を求める心理について分析したドイツの社会心理学者は誰か，答えなさい。

(iii)　実生活において有用性を持つものが真理であるため，真理とは個別的，相対的な条件付きのものであると説いた，プラグマティズムの思想家は誰か，答えなさい。

(4)　文章中の下線部④に関して，科学史家のトーマス・クーンによって用いられた，一定の間に科学者たちによって認められた科学的業績のことで，今日では，「思考の枠組み」を意味する語を何というか，答えなさい。

(5)　文章中の下線部⑤に関して，「リビング・ウィル」とはどのようなものか，次の語句を必ず用いて説明しなさい。　【　文書　】

(6)　文章中の下線部⑥に関して，次の各問いに答えなさい。

(i)　ニーチェにより説かれた，永遠回帰の世界に対し，力への意志に従い生きることを決意し，この世界を肯定する運命愛の立場を実現した人間を何というか，答えなさい。

(ii)　次のA～Cは，実存主義の思想家に関する文章である。その正誤の組み合わせとして正しいものを，(a)～(h)から一つ選び，記号で答えなさい。

A　ヤスパースは，人間を「死への存在」とし，死を自覚することで初めて人間の本来的な在り方を可能にすると説いた。

B　ハイデッガーは，事実についての判断を中止(エポケー)し事実をありのまま受け止めることでのみ，人間の本来的な在り方を可能にすると説いた。

C　サルトルは，「実存は本質に先立つ」と表現し，人間は自由に自分の在り方を決めることができる存在であるとした。

(a) A 正 B 正 C 正 (b) A 正 B 正 C 誤
(c) A 正 B 誤 C 正 (d) A 正 B 誤 C 誤
(e) A 誤 B 正 C 正 (f) A 誤 B 正 C 誤
(g) A 誤 B 誤 C 正 (h) A 誤 B 誤 C 誤

(☆☆☆◎◎◎)

解答・解説

中高社会

【1】(1) (a) 『漢書』地理志 (b) イ (2) エ (3) 各地の豪族が連合して政権を作る形から大王を中心とした近畿地方の勢力に各地の豪族が服従するようになったから。 (4) ・国分寺建立 ・大仏造立 (5) イ (6) ア (7) 割符 (8) 戦国大名の家臣である国人や地侍の収入を銭で換算し，その地位や収入を保障する代わりに貫高に見合った一定の軍役を負担させること。 (9) ア (10) ア (11) イ (12) 異国船打払令 (13) イ (14) 株仲間を解散させたことで，江戸への商品輸送量を乏しくすることになったため。 (15) ア 富岡製糸場 イ クラーク ウ 学制 エ ロエスレル (16) ソ連との関係改善につとめ，日ソ基本条約を締結してソ連との国交を樹立した。

〈解説〉(1) (a) 『漢書』は中国の前漢の正史で，後漢の班固の著である。1世紀頃の日本が小国に分立していた状態を記しており，これは日本に関する最古の史料となる。 (b) 1世紀の倭は，国内に小国が多くある状態であり，倭国内において自国の地位を高める目的をもって中国へ朝貢したと考えられている。 (2) 卑弥呼の死後男王が立ったが内乱となり，13歳の壱与が女王となってようやく収まったと言われている。　(3)　3世紀中頃から後半にかけて，近畿や西日本各地に大規模な古墳が出現した。巨大な古墳はとくに奈良盆地に多くつくられたことから，この時期に大和の首長たちを中心とする広範囲の政治連合であるヤマト政権が成立したと考えられている。5世紀後半から6世紀にかけて，大王を中心としたヤマト政権は勢力を拡大して地方豪族たちを服属させ，関東地方から九州中部におよぶ地方豪族をふくみ込んだ支配体制を形成していた。　(4)　仏教を厚く信仰していた聖武天皇は，鎮護国家思想のもと，仏教の力で混乱する世の中を平和にしたいと願っていたため，全国に国分寺・国分尼寺の建設を命じる「国分寺建立の詔」を741年に出した。さらに，743年紫香楽宮で「大仏造立の詔」を発し，大仏造立が始まった。　(5)　Ⅰ　884年。　Ⅱ　858年。　Ⅲ　901年。　Ⅳ　1017年。　(6)　ア　鎌倉時代には宋銭が貨幣として利用された。室町時代，中国が明の時代になると，勘合貿易によって永楽通宝を中心とする明銭が日本に入ってきた。この明銭は江戸時代初期まで流通していた。　(7)　割符は中世，遠隔地に金銭を送付するために用いられた為替手形のこと。　(8)　貫高は室町・戦国時代の土地面積の表示法である軍役量の基準数値でもあった。太閤検地により消滅し石高制に統一された。　(9)　桃山文化とは，織田信長・豊臣秀吉時代の文化のことである。国内の統一，海外雄飛の風潮の反映として現実的・豪壮華麗・自由清新な点を特色とする。壮大な城郭建築として安土城・大坂城・伏見城・二条城などがあり，邸宅に聚楽第がある。絵画・工芸では書院造の装飾を中心に障壁画が発展し，狩野永徳・狩野山楽・海北友松・長谷川等伯らが出た。芸能では茶道・能楽・三味線・浄瑠璃・阿国歌舞伎が発達し，南蛮文化として，鉄砲の普及とキリシタンの伝道や生活文化への影響がある。

(10)　Ⅰ　1616年。　Ⅱ　1639年。　Ⅲ　1633年。　Ⅳ　1641年。

(11)　ア　シャクシャインの戦い以来，アイヌ民族に対する松前藩の支配が一段と強化され，元禄・享保期に場所請負制が成立していった。　ウ　慶賀使は，江戸幕府の将軍の代替わりごとに琉球が派遣した祝いの使節のことである。　エ　コシャマインの戦いは，1457年北海道渡島半島で，首長コシャマインに率いられたアイヌ諸部族が和人の圧迫に対して起こした戦いのことである。 (12) 異国船打払令は江戸幕府が1825年に出した外国船追放令のことである。ロシア・イギリス船の来航の増加に対し，理由に関係なく外国船を打ち払えと命じた。
(13) b 貿易の開始で，金銀比価の違いにより金貨が大量に流出したことにより，幕府はその対策として質の劣る万延小判に改鋳した。
(14) 水野忠邦は，物価騰貴の原因は，十組問屋などの株仲間が上方市場からの商品の流通を独占しているためと判断し，株仲間解散令を出した。しかし，物価騰貴の原因は株仲間ではなく，流通機構の変化により生産地から上方市場への商品輸送量が減少したことにあったため，解散後，大坂・江戸に入る商品は極端に少なくなり，より一層の物価上昇を招いた。 (15) ア 富岡製糸場は，明治政府が群馬県富岡市に設置した日本初の官営器械製糸工場である。日本の近代化政策の一環として，輸出用の良質な生糸を大量生産するために作られた。イ クラークは1876年，北海道開拓使長官黒田清隆に，将来の北海道開拓の指導者を養成するため「札幌農学校(現北海道大学)」の初代教頭として招かれた。 ウ 学制は1872年に発布された近代的学校制度に関する規定である。ランスの学区制にならい全国を8大学区に分け，1大学区に32中学区，1中学区に210小学区を設けた。 エ ロエスレルは，ドイツの法学者・経済学者である。1878年外務省に招かれて来日し内閣顧問となった。明治憲法の制定のほか民法・商法の制定にも貢献した。 (16) 幣原外交とは1924～27年，1929～31年の期間，外相幣原喜重郎によって推進された外交政策で，イギリス・アメリカとの協調を基本とした国際協調路線である。公式解答では「ソ連との関係改善につとめ」とあるが，必ずしもソ連とのみ融和を図ったわけではなく，中国とも共存共栄を図るなど融和的な路線を推し進めた。

【2】(1) (c) (2) (i) (b) (ii) (d) (3) (i) (a)
(ii) (ア) 象徴 (イ) 主権 (ウ) 内閣 (iii) (c)→(a)→(d)→(b) (4) (a) (5) (d) (6) (b) (7) 重大な犯罪についての

刑事裁判の第一審。　(8)　(d)

〈解説〉(1)　ホッブズは，自然状態での「万人の万人に対する闘争」から抜け出すため，人間は社会契約を結ぶとした。　(a)　市民革命は17～19世紀の出来事。　(b)　ロックに関する記述。　(d)　ロックは間接民主制，ルソーは直接民主制を主張した。　(2)　(i)　A　権利章典は名誉革命の勃発により，迎えられた新国王により発布された法典。これにより，イギリスで立憲君主制が確立した。　B　フランス人権宣言は，1789年に勃発したフランス革命の際に発布された。　C　アメリカ独立宣言は，独立戦争の最中の1776年に発布された。　(ii)　わが国は死刑廃止条約を批准しておらず，現在もなお死刑制度を維持している。死刑廃止条約は国際人権規約の第二選択議定書だが，わが国は全部で3つある国際人権規約の選択議定書のいずれも批准していない。(3)　(i)　植木枝盛は，私擬憲法「東洋大日本国国憲按」を起草した。(b)　永久の権利ではなく，法律の留保を伴った。　(c)　統帥権は独立した権限とされた。　(d)　男子普通選挙が実現した。男女普通選挙の実現は第二次世界大戦後のこと。　(ii)　ア　大日本帝国憲法では，天皇は主権者だったが，日本国憲法では日本国および日本国民統合の象徴とされた。　イ　国民主権は，平和主義，基本的人権の尊重と並ぶ，日本国憲法の三大原理の一つ。　ウ　天皇は国政に関する権能を持たず，国事行為には内閣の「助言と承認」が必要。

(iii)　(c)　国会で憲法改正原案が審議されるが，発議には各議院で総議員の3分の2以上の賛成が必要。　(a)　憲法改正の発議とは，憲法改正を国民に提案すること。　(d)　国民投票法では，有効投票の過半数の賛成が要件となっている。　(b)　法律などの公布も天皇の国事行為。(4)　ドイツの政治体制は，内閣が議会の信任に基づいて行政権を行使する議院内閣制である。　(b)　イギリス本国を含め，国王に政治的実権はない。　(c)　フランスは半大統領制の国であり，首相もいる。(d)　いずれの権限も持たない。また，議会も大統領に対する不信任決議権を持たない。　(5)　北海道旧土人保護法は，明治時代にアイヌを日本民族に同化するために制定された法律で，アイヌ差別を前提とした法律である。北海道旧土人保護法は廃止済であり，現在は2019年制定のアイヌ民族支援法により，アイヌは先住民族として認められている。　(6)　国会には委員会中心主義が導入されており，実質的な審議は予算委員会などの委員会で行われている。　(a)　臨時会ではなく，特別会。　(c)　総議員ではなく，出席議員。　(d)　現行犯の場合と，議院の許諾があった場合には，逮捕される。　(7)　裁判員裁判では，「くじ」で選ばれた有権者が裁判員として，裁判官とともに有罪・無罪の判定や量刑を行う。導入されているのは，殺人事件など，重大な刑事裁判の第一審のみである。民事裁判や軽微な事件の刑事裁判には導入されていない。　(8)　有権者による署名の添付を要件に，直接請求が認められている。　(a)　機関委任事務が廃止され，地方公共団体の活動は自治事務と法定受託事務に整理された。　(b)　どの地方公共団体に寄付しても良い。　(c)　用途は指定されていない。

【3】(1)　国家の役割は社会の秩序を維持することと外敵の侵入を防ぐことに限定すべきとする国家観。　(2)　(a)　(3)　持株会社
(4)　家計での総消費支出に占める飲食費の割合。エンゲル係数の割合が低いほど生活水準が高くなる。　(5)　(i)　NISA　(ii)　金融政策決定会合　(6)　(a)　(7)　(d)　(8)　(i)　(g)　(ii)　ワーキングプア　(iii)　Iターンとは大都市出身者が地方に定住すること。
(iv)　(b)

〈解説〉(1)　ラッサールは19世紀ドイツの国家社会主義者であり，「私有財産の番人」として治安維持や国防ばかりに積極的で社会福祉には冷淡な当時の国家を，皮肉の意味合いで夜警国家と呼んだ。対義語には福祉国家や行政国家などがある。　(2)　価格は上昇するほど需要は減り供給は増えるので，需要曲線は右下がり，供給曲線は右上がりとなる。Dは需要曲線，Sは供給曲線である。環境税は間接税であり，財の価格に転嫁されるから，移動するのは供給曲線で，価格が上昇した分だけ上に移動する。　(3)　戦前の財閥の復活につながることから，かつて独占禁止法は持株会社(ホールディング・カンパニー)の設立を禁

止していた。だが，国際競争力の強化の必要性などから，法改正が行われ，現在は設立が解禁されている。　(4)　エンゲル係数の名称は，開発者である統計学者のエンゲルの名にちなむ。生活水準が高くなるほどエンゲル係数が低くなることを，エンゲルの法則という。

(5)　(i)　NISAは，Nippon Individual Savings Accountの略。少額投資非課税制度の通称である。イギリスのISA(個人貯蓄口座)をモデルとして導入された。積立投資を対象とする「つみたてNISA」や，20歳未満の者が利用できる「ジュニアNISA」もある。　(ii)　日本銀行には最高意思決定機関として，総裁(1名)，副総裁(2名)，審議委員(6名)で構成される政策委員会が設置されている。金融政策の基本方針も，この政策委員会による金融政策決定会合において定められている。金融政策決定会合は，年8回開催される。　(6)　法人税は国税であり，納税者と税の負担者が同じなので直接税である。　(b)　住民税は直接税である。間接税とは，消費税のように納税者と税の負担者が異なる税のこと。　(c)・(d)　所得税や酒税はいずれも国税である。　(7)　経済安定9原則とは，戦後占領期にアメリカが示した，わが国の経済復興のための基本原則。予算均衡，徴税強化，資金貸出制限，賃金安定，物価統制，輸出増加，配給制度の能率化，重要国産原料の増産，食糧集荷改善からなる。　(8)　(i)　A　国民皆保険とは，全国民が医療保険に加入すること。雇用保険や介護保険は全国民を加入対象としていない。　B　日本初の救貧法は恤救規則。生活保護法は戦後に制定された。　C　社会福祉は，公的扶助，社会保険，公衆衛生と並び，わが国の社会保障の4本柱の一つとされている。　(ii)　ワーキングプアとは，正規雇用であるか否かに関係なく，フルタイムで働いているにもかかわらず，所得が低くて生活が困窮している人々のことをいう。また，不安定な待遇で働く非正規雇用者を指して，プレカリアートという言葉もある。　(iii)　大都市に居住する地方出身者が地元に戻ることをUターンというのに対し，大都市出身者が地方に移住することをIターンという。また，大都市に居住する地方出身者が地元近くの地方都市に移住することをJターンという。　(iv)　食料・農業・農村基本法は，農業基本法に代わり制定された法律で，新農業基本法とも呼ばれている。かつての農業基本法では機械化を進めることが国の施策とされていた。

【4】(1) リンネ　(2) (i) (d)　(ii) フランクル　(3) 二元論的世界観(二世界論)　(4) 自然にしたがって生きよ　(5) (a)　(6) (i) (b)　(ii) (d)　(7) (i) 人の不幸を見すごせない心　(ii) 小国寡民

〈解説〉(1) ホイジンガは人類をホモ-ルーデンス(遊戯人)，ベルクソンはホモ-ファーベル(工作人)，エリアーデはホモ-レリギオースス(宗教人)，カッシーラーはアニマル-シンボリクム(シンボルを操る動物)と規定した。　(2) (i) シュプランガーは，経済・理論・審美・宗教・権力・社会のどれに価値を置くかで人間の性格を6つに分類した。ビッグファイブは5つの因子の組合せによって性格が決まるとする理論で，ゴールドバーグが提唱した。　(ii) フランクルは自身が第二次世界大戦中にナチスの強制収容所に収容された体験から『夜と霧』を著し，「人間は常に人生から問いかけられている」とし，生きる意味を見出せば強く生きていけることなどを論じた。　(3) プラトンは「洞窟の比喩」を用いて，イデアこそが真の実在であり，感覚で捉えられる現象界はイデア界の不完全な似姿に過ぎないとした。これに対し，アリストテレスは一元論的世界観を唱え，存在するのは個物だけであるとした。　(4) ストア派のゼノンは禁欲主義を唱え，情念に惑わされない不動心(アパティア)を理想とし，「自然に従って生きる」ことを唱えた。これに対しエピクロスは，心の安らぎ(アタラクシア)のために世俗からは「隠れて生きよ」と主張した。　(5) ムハンマドの言行はハディースという。シャリーアはクルアーンやハディースなどに由来するイスラーム法のこと。　(b) アッラーはユダヤ教やキリスト教のヤハウェと同一とされる。　(c) ジハードは六信五行には含まれないが，義務とされている。　(6) (i) A ヴァルナとは，バラモン，クシャトリヤ，ヴァイシャ，シュードラの4つの階層のことである。　B シュードラではなく，ジャーティという。シュードラはヴァルナにおける第4の階層で，隷属民のこと。さらにその下に不可触民がいる。(ii)　A　四法印とは一切皆苦，諸行無常と諸法無我，それに涅槃寂静(煩悩がなくなれば安らぎを得られる)のことをいう。　B　諸法無我に関する記述である。諸行無常とは，すべてのものは絶えず変化しているということ。　C　仏教で説かれる教えだが，これは中道に関する記述。　(7)　(i)　孟子は性善説の立場から，四端の心は生まれながらに備わっているので誰もが有徳な人物になれるとした。そのうちの一つである惻隠の心は，仁の端緒である。また，四端の心には羞悪，辞譲，是非もあるが，羞悪は義，辞譲は礼，是非は智の端緒である。(ii)　老子は，諸子百家の一つである道家の祖。儒家が説く人為的な道徳を否定し，道(タオ)に従って無為自然に生きることを唱えた。小国寡民は老子の理想国家であり，農村共同体程度の国民が少ない小さな国のことである。

【5】(1)　八百万　(2)　(i)　ア　蕃神　イ　凡夫　(ii)　(f)
(3)　(c)　(4)　(i)　惟神の道　(ii)　(d)

〈解説〉(1)　古代日本人は森羅万象の全てに神が宿ると考えていた。生物であるか否かを問わず，すべてのものに霊魂(アニマ)が宿るとする原始信仰の考え方を，アニミズムという。　(2)　(i)　ア　蕃神とは外来の神で，かつわが国で信仰されるようになった神をいう。　イ　凡夫とは煩悩にとらわれたごく普通の人間のこと。聖徳太子は憲法十七条において，「和を以て貴しとなし」とするとともに，「我必ず聖に非ず。彼必ず愚かに非ず。共に是れ凡夫ならくのみ」としている。
(ii)　A　「世間虚仮，唯仏是真」は聖徳太子の言葉。空海は真言宗の開祖で，わが国に密教をもたらした。　B　親鸞は浄土真宗の開祖で，悪人正機を唱えた。　C　曹洞宗の開祖である道元に関する記述。栄西は臨済宗の開祖である。　(3)　中江藤樹は，わが国における陽明学の祖。近江聖人とも呼ばれた。　(a)　中世には，儒教は主に仏僧によって学ばれていた。　(b)　松下村塾は幕末に吉田松陰が開いた塾。

(d) 古義学の祖である伊藤仁斎に関する記述。荻生徂徠は古文辞学の祖。 (4) (i) 本居宣長は儒学などを漢心と呼び，理屈っぽい心として批判する一方，「よくもあしくも，生まれつきたるままの心」である真心を理想とした。また，日本固有の道(古道)である惟神の道に，真心を見出した。 (ii) 『都鄙問答』を著した石田梅岩は，独学で儒学などを学び，商人道徳論である心学(石門心学)を構築した。

(a) 本居宣長の著。源氏物語の本質をもののあはれに見出した。

(b) 安藤昌益の著。 (c) 二宮尊徳の著。報徳仕法による農村復興に取り組んだ。

【6】(1) (f) (2) どのような職業も天職であり，それぞれの職業に努めれば，神の意志にそうことになるとされた。 (3) 市場のイドラ (4) (i) (e) (ii) (a)

〈解説〉(1) ア 人文主義はヒューマニズムの訳。本来の人間性の解放を目指す運動である。 イ 中世は封建社会であり，欧州ではローマ・カトリック教会が絶大な権威を誇った。 ウ 叙事詩『神曲』を著したのはダンテ。ミケランジェロはダビデ像などの作品で知られる芸術家。 (2) ルターは宗教改革の指導者。職業召命説のほか，万人司祭主義や聖書中心主義を説き，聖職者の権威を否定した。また，聖書のドイツ語訳を行い，それまで読める人が限られていた聖書を一般の大衆にも読めるものとした。 (3) イドラとは，偏見や先入見のこと。ベーコンは，市場のイドラのほか，種族のイドラ(目の錯覚など)，洞窟のイドラ(個人の経験の狭さによる思い込み)，劇場のイドラ(権威ある学者の言説を鵜呑みにすること)を挙げた。 (4) (i) ア カントは道徳的な善悪の判断基準を，その動機に求めた。打算的な思惑に基づくならば，他者を幸福にしても，善行とは言えないとした。

イ ベンサムは道徳的な善悪の判断基準を結果に求めた。たとえ動機は不純でも，結果的に人々を幸福にするのならばその行為は善とした。

(ii) ベンサムが唱えた制裁は，いずれも外的なものであり，内的制裁は唱えていない。これに対しベンサムの弟子のミルは，快楽に質的な差異があるとするとし，外的制裁だけでなく良心の呵責である内的制裁も重要であるとした。

中高社会・地理歴史共通

【1】(1)　ア　ウェゲナー　　イ　大陸移動　　ウ　テクトニクス　エ　ゴンドワナ　　(2)　a　　(3)　Q・S　　(4)　Y　　(5)　ウ　(6)　ウ　　(7)　ユーラシア大陸西岸の沿岸部を流れる暖流の北大西洋海流と偏西風の影響を受けるため。　　(8)　土地生産性…単位農地面積あたりの生産量(額)の大きさ　　労働生産性…単位労働時間あたりの生産量(額)の大きさ　　(9)　組み立てが可能であり，移動生活となる遊牧に適している。　　(10)　原油産出量…S　　X…ロシア　(11)　ア　　(12)　インド…ウ　　ブラジル…イ　　(13)　デジタルデバイド　　(14)　ア　インナーシティ　　イ　ジェントリフィケーション　　ウ　ウォーターフロント　　(15)　インドネシア…イ　　フランス…ウ

〈解説〉(1)　ウェゲナーは，アフリカ大陸西岸と南アメリカ大陸東岸の海岸線が酷似していることから，現地で岩石などの調査を行い，「大陸移動説」を唱えた。古生代にパンゲアという超大陸が存在していたが，中生代に分裂を始め，北半球でローラシア，南半球でゴンドワナランドとなり，最終的に現在の大陸になったという考え方である。第二次世界大戦後にプレートテクトニクスという考え方が確立すると，ウェゲナーの考え方も再評価されることとなった。　(2)　aはずれる境界であり，太平洋プレートは北西方向に動いている。　(3)　Q　アイスランドは広がる境界で火山がみられる。　S　スマトラ島付近は狭まる境界で火山がみられる。　(4)　インドのデカン高原には玄武岩の風化土壌である肥沃な土壌のレグールが分布している。　(5)　アは発電量が多い風力発電，イは中国に次いで第2位に日本が入っている太陽光発電，ウは環太平洋造山帯中心の地熱発電。　(6)　I　土石流

ではなく火砕流の説明である。 (7) ユーラシア大陸西岸を流れる暖流の北大西洋海流と偏西風により温かな空気が運ばれるため，ロンドンは亜寒帯ではなく西岸海洋性気候となり，冬でも札幌より気温が高い。 (8) 土地生産性は単位面積当たりの収穫量のことで，モンスーンアジアやヨーロッパで土地生産性が高くなる。労働生産性は単位労働力当たりの収穫量のことで，大規模化の進む新大陸のアメリカ合衆国やカナダ，ヨーロッパ諸国では労働生産性は高い。 (9) ゲルはフェルト(羊毛などを圧縮したもの)で作られており，組み立てが可能であり，移動生活に適している。 (10) Pは中国やインドが上位であることから石炭産出量。Rはオーストラリア，インドネシアが上位であることから石炭の輸出量。QとSは統計が似ているが，アメリカ合衆国や中国が入っているSが原油産出量，中東諸国が多いQが原油の輸出量。ロシアは鉱物，森林，水産など豊富な天然資源を有する国家で，特に石油と天然ガスの生産・輸出に関しては世界トップレベルのエネルギー大国である。 (11) ア シンガポールは多民族国家であり，中国語，英語，マレー語，タミル語を公用語としている。 ウ ケベック州の公用語はフランス語のみである。公式解答ではアのみ正解だがウも誤り。 (12) インターネット利用者率が高いアとエは先進国の日本かアメリカ合衆国のいずれかで，人口からいってエがアメリカ合衆国であり，アが日本。イとウは，利用者数が多く利用者率が低いウをインド，イがブラジル。 (13) 各地域行政では，行政手続のデジタル化を推進していくために，デジタルデバイドの是正に向けて高齢者向けの取組を推進している。 (14) 大都市の都心や都心周辺のインナーシティでは，建物の老朽化など住環境の悪化によって若者や中高所得者層が郊外へ流出する一方で，高齢者や低所得者層，移民などの社会的弱者が取り残され，流入する動きがみられる。近年注目されているのがジェントリフィケーションで，都心の老朽化した住宅や工場などを取り壊し，跡地に高所得者層向けの住宅が建設される現象のことをいう。また，大都市の河川沿いや臨海部の倉庫や港湾施設などがあった地域に，レジャー施設や高層ビルなどが建設されることを，ウォーターフロント開発という。　(15)　アは人口密度が最も高いことから日本，エは第1次産業割合が高いことからエチオピア，オは人口密度が低いことからカナダ。残りのイとウは，人口密度が高く第1次産業割合が高いことからイはインドネシア，第3次産業割合が高いことからウはフランス。

【2】(1)　(ア)　則天武后　　(イ)　ムスタファ=ケマル　　(2)　(a)　サッフォー　　(b)　戦い…アクティウムの海戦　　人物…アントニウス　(3)　(a)　ディオクレティアヌスにより大規模な迫害を受けたが，コンスタンティヌスにより公認され，テオドシウスによりローマの国教とされた。(62字)　　(b)　ア　　(c)　イエズス会以外の活動を禁じた　(d)　洪秀全　　(4)　(a)　ウ　　(b)　国王…フリードリヒ2世　　地域…シュレジエン　　(5)　(a)　ア　　(b)　各国(ヨーロッパ)をフランス革命前の状態に戻そうとする理念。　　(6)　(a)　ウ→エ→ア→イ　(b)　孝文帝　　(7)　(a)　ウ　　(b)　エ　　(c)　両班　　(8)　(a)　ササン朝とビザンツ帝国が戦いを繰り返したために，オアシスの道の交易が途絶え，アラビア半島西部を経由する(アラビア半島を迂回する)交易路が発展した。　　(b)　ウラマー　　(9)　エ　　(10)　ウ　(11)　(a)　(ア)…ドラクロワ　　(イ)…七月革命　　(ウ)…ルイ=フィリップ　　(b)　(エ)…産業資本家への選挙権拡大(中産階級への選挙権拡大)　　(オ)…腐敗選挙区の是正

〈解説〉(1)　(ア)　唐の第3代皇帝である高宗の皇后であった則天武后は，690年に自ら聖神皇帝と称して皇帝に即位した。神都と改称した洛陽を都として，国名を周と称した。　(イ)　ムスタファ=ケマルはオスマン帝国の軍人であったが，1919年に侵入したギリシア軍に対する解放戦争を指揮し，1920年にアンカラでトルコ大国民議会を招集した。1922年にギリシア軍を駆逐した後に，オスマン帝国のスルタン制を廃止してトルコ共和国を建てた。1934年に父なるトルコ人を意味するアタテュルクの称号が授けられた。　(2)　(a)　サッフォーは前612年頃にレスボス島に生まれた女性叙情詩人である。文学を愛好する女性た

ちのグループの中心となり，詩や舞踏などを教授したと伝わる。「アフロディテ頌歌」などを除き，大半の作品は断片が残されている。(b)　アントニウスはカエサルの部下であり，カエサル死後の前43年にレピドゥスとオクタウィアヌスとともに第2回三頭政治を組織した。しかし前36年にレピドゥスが失脚すると，オクタウィアヌスとの権力闘争が激化した。プトレマイオス朝エジプトの女王クレオパトラ7世と結ぶが，前31年にギリシア西岸沖のアクティウムの海戦に敗北して，前30年に自殺した。　(3)　(a)　指定語句であるディオクレティアヌス→コンスタンティヌス→テオドシウスの順で，迫害→公認→国教化を論じれば正答となる。284年に即位したディオクレティアヌス帝は専制君主政(ドミナトゥス)を開始し，皇帝崇拝を強制した。皇帝崇拝に従わないキリスト教徒を敵視して，4世紀初頭の303年から10年にわたる大規模な迫害を実施した。迫害はキリスト教の拡大を抑えられず，306年に即位したコンスタンティヌス帝は，帝国の統一維持の道具としてキリスト教を利用することなどを意図して，313年のミラノ勅令でキリスト教を公認した。325年にはニケーア公会議を開き，アタナシウスの説を正統教義として確立させた。ユリアヌス帝による宗教寛容令がキリスト教優遇策を一時的に廃したが，379年に即位したテオドシウス帝は380年にキリスト教を国教とした。さらに392年にはキリスト教を除く全ての信仰を禁じた。　(b)　ア　アウグスティヌスではなくベネディクトゥスである。アウグスティヌスは，354年に北アフリカのタガステに生まれた「教会博士」の教父である。善悪二元論に立つマニ教に傾倒したが，のちに精神的懐疑に陥りキリスト教へ回心した。改宗へと至る自身の半生を赤裸々に告白した『告白録』や歴史哲学書『神の国(神国論)』などを残した。　(c)　イエズス会は，中国での布教に際して孔子崇拝や祖先の祭祀などの「典礼」を容認していた。布教に乗り遅れたドミニコ会やフランチェスコ会は，イエズス会の布教方法を教皇庁に告訴した結果，1704年に教皇クレメンス11世によってイエズス会の布教方法は禁止された。このため康熙帝は，1706年にイエズス会以外の宣教師を国外に追放した。さらにその子である雍正帝は1724年にキリスト教の布教を全面的に禁止した。　(d)　広東省の出身で科挙に失敗した後，キリスト教の影響を受けて，宗教結社である上帝会(拝上帝会)を広西省で組織した。1851年に太平天国の乱を起こし，1853年に南京を占領すると天京と改称して都とした。太平天国は，纏足や辮髪の廃止，天朝田畝制度を打ち出して下層民の支持を集めたが，権力争いで勢力を弱めた。1864年に洪秀全は，陥落寸前の天京で病没した。　(4)　(a)　ウ　権利の宣言である。権利の請願は1628年にイギリス議会がチャールズ1世に抵抗して出した文書である。議会を通さない課税や不当逮捕などの停止を要求した。チャールズ1世は受諾したが，翌1629年に議会を解散して専制政治を行った。

(b)　フリードリヒ2世は1740年に即位したプロイセン国王であり，啓蒙専制君主の一人である。オーストリアとオーストリア継承戦争および七年戦争で二度にわたって交戦した。シュレジエンはオーデル川中・上流域で，石炭や鉄鉱石を産する地域である。鉱工業や商業が発展した地域として重要視されていた。オーストリア継承戦争の講和条約であるアーヘン条約でプロイセンが獲得し，七年戦争の講和条約であるフベルトゥスブルク条約でプロイセンによる領有が確定した。

(5)　(a)　イ　モンロー大統領は1823年にモンロー教書を発表して，ヨーロッパ諸国によるアメリカ大陸への干渉に牽制し，アメリカ合衆国によるヨーロッパへの不干渉を宣言した。　ウ　チリは1818年にスペインから独立を宣言した。ラテンアメリカでポルトガルから独立した国は1822年のブラジルである。　エ　1804年にハイチはフランスから独立を達成した。キューバは1902年にスペインから独立するが，1901年のプラット条項によって事実上，アメリカ合衆国の保護国とされた。プラット条項が撤廃されてキューバが完全独立するのは1934年。

(b)　正統主義はフランス革命前の王朝と体制を正統とする理念である。フランス外相タレーランが唱えて，ブルボン朝の復古王政に貢献するとともに，フランスの戦争責任回避の道具ともなった。

(6)　(a)　ア　552年に建国した。　イ　916年に遼を建国した。　ウ　前3世紀末に台頭した。　エ　402年に自立した。　(b)　孝文帝は北魏の第6代皇帝であり，485年に均田制を実施した。翌486年に三長制を実施して村落制度を整える一方で，漢化政策を実施して494年に平城から洛陽へ遷都した。また3度の職品令を発布して九品中正を導入した。 (7) (a) ア 李斯である。商鞅は前4世紀に秦の孝公のもとで変法と呼ばれる国政改革に従事した法家。 イ 董仲舒である。孔穎達は唐の太宗のもとで『五経正義』の編纂に従事した儒学者。
エ モンゴル人王朝の元である。清では漢族の伝統が尊重されて儒学にもとづく官僚任用制度である科挙が維持された。 (b) ア 募兵制の開始は唐代の722年(749年に全面的開始)である。 イ 司馬光である。司馬炎は265年に晋(西晋)を建てた武帝である。 ウ 賦役黄冊の作成は明代の1381年に導入された里甲制にもとづく。 (c) 高麗で958年に科挙が導入され，朝鮮王朝においても科挙は実施されたが，一部の血統によって合格者が独占されて両班と呼ばれる特権的な世襲支配階層が形成された。両班は大義名分論や華夷の区別を基軸とする朱子学の影響を強く受け，異民族王朝である清に1636年に朝鮮王朝が服属すると，中華文明の真の継承者は自分たちであるという「小中華意識」を強めた。 (8) (a) 6世紀後半にメッカ(マッカ)が位置するアラビア半島西部が「商業」において興隆した事情は，指定語句のビザンツ帝国が西アジアの隣国であるササン朝と抗争を繰り広げたことで，両国の国境地域となったメソポタミアで指定語句の交易路であった「オアシスの道」を使用した東西交易が中断されたことを説明する。結果としてアラビア半島西部の紅海沿岸地域を利用した交易路へと変更が生じ，メッカやメディナがこの交易の中心地として浮上することになった。 (b) ウラマーはイスラーム諸学(特に法学)を修めた知識人のことである。アラビア語で学問を意味するイルムから派生した。ウラマーは，カーディー(法官)，イマームやマドラサ(学院)の教授などを務めてイスラーム社会で活躍した。 (9) ア イギリスでの女性参政権の導入は1918年。 イ アメリカでの女性参政権の導入は1920年。
ウ ドイツでの女性参政権の導入は1919年。 エ ニュージーランドでの女性参政権の導入は1893年。 (10) ウ アラビア文字ではなくラテン文字である。　(11)　(a)　(ア)　ドラクロワは1798年生まれのフランスロマン主義の画家である。ギリシア独立戦争中の1822年に生じた事件を題材とした「キオス島の虐殺」や，資料Aの「民衆を導く自由の女神」などが代表作である。　(イ)　1830年にシャルル10世が，反国王派が勝利した選挙結果から未招集の議会を解散させ，七月王令で出版の自由の制限や選挙制度改悪などを命じると，共和主義者を中心に七月革命が勃発した。シャルル10世は亡命してブルボン復古王政は崩壊した。　(ウ)　ルイ=フィリップはブルボン家の分家であるオルレアン家の出身で，1830年の七月革命で王位に就いた。産業革命の進行によって下層資本家や労働者の間に政治参加への要求が高まり，1848年2月に選挙法改正を要求する改革宴会が計画された。しかしこれを禁じて民衆蜂起が生じて二月革命に至ると，ルイ=フィリップは亡命に追い込まれた。　(b)　(エ)「産業資本家の利益保護を図る」という一文が直前にあるので，産業資本家に選挙権がわたったと推測できる。1832年の第1回選挙法改正で選挙区の議席割当の見直しが図られて，新興都市や人口が多い州へと議席が振り分けられたことで，都市部に拠点を有する産業資本家(中産階級)に政治参加の機会が巡ってきた。　(オ)　第2次囲い込みで土地を失った農民が都市部に大量に流入し，産業革命による機械制工場の発達とともに，資料Bが示す様に都市部での人口の急増が生じた。他方で，人口の移動による選挙区割りの見直しが行われなかったために，議員定数と選挙民数との間に著しい不均衡が生じ，腐敗選挙区(懐中選挙区)が問題視されるようになり，1832年の第1回選挙法改正で腐敗選挙区は廃止された。ただし年収40シリング以上の自由土地保有者という制限選挙権自体には変更は行われなかった。

地　理・歴　史

【共通問題】

【1】(1)　(a)　『漢書』地理志　(b)　イ　(2)　エ　(3)　各地の豪族が連合して政権を作る形から大王を中心とした近畿地方の勢力に各地の豪族が服従するようになったから。　(4)　・国分寺建立　・大仏造立　(5)　イ　(6)　ア　(7)　割符　(8)　戦国大名の家臣である国人や地侍の収入を銭で換算し，その地位や収入を保障する代わりに貫高に見合った一定の軍役を負担させること。　(9)　ア　(10)　ア　(11)　イ　(12)　異国船打払令　(13)　イ　(14)　株仲間を解散させたことで，江戸への商品輸送量を乏しくすることになったため。　(15)　ア　富岡製糸場　イ　クラーク　ウ　学制　エ　ロエスレル　(16)　ソ連との関係改善につとめ，日ソ基本条約を締結してソ連との国交を樹立した。　(17)　直接税中心主義や累進所得税制が採用された。

〈解説〉(1)　(a)　『漢書』は中国の前漢の正史で，後漢の班固の著である。1世紀ころの日本が小国に分立していた状態を記しており，これは日本に関する最古の史料となる。　(b)　1世紀の倭は，国内に小国が多くある状態であり，倭国内において自国の地位を高める目的をもって中国へ朝貢したと考えられている。　(2)　卑弥呼の死後男王が立ったが内乱となり，13歳の壱与が女王となってようやくおさまったと言われている。　(3)　3世紀中頃から後半にかけて，近畿や西日本各地に大規模な古墳が出現した。巨大な古墳はとくに奈良盆地に多くつくられたことから，この時期に大和の首長たちを中心とする広範囲の政治連合であるヤマト政権が成立したと考えられている。5世紀後半から6世紀にかけて，大王を中心としたヤマト政権は勢力を拡大して地方豪族たちを服属させ，関東地方から九州中部におよぶ地方豪族をふくみ込んだ支配体制を形成していた。　(4)　仏教を厚く信仰していた聖武天皇は，鎮護国家思想のもと，仏教の力で混乱する世の中を平和にしたいと願っていたため，全国に国分寺・国分尼寺の建設を命じる国分寺建立の詔を741年に出した。さらに，743年紫香楽宮で大仏造立の詔を発し，大仏造立が始まった。　(5)　Ⅰ　884年。　Ⅱ　858年。Ⅲ　901年。　Ⅳ　1017年。　(6)　ア　鎌倉時代には宋銭が貨幣として利用された。室町時代，中国が明の時代になると，勘合貿易によって永楽通宝を中心とする明銭が日本に入ってきた。この明銭は江戸時代初期まで流通していた。　(7)　割符は中世，遠隔地に金銭を送付するために用いられた為替手形のこと。　(8)　貫高は室町・戦国時代の土地面積の表示法である軍役量の基準数値でもあった。太閤検地により消滅し石高制に統一された。　(9)　桃山文化とは，織田信長・豊臣秀吉時代の文化のことである。国内の統一，海外雄飛の風潮の反映として現実的・豪壮華麗・自由清新な点を特色とする。壮大な城郭建築として安土城・大坂城・伏見城・二条城などがあり，邸宅に聚楽第がある。絵画・工芸では書院造の装飾を中心に障壁画が発展し，狩野永徳・狩野山楽・海北友松・長谷川等伯らが出た。芸能では茶道・能楽・三味線・浄瑠璃・阿国歌舞伎が発達し，南蛮文化として，鉄砲の普及とキリシタンの伝道や生活文化への影響がある。

(10)　Ⅰ　1616年。　Ⅱ　1639年。　Ⅲ　1633年。　Ⅳ　1641年。

(11)　ア　シャクシャインの戦い以来，アイヌ民族に対する松前藩の支配が一段と強化され，元禄・享保期に場所請負制が成立していった。ウ　慶賀使は，江戸幕府の将軍の代替わりごとに琉球が派遣した祝いの使節のことである。　エ　コシャマインの戦いは，1457年，北海道渡島半島で，首長コシャマインに率いられたアイヌ諸部族が和人の圧迫に対して起こした戦いのことである。　(12)　異国船打払令は江戸幕府が1825年に出した外国船追放令のことである。ロシア・イギリス船の来航の増加に対し，理由に関係なく外国船を打ち払えと命じた。

(13)　b　貿易の開始で，金銀比価の違いにより金貨が大量に流出したことにより，幕府はその対策として質の劣る万延小判に改鋳した。

(14)　水野忠邦は，物価騰貴の原因は，十組問屋などの株仲間が上方市場からの商品の流通を独占しているためと判断し，株仲間解散令を出した。しかし，物価騰貴の原因は株仲間ではなく，流通機構の変化により生産地から上方市場への商品輸送量が減少したことにあったため，解散後，大坂・江戸に入る商品は極端に少なくなり，より一層の物価上昇を招いた。　(15)　ア　富岡製糸場は，明治政府が群馬県富岡市に設置した日本初の官営器械製糸工場である。日本の近代化政策の一環として，輸出用の良質な生糸を大量生産するために作られた。イ　クラークは1876年，北海道開拓使長官黒田清隆に，将来の北海道開拓の指導者を養成するため，札幌農学校(現北海道大学)の初代教頭として招かれた。　ウ　学制は1872年に発布された近代的学校制度に関する規定である。フランスの学区制にならい全国を8大学区に分け，1大学区に32中学区，1中学区に210小学区を設けた。　エ　ロエスレルは，ドイツの法学者・経済学者である。1878年，外務省に招かれて来日し内閣顧問となった。明治憲法の制定のほか民法・商法の制定にも貢献した。　(16)　幣原外交とは1924～27年，1929～31年の期間，外相幣原喜重郎によって推進された外交政策で，イギリス・アメリカとの協調を基本とした国際協調路線である。公開解答では「ソ連との関係改善につとめ」とあるが，必ずしもソ連とのみ融和を図ったわけではなく，中国とも共存共栄を図るなど融和的な路線を推し進めた。
(17)　下線部⑰は見当たらないが，最後の花子の発言を指していると思われる。シャウプ勧告は，アメリカのシャウプ税制使節団が連合国最高司令官マッカーサーに提出した日本の税制改革に関する勧告である。直接税中心主義の徹底，地方税を独立税とするなどを主な内容とした。

【選択問題】

【1】(1)　②　　(2)　(a)　最寒月平均気温が18度以上あり，かつ最少雨月降水量が60mm以上あることから熱帯雨林気候と判断できる。
(b)　D地域には，年中インド洋から湿った南東貿易風が吹きつけ，島を南北にはしる山脈の風上にあたるため。　(3)　サヘルでは，人口が急増して生活に必要な燃料となる薪の需要が増加し，わずかに生育する樹木の過伐採が進んだ。また増えた人口分の食料を補うため，土

地を休ませずに何度も同じ作物を栽培するなど，過耕作も進んだ。さらに飼養家畜頭数の増加によりえさとなる牧草が減少して過放牧の状態となったため。　(4)　ワジ(枯れ川)　(5)　スワヒリ語

(6)　A　イ　C　エ　E　カ　(7)　ア，ウ　(8)　茶

(9)　モノカルチャー経済　(10)　エ　(11)　b　(12)　グレートディバイディング山脈　地体構造が同じ山脈…ア　(13)　レアメタル名…ニッケル　国名…フランス　(14)　フィヨルド

(15)　エ

(16)

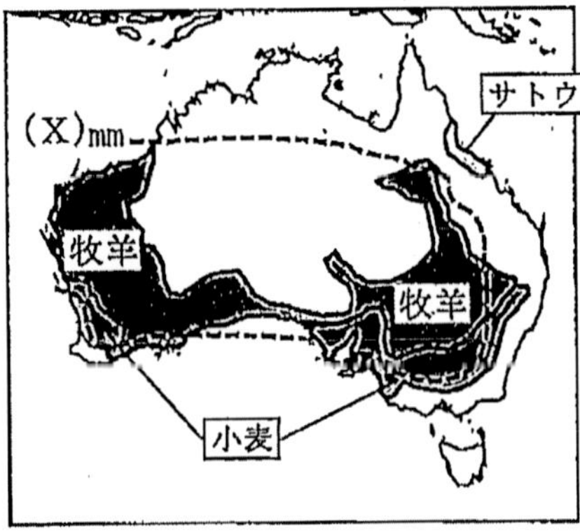

年降水量(　X　)mmの記号…イ　(17)　オーストラリア…エ　ブラジル…ウ

〈解説〉(1)　Aはニジェール川，Bはコンゴ川，Cはナイル川。

(2)　(a)　熱帯雨林気候の条件は最寒月平均気温が18度以上かつ最少雨月降水量が60mm以上である。　(b)　マダガスカル島では，南東貿易風の影響を受け，島の東部では年中高温多雨の熱帯雨林気候が広がっている。　(3)　サヘル地域の砂漠化防止を主目的として，1977年，ケニアのナイロビで国連砂漠化防止会議(UNCOD)が開催された。各国は「砂漠化防止行動計画」に基づき防止対策を立てたが，現実には砂漠化の進行は食い止められてはいない。　(4)　アラビア語で川，河谷，河床を意味する語。正しくはワーディーと呼ぶ。北アフリカにワジが多数存在することは，地図帳からも確認することができる。

(5) スワヒリ語はムスリム商人の活動によってアフリカ東海岸の現地語とアラビア語が融合して生まれた言語である。アフリカ大陸東岸の共通語であり，ケニアやタンザニアで使用されている。 (6) A エジプトは農業国でイ。 B 原油・天然ガスの割合が高いことからアルジェリアでア。 C 木材の割合が高いことからカメルーンでエ。D カカオ豆の割合が高いことからコートジボワールでウ。 E ダイヤモンドの割合が高いことからボツワナでカ。 F 銅の割合が高いことからザンビアでオ。 (7) 1914年当時，アのアルジェリア，ウのコートジボワールは旧フランス領。イのエジプト，オのザンビア，カのボツワナは旧イギリス領。エのカメルーンは旧ドイツ領である。(8) 茶は高温多雨な気候を好み，収穫には多量の労働力を必要とする作物である。茶の栽培地として適地なケニアではプランテーション農業として茶栽培が盛んとなった。現在でもケニアの主要輸出品目となっている。 (9) 近年は作物の多角化や工業化を推し進め，モノカルチャー経済からの脱却が各国で図られている。 (10) エ オーストロネシアではなく，メラネシアという。 (11) 東経140度を通り，オーストラリア本土を通る。オーストラリア中央部を南回帰線(23.4度)が通ることを考えると，bと導き出すことができる。 (12) Xのグレートディバイディング山脈は，アのウラル山脈と同様に古期造山帯である。イ～エの山脈はいずれも新期造山帯である。 (13) Yのニューカレドニア島(フランス領)では，ニッケルの産出が盛んである。

(14) ニュージーランド南島ではフィヨルドがみられる。 (15) Pの地域は熱帯に属し，ボーキサイトの産出が盛んである。表中のアは鉄鉱石，イは銅，ウは金，エはボーキサイトである。 (16) 小麦はXの年降水量500mm前後のマレーダーリング盆地などで栽培され，サトウキビは熱帯の北東部の沿岸地域で栽培される。 (17) ア 首都キンシャサに人口が一極集中していることからコンゴ民主共和国。

イ 首都ベルリンに人口が集中せず，都市間の人口数に大きな差のないドイツ。 ウ 政治都市の首都ブラジリアがサンパウロ，リオデジャネイロに次いで第3位であることからブラジル。 エ 首都キャンベラが上位に入っていないことからオーストラリア。

【2】(1)　ア　地頭　　イ　半済　　ウ　検地帳　　(2)　人口増加により口分田が不足すること。　(3)　諸国に守護を，荘園や公領には地頭を任命する権利を獲得し，支配権が東国だけでなく，西国までおよんだこと。　(4)　ア　大犯三カ条　　イ　使節遵行　　ウ　地縁　(5)　ア　末期養子　　イ　服忌令　　ウ　雄藩　　(6)　武家諸法度　(7)　ウ　　(8)　オ　　(9)　ア　軍事　　イ　日清　　ウ　高橋是清　エ　管理通貨　　(10)　西郷隆盛　　(11)　エ　　(12)　(a)　座繰製糸が普及し，ついで器械製糸の工場も生まれた。　(b)　豊田佐吉　(13)　浜口雄幸　　(14)　ウ　　(15)　【1940年代】(ドッジの要求に従い，1ドル360円の単一為替レートが設定される)　【1970年代】ニクソン(ショックにより円高が加速)　【1970年代】スミソニアン(体制により1ドル308円になる)　【1970年代】(ドル不安により)変動為替相場制になる　【1980年代】プラザ(合意によって円高が加速する)

〈解説〉(1)　ア　地頭は鎌倉幕府の職名である。1185年源頼朝が勅許を得て制度化した。全国の荘園・公領に置かれ，土地の管理，租税の徴収，検断などの権限を持った。　イ　半済とは，南北朝から室町初期，幕府が軍費を調達するために特定の寺社本所領，国衙領などの年貢の半分を一年にかぎって武士に与えた制度のことである。　ウ　検地帳とは，近世，検地の結果を村ごとにまとめて記した土地台帳のことである。　(2)　人口の増加や租税を逃れるための逃亡などによる，口分田荒廃や不足は租税収入に深刻な問題をおよぼした。そこで朝廷は，723年に三世一身法を定めたが効果はなく，743年になって，さらに開墾を奨励するために墾田永年私財法を定めて，新しく開墾した土地を制限付きながら永久に所有することを認めた。これにより公地公民制は崩れ，のちの荘園制へとつながっていった。　(3)　従来は1192年に鎌倉幕府が成立したと一般的にいわれていた。朝廷が征夷大将軍に任命して正式に武家政権を認めた時期が成立年と考えていたからである。しかし，近年は守護・地頭の設置権限を手に入れたことによる武家政権の成立を重視し，1185年に鎌倉幕府が成立したとする言説が増えてきている。 (4) ア 大犯三箇条とは，鎌倉幕府初期に守護に認められていた権限。謀反人・殺害人の逮捕，京都大番役の催促を指す。イ 使節遵行とは，南北朝・室町時代に幕府の命をうけた守護や守護代が守護使や遵行使を現地に派遣し，幕命を執行することである。ウ 鎌倉時代の武士は惣領が一族庶子を率いて将軍と主従関係を結ぶという血縁的結合を基礎としていたが，分割相続の繰り返しにより所領の細分化を招いた。そのため，鎌倉末期以降，嫡子単独相続への移行が進み，血縁的結合は解体した。そして，地縁を重視する傾向を強めた武士たちは各国の守護と主従関係を結ぶようになった。

(5) ア 末期養子は，江戸幕府法上，武士が急病危篤の際に急速に願い出る養子である。初めこのような急迫の時期に養子を願い出ることを幕府は許さなかった。しかし，1651年の由比正雪事件後，幕府はこの禁令を緩め，17歳以上50歳以下の者に限り末期養子をすることを認めた。 イ 服忌令は，1684年に定められた江戸幕府の法令である。父母以下親族の死亡の際の喪に服す期間を定めたものである。

ウ 雄藩とは，幕末，政局に大きな発言権をもった藩のことである。薩摩・長州・肥前・土佐・宇和島などの西南地方の外様藩や，水戸・越前などの親藩をさす。 (6) 武家諸法度は，江戸幕府が大名統制のために制定した基本法のことである。 (7) グラヴァーは，幕末から明治初期にかけて日本で活躍したイギリスの商人である。1859年に上海から長崎に渡来し，大浦にグラヴァー商会を設立して海産物の輸出を始めた。薩摩藩，長州藩との関係が特に深く，武器や船舶などを販売して会社を発展させた。 (8) Ⅰ 安政の改革の開始は1854年。Ⅱ 将軍継嗣問題は，幕末，13代将軍徳川家定の継嗣をめぐる政争である。1857年から継嗣問題が公然化した。紀伊藩主徳川慶福を推す井伊直弼らの紀州派(南紀派)と，一橋慶喜を推す松平慶永・島津斉彬らの一橋派(雄藩連合派)とが争った。 Ⅲ 文久の改革は1862年のことである。 (9) ア 軍事費は緊縮財政の対象とならず，逆に拡大され軍事力は強化されていった。 イ 日本は日清戦争で莫大な賠償金を得ることができた。　ウ　高橋是清蔵相のもとで，日本がいちはやく世界恐慌から復興することができた。　エ　金準備に拘束されないで発行量が財務省や中央銀行などの通貨当局の自由裁量にまかされている通貨制度のことである。　(10)　西南戦争は1877年に起こった西郷隆盛を中心とする鹿児島県士族の反政府暴動で，明治初年の士族反乱の最大で最後のものである。　(11)　国立銀行条例が制定されたのは1872年，松方財政が始まるのは1881年のことである。　(12)　a　座繰製糸とは，座とよばれる木製歯車で糸の巻取り速度を高めた生糸製糸法である。西洋の技術を用い，多数の糸枠を取り付けた長い軸を回転させることにより女工を糸枠の回転作業から解放し繰糸に専念させるのが器械製糸である。　b　豊田佐吉は，明治～昭和初年の発明家・実業家である。1897年，わが国最初の木製動力織機を発明，1926年，自動織機を完成した。その間，国内外で多くの特許をとり，愛知県に豊田紡織会社を創設した。　(13)　浜口雄幸は，大正・昭和期の政治家である。1927年，立憲民政党総裁に就任し，1929年に組閣した。「ライオン宰相」の異名をもち人気があった。1930年，東京駅で右翼に狙撃され重傷を負い，翌年死去した。　(14)　a　犬養毅首相が殺されたのは，1932年の五・一五事件である。　(15)　1949年にドッジ・ラインで1ドル＝360円の固定相場制となった。アメリカの経済状況が悪化するなか，1971年，アメリカはドルと金の交換停止を発表した。ニクソン＝ショックである。一時変動相場になるも，スミソニアン協定が結ばれ，日本の円は1ドル＝308円の固定相場となった。しかし，このスミソニアン体制は長続きせず，1973年，日本を含む先進各国は相次いで変動相場制に切り替ることになった。1985年にはドル高を是正するためプラザ合意が結ばれ，これにより協調して円高・ドル安が進行していった。

【3】(1)　アメンホテプ4世は(多神教を廃止し)，アトンの一神教を強制した。　(2)　(a)　ウ　(b)　高句麗遠征(の失敗)　(c)　セオドア＝ローズヴェルト　(3)　扶南　(4)　(a)　ウ　(b)　土地の取

得が有償であったことと，土地が農民個人ではなくミールに引き渡されたこと。 (c) スーフィズム (5) (a) ア (b) 占城稲 (6) (a) 奴隷を主な労働力とするラティフンディアから，小作人(コロヌス)を主な労働力とするコロナートゥスに変化した。 (b) マデロ (c) 人民公社 (7) ウ (8) イ (9) 名称…地丁銀制 内容…人頭税を土地税に組み込んで，すべて土地税として徴収した。(人頭税を廃止し，土地税に一本化した。) (10) (a) カーリミー商人 (b) タバコ (c) ① なぜ，この期間はアメリカから原綿の輸入が急減しているのだろうか。 ② 南北戦争が始まったためにアメリカからの輸入が途絶え，それを補うためにインドやエジプトからの輸入が増加した。 (11) 第一次囲い込みは羊毛の増産を目的とし，第二次囲い込みは食糧の増産を目的とした。 (12) 世界恐慌時に各国がブロック経済化したことが，第二次世界大戦につながったとの反省から，自由貿易体制を原則とするためにGATTが成立した。

〈解説〉(1) 都テーベの守護神であるアモンが，新王国時代になると国家神ラーと結合して，アモン＝ラーを奉じる神官団の権威・権勢が増大した。新王国第18王朝のファラオであるアメンホテプ4世(イクナートン)は，アモン＝ラーを奉じるテーベの神官団の政治介入を抑えるために，太陽神アトンの信仰を強制し，テーベ北方のテル＝エル＝アマルナに遷都した。 (2) (a) ウ パルテノン神殿は古代ギリシアの建築である。ドーリア式で建てられたアテネにある神殿であり，ペルシア戦争中に損害を受けた。ペリクレスはデロス同盟の資金を流用してパルテノン神殿の修復を行った。 (b) 隋の第2代皇帝である煬帝は，チャンパー(林邑)や吐谷渾に対する遠征を行ったが，612～614年にかけて3度にわたって実施した高句麗遠征に失敗した。大運河の建設費用と並んで失敗に終わった遠征の軍事費などを負担した民衆の間に不満が高まり，反乱が生じると，618年に江都(揚州)で殺害された。

(c) 1890年にフロンティアが消滅すると，アメリカ合衆国は対外的膨張主義に転じ，特に裏庭にあたるカリブ海での覇権確立を目指すカリブ海政策を推進した。軍事力を背景としたセオドア＝ローズヴェルト大統領の干渉政策は棍棒外交と呼ばれ，1902年にキューバを保護国化した。1903年にはコロンビアから独立させたパナマとの間に運河条約を締結して，運河の工事権と運河地帯の恒久的管理権を獲得した。

(3)　扶南は1世紀頃にメコン川下流域にクメール人またはマレー人が建てた。オケオは外港として発展し，インドの神像やローマの金貨などが発掘されている。中国とも交易を行い，357年には東晋に象を献上した。7世紀に真臘によって滅ぼされた。　(4)　(a)　ア　張角である。寇謙之は北魏の太武帝に信任されて道教を国教とする一方で，新天師道を開いた。　イ　黄巣である。安禄山はソグド系突厥人の節度使であり，部下の史思明とともに755年に安史の乱を起こした。

エ　李自成である。李自珍は『本草綱目』の著者である。　(b)　アレクサンドル2世は1861年に農奴解放令を発布して上からの近代化を開始した。専制政治と農奴制に基づいたロシアで，農奴に人格的自由を認めて社会改革を実施した。しかし土地は有償による買戻しが条件であり，土地自体はミールと呼ばれた地縁共同体に引き渡された。そのため農民は，買戻し金をミールに払う義務に拘束され，解放は限定的な効果しか生まなかった。　(c)　思想よりも実践としての修行を通して神との交流を図った。また神と交流できるとされた聖者は，神への代願者と見なされ，死後にその墓所に人々が参詣する聖者崇拝を生み出した。このためスーフィズムは，大衆の理解や願望に沿うものとして広く受容された。またムスリム商人が世界各地に居留地を築くと，彼ら自身もスーフィー教団員としてスーフィズムを世界各地に伝え，イスラーム世界の拡大に貢献した。　(5)　(a)　ビザンツ帝国は636年のヤルムークの戦いで敗北を喫してシリアの支配をイスラーム勢力に渡した。さらに641年にエジプトもイスラーム勢力に奪われた。イのウマイヤ朝は661年，ウのアッバース朝は750年，エのセルジューク朝は1038年の成立であり，すべて641年より後である。　(b)　占城稲である。占城はベトナム中部の国家であるチャンパーの中国側の名称であり，北宋時代にここから早稲種が取り寄せられて二期作が長江下流域に広まった。囲田や圩田と呼ばれる干拓も行われて，「蘇湖(江浙)熟すれば天下足る」という穀倉地帯になった。 (6) (a) ローマによる征服活動の過程で，元老院議員や騎士(エクイテス)などは公有地を私有化して，奴隷などにオリーブやぶどうなどの果樹栽培を行わせるラティフンディアを形成していた。しかし帝政後期にローマの対外的膨張が停止して奴隷供給が行われなくなると，小作人であるコロヌスを利用して穀物栽培などを行わせるコロナートゥスへと移行した。主要な生産作物の転換も覚えておきたい。 (b) マデロは自由主義者で，長期独裁政権を維持したディアスによる1910年の大統領選挙後に武装蜂起を呼びかけてメキシコ革命を指導した。1911年にディアスがフランスに亡命すると，大統領に就任した。農地改革に否定的であったため，農民運動指導者であったサパタやビリャの離反を招き，1913年にウェルタ将軍のクーデタによって暗殺された。 (c) 1958年の第2次五ヵ年計画は，農工業生産の発展を人海戦術によって達成しようと図った。また人民公社が組織され農業集団化が実施された。しかし疲弊や，農業集団化で土地を失い労働意欲が減退したことなどにより運動は失敗した。人民公社は1982年，憲法によって廃止が決定されて1985年に消滅した。 (7) ウ 毛織物工業である。綿織物の原料である綿花の栽培は南アジアが中心であり，特にインドの綿布はヨーロッパに古代から継続的に輸入された。フランドル地方はイギリスで生産された羊毛を加工する毛織物工業の先進地域となり，フランドル地方の支配は1339年から始まる百年戦争での英仏対立の背景の一つとなった。
(8) ア 1402年のアンカラ(アンゴラ)の戦いでティムールに敗れたバヤジット1世が捕虜となることで，一時的にオスマン帝国は滅亡した。ウ マムルーク朝である。セルジューク朝は1194年に滅亡しており，1517年のマムルーク朝の滅亡より前である。 エ 第1次ウィーン包囲である。スレイマン1世は1529年に第1次ウィーン包囲，メフメト4世は1683年に第2次ウィーン包囲を行い，両者ともに失敗した。
(9) 土地税(地税)に人頭税(丁税)を組み込んで一本化して銀納させる税制である。清代の1711年の康熙帝在位50周年に際し，これ以降に増大した人口の人頭税を免除した。これにより固定された人頭税が土地税に組み込まれた。 (10) (a) カーリミー商人はアデンやアレクサンドリアを拠点として，胡椒，香辛料，陶磁器や砂糖など，インドや東南アジアなどの物産を取り扱い，アイユーブ朝やマムルーク朝の保護下でヴェネツィア商人などと交易した。廻船または琥珀を意味するカリームに由来するといわれている。 (b) 1890年3月にイギリス人タルボットが設立したレジー社にイラン国内で生産されたタバコ全てを買い取る権利をカージャール朝が認めると，1891年4月にシーラーズで始まった抗議活動は全土に波及してタバコ＝ボイコット運動が生じた。王宮に対するデモも生じ，1892年1月にタバコ利権の撤回へとカージャール朝は追い込まれた。 (c) ① 原綿はAの時期より前にはアメリカ合衆国から大量に輸入されていたが，Aの時期に急に途絶していることが資料2のグラフから分かる。学習課題は，なぜこの急減が生じたのかということに焦点を当てたものとなるのが妥当である。 ② Aの時期は1860年から1864年であり，この時期のアメリカ合衆国の事情を考慮すれば①の学習課題への答えの大半となる。1860年末の大統領選で共和党のリンカンが大統領に選出されると，南部7州がアメリカ合衆国から離脱して，1862年にジェファソン＝デヴィスを大統領にアメリカ連合国を建てた。これにより1861年から1865年にかけてアメリカ合衆国最大の内戦である南北戦争が生じたことで，アメリカ合衆国からの原綿輸出が途絶した。途絶したアメリカ産原綿の代替として，資料2のエジプトおよびインドから原綿が輸入された。そのため，エジプトおよびインドからの原綿輸入量がAの時期に増加へと転じていることが読み取れる。 (11) 第一次囲い込みは15世紀末から17世紀にかけて生じた，牧羊地確保のための土地の囲い込みである。またこの囲い込みは非合法に実施された。第二次囲い込みは18世紀以降に生じたもので，穀物増産のための土地の囲い込みである。この囲い込みは議会承認の下で合法的に行われた。 (12) 資料3にはブロック経済圏が示されている。ブロック経済は世界恐慌後に各国が自国経済圏の維持・防衛を図るために，主として自国の植民地などを高関税障壁で囲い込んだものである。この結果，「持たざる国」であるドイツや日本による対外侵略と，そのエスカレートによる第二次世界大戦が引き起こされた。この反省に基づいて自由貿易を国際秩序の根幹に据えることを目的に，1947年に23カ国による調印で「関税と貿易に関する一般協定(GATT)」が締結された。1948年1月に発効し，1955年には日本も加盟した。1995年には権限が強化された世界貿易機関(WTO)へと発展的に解消された。

公民科

【共通問題】

【1】(1) (i) (c) (ii) (b) (2) (d) (3) (i) (b) (ii) (d) (4) (i) (a) (ii) ア 象徴 イ 主権 ウ 内閣 (iii) (c)→(a)→(d)→(b) (5) (i) 議院内閣制では議会の信任に基づき内閣が生まれ，内閣が議会に対して連帯して責任をもつため，立法府と行政府が互いに独立して抑制・均衡し合う大統領制と比べて，立法府と行政府は密接な関係にある。 (ii) (a) (iii) 権力集中体制 (6) (b) (7) (i) (d) (ii) (c) (iii) (a) (8) (b) (9) (a) (10) (i) 重大な犯罪についての刑事裁判の第一審。 (ii) (a) (11) (d) (12) (b)

〈解説〉(1) (i) ホッブズは，自然状態での「万人の万人に対する闘争」から抜け出すため，人間は社会契約を結ぶとした。 (a) 市民革命は17～19世紀の出来事。 (b) ロックに関する記述。 (d) ロックは間接民主制，ルソーは直接民主制を主張した。 (ii) ファシズムはデマゴーグである政治指導者に対する大衆の熱狂的支持によって生み出される。 (a) チャーチスト運動はイギリスで発生した運動。 (c) ポピュリズムは無責任に大衆に迎合する政治手法のこと。 (d) 合意型の民主主義が望ましいとされる。 (2) コモン・ローはイギリスで発達した判例法の体系のこと。 (a) マグナ・カルタは，王権の制約のため諸侯の要求で制定された法。身分制を否定するものではない。

(b)「法の支配」という。　(c)　エドワード・コークは「法の支配」を擁護した。　(3)　(i)　A　権利章典は名誉革命の勃発により，迎えられた新国王により発布された法典。これにより，イギリスで立憲君主制が確立した。　B　フランス人権宣言は，1789年に勃発したフランス革命の際に発布された。　C　アメリカ独立宣言は，独立戦争の最中の1776年に発布された。　(ii)　わが国は死刑廃止条約を批准しておらず，現在もなお死刑制度を維持している。死刑廃止条約は国際人権規約の第二選択議定書だが，わが国は全部で3つある国際人権規約の選択議定書のいずれも批准していない。　(4)　(i)　植木枝盛は，私擬憲法「東洋大日本国国憲按」を起草した。　(b)　永久の権利ではなく，法律の留保を伴った。　(c)　統帥権は独立した権限とされた。
(d)　男子普通選挙が実現した。男女普通選挙の実現は第二次世界大戦後のこと。　(ii)　ア　大日本帝国憲法では，天皇は主権者だったが，日本国憲法では日本国および日本国民統合の象徴とされた。　イ　国民主権は，平和主義，基本的人権の尊重と並ぶ，日本国憲法の三大原理の一つ。　ウ　天皇は国政に関する権能を持たず，国事行為には内閣の「助言と承認」が必要。　(iii)　(c)　国会で憲法改正原案が審議されるが，発議には各議院で総議員の3分の2以上の賛成が必要。
(a)　憲法改正の発議とは，憲法改正を国民に提案すること。　(d)　国民投票法では，有効投票の過半数の賛成が要件となっている。
(b)　法律などの公布も天皇の国事行為。　(5)　(i)　議院内閣制では，議会(下院)で多数派の支持により内閣が成立する。ゆえに，議会と政府は協調しやすい。大統領制では，大統領の所属政党が議会内で少数派であるため，政府と議会が対立し政治が膠着することがよくある。
(ii)　ドイツの政治体制は，内閣が議会の信任に基づいて行政権を行使する議院内閣制である。　(b)　イギリス本国を含め，国王に政治的実権はない。　(c)　フランスは半大統領制の国であり，首相もいる。
(d)　いずれの権限も持たない。また，議会も大統領に対する不信任決議権を持たない。　(iii)　社会主義国では，プロレタリアート(労働者階級)による独裁が建前であり，複数政党制や三権分立制は導入されておらず，共産党には革命を指導するために特別な地位が認められている。中国も，共産党による独裁国家であり，一院制議会である全国人民代表大会が最高権力機関とされている。　(6)　米軍の駐留経費の一部負担は思いやり予算と呼ばれている。　(a)　対GDP比は小さいが，世界有数の規模である。　(c)　安倍政権下による安全保障関連法の成立により，集団的自衛権の限定的行使が解禁されている。　(d)　有事法制の整備は進められている。　(7)　(i)　北海道旧土人保護法は，明治時代にアイヌを日本民族に同化するために制定された法律で，アイヌ差別を前提とした法律である。北海道旧土人保護法は廃止済であり，現在は2019年制定のアイヌ民族支援法により，アイヌは先住民族として認められている。　(ii)　労働組合法は，民間企業の雇用労働者を対象とした法律。公務員の労働三権は制約を受けており，警察官や消防官などはいずれの権利も認められていない。また，争議権はいずれの公務員にも認められていない。　(iii)　知る権利とは，国民が必要な情報を自由に取得できる権利のこと。　A　情報公開法とは，「行政機関の保有する情報の公開に関する法律」の通称。　B　安全保障に関する特に重要な秘密の漏洩を防止するために制定された法律。
C　通信傍受法とは，捜査機関に犯罪捜査のための電話などの通信の傍受を認める法律。　(8)　国会には委員会中心主義が導入されており，実質的な審議は予算委員会などの委員会で行われている。　(a)　臨時会ではなく，特別会。　(c)　総議員ではなく，出席議員。　(d)　現行犯の場合と，議院の許諾があった場合には，逮捕される。
(9)　A　議員提出法案は，野党議員が提出するものが多く，与党の賛成が得られる内閣提出法案によりも成立率は低い。　B　1府12省庁は内閣総理大臣や国務大臣が主任の大臣を務める。　C　委任立法と呼ばれるが，法律で定められるのは大まかなことのみで，細則などは行政機関に委ねられることもある。　(10)　(i)　裁判員裁判では，くじで選ばれた有権者が裁判員として，裁判官とともに有罪・無罪の判定や量刑を行う。導入されているのは，殺人事件など，重大な刑事裁判の第一審のみである。民事裁判や軽微な事件の刑事裁判には導入されていない。 (ii) 最高裁判所は終審として違憲審査をする権限がある。 (b) 起訴処分ではなく，不起訴処分。 (c) 冤罪の被害者の救援のために，再審制度がある。 (d) 特定少年は改正少年法に導入された概念。それに，重大な罪を犯した特定少年の実名報道が可能となった。 (11) 有権者による署名の添付を要件に，直接請求が認められている。 (a) 機関委任事務が廃止され，地方公共団体の活動は自治事務と法定受託事務に整理された。 (b) どの地方公共団体に寄付してもよい。 (c) 用途は指定されていない。 (12) 衆議院の小選挙区選挙よりも参議院の選挙区選挙のほうが一票の格差は大きい。 (a) 55年体制では，わずかな例外を除き，自民党は単独で政権を担当した。 (c) 連座制が導入されており，当選者以外の者が有罪判決を受けると当選は無効となる。 (d) 強まっているとは断言できない。

【2】(1) (i) トマス＝マン　(ii) 国家の役割は社会の秩序を維持することと外敵の侵入を防ぐことに限定すべきとする国家観
(2) (i) (c)　(ii) (d)　(iii) (a)　(3) (i) ア　合名　イ　合資　ウ　合同　(ii) 株主代表訴訟　(iii) 持株会社
(4) (i) 家計での総消費支出に占める飲食費の割合。エンゲル係数の割合が低いほど生活水準が高くなる　(ii) (a)　(5) 生産，分配，支出　(6) (i) NISA　(ii) 金融政策決定会合　(7) (i) (b) (ii) (a)　(8) (i) (d)　(ii) (c)　(iii) (b)，(f)　(9) (i) (g) (ii) ワーキングプア　(iii) Iターンとは大都市出身者が地方に定住すること。　(iv) (d)　(v) (b)

〈解説〉(1) (i) 重商主義とは，貿易によって得る貴金属や貨幣を富と考えて，そのために，政府は産業の育成や保護貿易などを進めるべきとする経済思想。金銀を富とする重金主義も含まれる。トマス＝マンはその代表的な論者であり，貿易差額論を唱えた。 (ii) ラッサールは19世紀ドイツの国家社会主義者であり，「私有財産の番人」として治安維持や国防ばかりに積極的で社会福祉には冷淡な当時の国家を，皮肉の意味合いで夜警国家と呼んだ。対義語には福祉国家や行政国家などがある。 (2) (i) 市場占有率は，英語でマーケットシェアとも呼ばれる。 (a) 寡占ではなく，独占。寡占は数社が占めている状態をいう。 (b) 非排除性ではなく，非競合性。非排除性は対価を支払わない人を排除できないこと。 (d) 均衡価格ではなく，管理価格。均衡価格は需給が一致する価格のこと。 (ii) A 需要の価格弾力性とは，価格変化による需要の増減の大きさのことで，生活必需品だと小さくなる。 B 供給の価格弾力性とは，価格変化による供給の増減の大きさのことで，生産調整が容易な財だと大きくなる。

(iii) 価格は上昇するほど需要は減り供給は増えるので，需要曲線は右下がり，供給曲線は右上がりとなる。Dは需要曲線，Sは供給曲線である。環境税は間接税であり，財の価格に転嫁されるから，移動するのは供給曲線で，価格が上昇した分だけ上に移動する。

(3) (i) ア 合名会社の社員(出資者)はすべて無限責任。 イ 合資会社には無限責任社員と有限責任社員がいる。ゆえに，設立には2人以上の社員が必要となる。 ウ 合同会社は持分会社でありながら，社員はすべて有限責任。 (ii) 株主代表訴訟は，株主が，違法行為などで会社に著しい損害を与えた取締役ら役員の責任を追及するための制度。株主が会社に訴訟を起こすよう請求しても行われない場合に行われる。ゆえに，賠償は株主ではなく，会社に行われる。 (iii) 戦前の財閥の復活につながることから，かつて独占禁止法は持株会社(ホールディング・カンパニー)の設立を禁止していた。だが，国際競争力の強化の必要性などから，法改正が行われ，現在は設立が解禁されている。 (4) (i) エンゲル係数の名称は，開発者である統計学者のエンゲルの名にちなむ。生活水準が高くなるほどエンゲル係数が低くなることを，エンゲルの法則という。 (ii) 近年もなお，わが国の家計の金融資産に占める現金・預金の割合は5割を超えている。これは，欧米諸国，特にアメリカと比べて，高い割合である。(b)は投資信託，(c)は株式等，(d)は保険・年金・定型保証である。 (5) 国民所得の三面等価の原則とは，国民所得は生産・分配・支出の三つの側面から見ることができ，生産面，分配面，支出面からみた国民所得は理論上，すべて同じ金額になることをいう(実際の統計には，不突合が生じるので，完全に同額にはならない)。　(6)　(i)　NISAは，Nippon Individual Savings Accountの略。少額投資非課税制度の通称である。イギリスのISA(個人貯蓄口座)をモデルとして導入された。積立投資を対象とする「つみたてNISA」や，20歳未満の者が利用できる「ジュニアNISA」もある。　(ii)　日本銀行には最高意思決定機関として，総裁(1名)，副総裁(2名)，審議委員(6名)で構成される政策委員会が設置されている。金融政策の基本方針も，この政策委員会による金融政策決定会合において定められている。金融政策決定会合は，年8回開催される。

(7)　(i)　収入から基礎控除や社会保険料控除などを除いて，課税所得が計算される。この課税所得に税率をかけることで，所得税額が計算される。課税所得が500万円ならば，所得税額は195万×0.05＋(330万－195万)×0.1＋(500万－330万)×0.2で計算される。　(ii)　法人税は国税であり，納税者と税の負担者が同じなので直接税である。

(b)　住民税は直接税である。間接税とは，消費税のように納税者と税の負担者が異なる税のこと。　(c)・(d)　所得税や酒税はいずれも国税である。　(8)　(i)　経済安定9原則とは，戦後占領期にアメリカが示した，わが国の経済復興のための基本原則。予算均衡，徴税強化，資金貸出制限，賃金安定，物価統制，輸出増加，配給制度の能率化，重要国産原料の増産，食糧集荷改善からなる。　(ii)　(b)　1954～1957年の好況。「もはや戦後ではない」と言われた。　(d)　1958～1961年の長期好況。「投資が投資を呼ぶ」と言われた。　(c)　1962～1964年の好況。1964年の東京五輪の開催に伴う好況だった。　(a)　1965～1970年の好況。この時期にわが国のGNPは資本主義世界で2位となった。

(iii)　所得倍増計画は，高度経済成長期だった1960年に池田内閣が策定した方針。また，小泉内閣では地方財政の三位一体改革として，地方への税源移譲，地方交付税見直しとともに，国庫支出金の縮減が行われた。　(9)　(i)　A　国民皆保険とは，全国民が医療保険に加入すること。雇用保険や介護保険は全国民を加入対象としていない。　B　日本初の救貧法は恤救規則。生活保護法は戦後に制定された。

C　社会福祉は，公的扶助，社会保険，公衆衛生と並び，わが国の社会保障の4本柱の一つとされている。　(ii)　ワーキングプアとは，正規雇用であるか否かに関係なく，フルタイムで働いているにもかかわらず，所得が低くて生活が困窮している人々のことをいう。また，不安定な待遇で働く非正規雇用者を指して，プレカリアートという言葉もある。　(iii)　大都市に居住する地方出身者が地元に戻ることをUターンというのに対し，大都市出身者が地方に移住することをIターンという。また，大都市に居住する地方出身者が地元近くの地方都市に移住することをJターンという。　(iv)　(b)　1955年の出来事。(a)　1968年の出来事。現在は消費者基本法となっている。　(d)　1994年の出来事。消費者が欠陥製品で受けた損害に対する製造業者の無過失責任を定めた。　(c)　2009年の出来事。消費者行政の一元化を目指し，内閣府の外局として設置された。　(v)　食料・農業・農村基本法は，農業基本法に代わり制定された法律で，新農業基本法とも呼ばれている。かつての農業基本法では機械化を進めることが国の施策とされていた。

【3】(1)　リンネ　(2)　(i)　(d)　(ii)　小さな大人　(iii)　(f)　(iv)　就学を終えてからも基礎的生活条件を親に依存している未婚者　(v)　フランクル　(3)　(i)　あ　(e)　い　(c)　う　(g)　え　(f)　(ii)　相手との問いと答えを繰り返しながら相手に無知を自覚させる方法　(iii)　二元論的世界観(二世界論)　(iv)　ア　友愛　イ　配分　ウ　調整　(4)　自然にしたがって(生きよ)　(5)　(a)　(6)　(a)　(7)　(i)　(b)　(ii)　(d)　(8)　(i)　董仲舒　(ii)　人の不幸を見すごせない心　(iii)　小国寡民

〈解説〉(1)　ホイジンガは人類をホモ－ルーデンス(遊戯人)，ベルクソンはホモ－ファーベル(工作人)，エリアーデはホモ－レリギオースス(宗教人)，カッシーラーはアニマル－シンボリクム(シンボルを操る動物)と規定した。　(2)　(i)　シュプランガーは，経済・理論・審美・宗教・権力・社会のどれに価値を置くかで人間の性格を6つに分類した。

ビッグファイブは5つの因子の組み合わせによって性格が決まるとする理論で，ゴールドバーグが提唱した。　(ii)　アリエスは『子供の誕生』で，現代の「子ども」の概念は学校制度の整備とともに歴史的に形成されたものであり，中世には基本的なコミュニケーションが可能な7～8歳になれば労働に従事するなど，大人として扱われていたとした。　(iii)　A　非指示的カウンセリング(来談者中心療法)を提唱したのはロジャース。オルポートは人格(パーソナリティ)の研究で知られる。　B　ピアジェは，人間の認知発達は4つの段階からなるとする発達段階説を唱えた。　C　集合的無意識を提唱したのはユング。
(iv)　パラサイト－シングルは，学業終了後も親と同居し，基礎的生活条件を親に依存することで，時間や収入を自己のために使う余裕がある。結婚すればこれらの余裕を失うことになるため，晩婚化や非婚化の原因とされている。　(v)　フランクルは自身が第二次世界大戦中にナチスの強制収容所に収容された体験から『夜と霧』を著し，「人間は常に人生から問いかけられている」とし，生きる意味を見出せば強く生きていけることなどを論じた。　(3)　(i)　あ　タレスは，古代ギリシャ初の自然哲学者。水をアルケー(万物の根源)とした。
い　ピタゴラスは，数をアルケーとした。三平方の定理の発見者としても有名。　う　ヘラクレイトスは火をアルケーとし，「万物は流転する(パンタレイ)」とした。　え　デモクリトスは原子(アトム)をアルケーとした。　(ii)　ソクラテスの問答法は，問答を通して相手に自己の無知を自覚させ，真の知の探究へと導くものだった。また，彼の母親の職業が助産師(産婆)だったことから，その問答法は「魂の助産術(産婆術)」とも呼ばれている。　(iii)　プラトンは洞窟の比喩を用いて，イデアこそが真の実在であり，感覚で捉えられる現象界はイデア界の不完全な似姿に過ぎないとした。これに対し，アリストテレスは一元論的世界観を唱え，存在するのは個物だけであるとした。
(iv)　ア　国家の存立にとって，特に友愛(フィリア)を重視した。
イ・ウ　全体的正義はポリスの法を守ることで，部分的正義は公正に関する正義。また，部分的正義は，さらに配分的正義と調整的正義(矯正的正義)に分かれる。 (4) ストア派のゼノンは禁欲主義を唱え，情念に惑わされない不動心(アパティア)を理想とし，「自然にしたがって生きる」ことを唱えた。これに対しエピクロスは，心の安らぎ(アタラクシア)のために世俗からは「隠れて生きよ」と主張した。
(5) 四つの福音書とは，「マタイの福音書」「マルコの福音書」「ルカの福音書」「ヨハネの福音書」のこと。 (b) 新約聖書の著者の一人で，キリスト教の根本教義を確立した使徒。 (c) 旧約聖書に登場する預言者。十戒で知られる。 (d) 初代ローマ教皇である使徒。 (6) ムハンマドの言行はハディースという。シャリーアはクルアーンやハディースなどに由来するイスラーム法のこと。 (b) アッラーはユダヤ教やキリスト教のヤハウェと同一とされる。 (c) ジハードは六信五行には含まれないが，義務とされている。 (7) (i) A ヴァルナとは，バラモン，クシャトリヤ，ヴァイシャ，シュードラの四つの階層のことである。 B シュードラではなく，ジャーティという。シュードラはヴァルナにおける第四の階層で，隷属民のこと。さらにその下に不可触民がいる。 (ii) A 四法印とは一切皆苦，諸行無常と諸法無我，それに涅槃寂静(煩悩がなくなれば安らぎを得られる)のことをいう。 B 諸法無我に関する記述である。諸行無常とは，すべてのものは絶えず変化しているということ。 C 仏教で説かれる教えだが，これは中道に関する記述。 (8) (i) 後述の四端説を唱えた孟子は，仁・義・礼・智を四徳とした。董仲舒はこの四徳に信を加えて五常とし，王者が修めるべき徳目とした。五行と呼ばれることもある。なお，董仲舒は前漢の時代に儒学の官学化に尽力した儒学者である。 (ii) 孟子は性善説の立場から，四端の心は生まれながらに備わっているので誰もが有徳な人物になれるとした。そのうちの一つである惻隠の心は，仁の端緒である。また，四端の心には羞悪，辞譲，是非もあるが，羞悪は義，辞譲は礼，是非は智の端緒である。 (iii) 老子は，諸子百家の一つである道家の祖。儒家が説く人為的な道徳を否定し，道(タオ)に従って無為自然に生きることを唱えた。小国寡民は老子の理想国家であり，農村共同体程度の国民が少ない小さな国のことである。

【4】(1)　八百万神　(2)　(i)　和辻哲郎　(ii)　禊(みそぎ)
(3)　(i)　ア　蕃神　イ　凡夫　(ii)　(f)　(iii)　神は本来，仏や菩薩であったものが，人々を救済するために姿を変えてこの世にあらわれたという考え方　(4)　(c)　(5)　(i)　惟神の道　(ii)　(d)
(iii)　ア　万人直耕　イ　自然世

〈解説〉(1)　古代日本人は森羅万象の全てに神が宿ると考えていた。生物であるか否かを問わず，すべてのものに霊魂(アニマ)が宿るとする原始信仰の考え方を，アニミズムという。　(2)　(i)　和辻哲郎は『風土』を著し，風土をアジアのモンスーン型，中東の砂漠型，欧州の牧場型に分類した。モンスーン型では人間を受容的，忍従的に，砂漠型では人間を攻撃的に，牧場型では人間を合理的に思考させるとした。
(ii)　心身の穢れを水によって清める行為を禊(みそぎ)といい，穢れを払い清める行為を祓(はらえ)という。古代日本人は，罪や穢れは禊や祓によって，身体に付着した汚れと同様，簡単に取り去ることができるものと考えていた。　(3)　(i)　ア　蕃神とは外来の神で，かつわが国で信仰されるようになった神をいう。　イ　凡夫とは煩悩にとらわれたごく普通の人間のこと。聖徳太子は憲法十七条において，「和を以て貴しとなし」とするとともに，「我必ず聖に非ず。彼必ず愚かに非ず。共に是れ凡夫のみ」としている。　(ii)　A 「世間虚仮，唯仏是真」は聖徳太子の言葉。空海は真言宗の開祖で，わが国に密教をもたらした。　B　親鸞は浄土真宗の開祖で，悪人正機を唱えた。
C　曹洞宗の開祖である道元に関する記述。栄西は臨済宗の開祖である。　(iii)　本地垂迹説(仏本神迹説)では，仏こそが真の姿(本地)で，日本の神はその仮の姿(垂迹)とされる。これに対し，日本の神こそが真の姿であって仏はその仮の姿とする考え方を反本地垂迹説(神本仏迹説)という。　(4)　中江藤樹は，わが国における陽明学の祖。近江聖人とも呼ばれた。　(a)　中世には，儒教は主に仏僧によって学ばれていた。　(b)　松下村塾は幕末に吉田松陰が開いた塾。　(d)　古義学の祖である伊藤仁斎に関する記述。荻生徂徠は古文辞学の祖。

(5) (i) 本居宣長は儒学などを漢心と呼び，理屈っぽい心として批判する一方，「よくもあしくも，生まれつきたるままの心」である真心を理想とした。また，日本固有の道(古道)である惟神の道に，真心を見出した。 (ii) 『都鄙問答』を著した石田梅岩は，独学で儒学などを学び，商人道徳論である心学(石門心学)を構築した。 (a) 本居宣長の著。源氏物語の本質をもののあはれに見出した。 (b) 安藤昌益の著。 (c) 二宮尊徳の著。報徳仕法による農村復興に取り組んだ。 (iii) 安藤昌益は，「不耕貪食の徒」に過ぎない武士が農民らを搾取，支配する封建社会を法世と呼んで批判するとともに，万人直耕の平等な社会を自然世と呼び，理想とした。社会主義思想の先駆者とも言える思想家であり，戦後に「忘れられた思想家」として注目された。

【5】(1) (f) (2) どのような職業も天職であり，それぞれの職業に努めれば，神の意志にそうことになるとされた (3) 市場のイドラ (4) 高邁の精神 (5) ヒューム (6) (i) (e) (ii) 定言命法 (iii) 他者危害原則 (iv) (a) (7) 絶対精神

〈解説〉(1) ア 人文主義はヒューマニズムの訳。本来の人間性の解放を目指す運動である。 イ 中世は封建社会であり，欧州ではローマ・カトリック教会が絶大な権威を誇った。 ウ 叙事詩『神曲』を著したのはダンテ。ミケランジェロはダビデ像などの作品で知られる芸術家。 (2) ルターは宗教改革の指導者。職業召命説のほか，万人司祭主義や聖書中心主義を説き，聖職者の権威を否定した。また，聖書のドイツ語訳を行い，それまで読める人が限られていた聖書を一般の大衆にも読めるものとした。 (3) イドラとは，偏見や先入見のこと。ベーコンは，市場のイドラのほか，種族のイドラ(目の錯覚など)，洞窟のイドラ(個人の経験の狭さによる思い込み)，劇場のイドラ(権威ある学者の言説を鵜呑みにすること)を挙げた。 (4) デカルトは，認識における生得的な理性の役割を重視する大陸合理論の祖である哲学者。物心二元論の立場から，情念とは身体の作用による「精神の受

動」として生じる意識であるとし，これを理性的に統御する意思を「高邁の精神」と呼んだ。　(5)　イギリスでは，ベーコン以来，人間の知識はすべて経験に基づくとする経験論が発展した。イギリス経験論は，ロックやバークリーを経て，ヒュームによって大成された。ヒュームは経験論を徹底し，自我すら「知覚の束」に過ぎないとした。(6)　(i)　ア　カントは道徳的な善悪の判断基準を，その動機に求めた。打算的な思惑に基づくならば，他者を幸福にしても，善行とは言えないとした。　イ　ベンサムは道徳的な善悪の判断基準を結果に求めた。たとえ動機は不純でも，結果的に人々を幸福にするのならばその行為は善とした。　(ii)　定言命法は定言命令とも呼ばれる。定言命法に対し，例えば「人気者になりたければ人に親切にせよ」のように，条件付きの命令を仮言命法(仮言命令)という。カントは，真に道徳的な行為は無条件の定言命法に基づくとした。　(iii)　ミルは，『自由論』を著し，たとえ愚かな行為ではあっても，それを制約できるのはその行為が他者の自由や権利を侵害する場合のみであるとした。これを「他者危害原則」という。ミルの主張は，人間の愚行権を認めるものである。　(iv)　ベンサムが唱えた制裁は，いずれも外的なものであり，内的制裁は唱えていない。これに対しベンサムの弟子のミルは，快楽に質的な差異があるとし，外的制裁だけでなく良心の呵責である内的制裁も重要であるとした。　(7)　ヘーゲルは，世界史を絶対精神がその本質である自由を実現するために自己展開する過程として捉えた。また，歴史は対立しあう関係にあるものが止揚(アウフヘーベン)し，より高度なレベルで統合するという弁証法を唱えた。

【選択問題】

【1】(1)　(i)　ダンバートンオークス会議　(ii)　(a)　(2)　(i)　(c)　(ii)　(c)　(3)　(i)　オタワ・プロセス　(ii)　(h)　(4)　(i)　アジア通貨危機　(ii)　(d)　(5)　(i)　国際収支の赤字を理由に為替制限が可能かどうかの違い　(ii)　関税と貿易に関する一般協定
(iii)　UNCTADにより提案された，先進国が発展途上国からの輸入産

品に対して通常より低い関税にすること　(iv)　アジアの一員としての立場の堅持　(6)　(i)　(b)　(ii)　(c)　(7)　(i)　(a)　(ii)　(c)　(8)　(c)　(9)　(i)　国連人間環境会議　(ii)　バーゼル条約

〈解説〉(1)　(i)　ダンバートンオークス会議は，1944年にアメリカ，イギリス，ソ連，中国の代表が国連憲章の原案を討議した会議。その後，1945年のサンフランシスコ会議にてこの原案を基にした国連憲章が採択され，国連が設立された。　(ii)　事務総長は安保理の勧告に基づき，総会が任命する。　(b)　アムステルダムではなく，ハーグ。　(c)　総会にあらゆる問題の最終決定権はなく，その決議は勧告にとどまる。

(d)　国際労働機関(ILO)は国連設立以前より存在する。

(2)　(i)　(d)　1947年の出来事。共産主義勢力の封じ込め政策を表明した。　(b)　1949年の出来事。COMECONは東側諸国による経済協力機構である。　(c)　1955年の出来事。アメリカ，ソ連，イギリス，フランスによる首脳会談である。　(a)　1960年の出来事。1960年は「アフリカの年」と呼ばれた。　(ii)　1969年に，中国とソ連は国境をめぐり武力衝突した。　(a)　フランスがNATOの軍事部門から脱退した。

(b)　ユーゴスラビアではなく，チェコスロバキアでビロード革命が勃発した。　(d)　キューバ危機はデタント以前の1962年の出来事。

(3)　(i)　対人地雷全面禁止条約は，条約採択地からオタワ条約とも呼ばれている。批准国が40か国を超えることが発効要件とされたため，1999年に発効した。なお，2022年の時点で，アメリカ，中国，ロシアなどはこの条約を批准していない。　(ii)　A　パラドクスではなく，ジレンマ。　B　包括的核実験禁止条約(CTBT)は，アメリカ，中国などが批准しておらず，未発効。　C　トラテロルコ条約ではなく，セメイ条約。トラテロルコ条約は「ラテンアメリカ及びカリブ核兵器禁止条約」の通称。　(4)　(i)　タイの通貨バーツの暴落を機に，他の東南アジア諸国や韓国の通貨も暴落し，深刻な経済危機が発生した。このアジア通貨危機の要因として，ヘッジファンドと呼ばれる投資グループによる，通貨の空売りが指摘されている。　(ii)　(c)　1969年の出来事。 (b) 1981年の出来事。 (d) 1989年の出来事。1990年まで続いた。その後，1993年から日米包括経済協議が始まった。 (a) 政府調達，保険，板ガラスの分野で合意したのは1994年で，1998年には航空分野で合意に至った。 (5) (i) IMF(国際通貨基金)協定により，国際収支の赤字を理由とした為替制限が認められない加盟国をIMF8条国，認められる加盟国をIMF14条国という。わが国もIMF加盟時には14条国だったが，経済成長により，1964年に8条国に移行した。

(ii) General Agreement on Tariffs and Tradeの略でGATT。当初はITO(国際貿易機関)を設立する予定だったが，頓挫し，その代替としてGATTが締結された。ウルグアイラウンドでの合意により，GATTを発展的に継承する形でWTO(世界貿易機関)が設立された。 (iii) UNCTAD(国連貿易開発会議)は国連総会の補助機関の一つ。1964年開催の第1回会議の討議資料として提出されたプレビッシュ報告で，発展途上国による輸出品に対する貿易障壁の緩和や一般特恵関税の導入などが提案された。 (iv) 1956年の日ソ共同宣言により，わが国はソ連と国交を正常化した。これにより同年，わが国の国連加盟が実現した。翌年発行の外交青書に，日本外交の三原則が示された。この三原則は，現在に至るまで存続している。 (6) (i) 1960年代，イギリスは欧州自由貿易連合(EFTA)を結成するなどしてECに対抗していたが，方針転換し1973年にECに加盟した。ただし，2020年にEUを離脱した。なお，(a)，(c)，(d)はいずれもECの前身である欧州石炭鉄鋼共同体(ECSC)の原加盟国。 (ii) 2022年末の時点でわが国はベネズエラとはEPAを締結していないだけでなく，深刻な経済危機にある。 (a) 2009年発効。(b) 2002年発効。わが国初のEPAである。 (d) 2016年発効。

(7) (i) A 人間開発指数は，潜在能力アプローチで有名なアマルティア・センらが作成した指標。毎年，各国の指数が国連人間開発計画が刊行する「人間開発報告書」で公表されている。 B 現在は，先進国も含め，国際社会は「持続可能な開発目標(SDGs)」の達成を目指している。 (ii) ODAとは政府開発援助であり，贈与相当額とは，ODAとして実施された政府貸付のうち，贈与に相当する額のこと。

(a)はドイツ，(b)はフランス，(d)はアメリカ，(e)は韓国である。

(8)　フツ族が多数派で，ツチ族が少数派である。内戦終結後にルワンダは「アフリカの奇跡」とも呼ばれる経済成長を遂げている。

(9)　(i)　国連人間環境会議は，1972年にスウェーデンのストックホルムで開催された，国連主催の初の環境問題に関する国際会議。この会議で人間環境宣言が採択されるとともに，その達成のために，国連環境計画(UNEP)がケニアのナイロビに設置された。　(ii)　バーゼル条約とは，「有害廃棄物の国境を越える移動及びその処分の規制に関するバーゼル条約」の通称。名称はスイスのバーゼルで採択されたことにちなむ。近年は，リサイクルに適さないプラスチックごみも，同条約の改正により，規制されている。

【2】(1)　(d)　(2)　蘭学　(3)　(d)　(4)　(e)　(5)　為政者が人々にめぐみを与えるという恩賜的民権を育てながら人々が自らの力で獲得するという回復的民権へと移行させるべきだとした　(6)　日本とイエス　(7)　(a)　(8)　北村透谷　(9)　ア　西田幾多郎　イ　純粋経験　ウ　常民　(10)　(c)

〈解説〉(1)　佐久間象山は，道徳や政治体制については伝統を堅持しつつ，科学技術については西洋から積極的に採り入れるべきとした。(a)　横井小楠の言葉。「東洋道徳，西洋芸術」と同じ意味あいの言葉である。　(b)　福沢諭吉の言葉。　(c)　吉田松陰の言葉。　(2)　オランダは漢字で阿蘭陀と表記されるので，オランダ語を通じてわが国に入った学問は蘭学と呼ばれた。鎖国体制においては，オランダは唯一の欧州の貿易相手国であり，西洋の学問もオランダ語を通じてしか学ぶことができなかった。　(3)　ア　数多くの哲学用語を訳したのは西周。森有礼は明六社設立の提唱者である。　イ　わが国では明治中期からロマン主義文学が起きた。森鷗外や北村透谷らがロマン主義の作家として知られている。写実主義はわが国の近代文学の初期に坪内逍遥らが唱えた。　(4)　A　福沢諭吉が開いたのは慶應義塾。適塾は福沢諭吉が学んだ私塾で，緒方洪庵が開いた。　B　「門閥制度は親の敵」などと述べている。　C 「一身独立して一国独立す」とし，独立自尊を唱えた。『学問ノスヽメ』や『文明論之概略』などの著作もある。　(5)　現実主義的視点から中江兆民は『三酔人経綸問答』において，恩賜的民権が回復的民権と同等のものになるよう育むべきとした。　(6)　内村鑑三は無教会主義のキリスト教思想家。キリスト教に篤く帰依する一方で愛国者でもあり，「二つのJ」に生涯を捧げようとした。また，わが国の武士道を高く評価し，「武士道に接ぎ木されたる」キリスト教の布教を目指した。　(7)　三宅雪嶺らは政教社を設立し，『日本人』で国粋主義を主張した。　(b)　陸羯南に関する記述。　(c)　西村茂樹に関する記述。　(d)　徳富蘇峰に関する記述。ただし徳富蘇峰は，日清戦争後の三国干渉を機に強硬な国権論に転じた。　(8)　北村透谷は自由民権運動の活動家だったが，過激化する運動に失望し離れた。その後，キリスト教に入信し，文芸評論家として活動した。『内部生命論』を著し，内面的世界(想世界)における自由や幸福が重要であると論じた。　(9)　ア　西田幾多郎は京都学派の創始者である哲学者。自らの参禅体験から，『善の研究』を著した。　イ　美しい音楽に聴き惚れている状態のような，主客未分の純粋経験こそが真の実在とした。　ウ　常民は英語のfolkの訳。わが国の基層文化の担い手である。　(10)　南方熊楠は，民俗学や博物学，生物学など，多方面で活躍した在野の学者。鎮守の森を守るために神社合祀令に反対したことでも知られる。　(a)　依代とは神が憑依する対象のこと。折口信夫のまれびとの研究とは関係ない。　(b)　美術家の柳宗悦に関する記述。　(d)　宮本常一の『忘れられた日本人』は田舎の老人らの話をまとめた書。

【3】(1)　ア　労働　　イ　仕事　　ウ　活動　　(2)　(a)　　(3)　(i)　(a)　(ii)　フロム　　(iii)　ジェームズ　　(4)　パラダイム　　(5)　あらかじめ末期の医療や措置をどうしてほしいか，意思表示をしておく文書　(6)　(i)　超人　　(ii)　(g)

〈解説〉(1)　アーレントは，『人間の条件』で人間の活動力を「労働」

「仕事」「活動」の3つに分類した。その上で，近代社会は「労働」の重要性が高まり過ぎて，「仕事」や「活動」の領域が圧迫されていることを批判した。　(2)　A　「無知のヴェール」とは，自分の社会的地位が分からない状態のこと。ロールズは，このような状態で誰もが同意せざるを得ない正義の諸原理を提示した。　B　センは，貧困問題の真の解決には，人々のケイパビリティを高める福祉が必要とした。C　ノージックはリバタリアニズム(自由至上主義)を唱えた。
(3)　(i)　レヴィ・ストロースは『野生の思考』で，西洋社会の自文化優越主義を批判した。　(b)　ソシュールに関する記述。　(c)　デリダに関する記述。レヴィナスは他者論で知られる哲学者。　(d)　ウィトゲンシュタインに関する記述。　(ii)　フロムは『自由からの逃走』を著し，大衆は自由であることの不安から自らファシズムの支配を受け入れたとした。また，権威に弱く弱者を憎悪する権威主義的性格の存在を指摘し，これが当時のドイツの下層中産階級によく見られる性格だったとした。　(iii)　プラグマティズムは実用主義や道具主義と訳されるが，真理の判断は行動の結果によってなされるべきとする思想。アメリカのパース，ジェームズ，デューイがその代表的論者として知られる。そのうち，ジェームズは真理の有用性を唱えた。　(4)　クーンは科学史家で，『科学革命の構造』において，科学史において，幾度かそれまで当然と見られていたものの見方や考え方であるパラダイムの大規模な転換が起きたことがあったとした。この大転換のことを，パラダイムシフトという。　(5)　現代では，QOL(人生の質)を重視した医療が望まれており，回復の見込みがないのにいつまでも延命治療を受けることを望まない人々も多い。リビング・ウィルとして，そのような人々が，まだ意識があるうちに延命治療を拒否する意思を表示するようになっている。　(6)　(i)　ニーチェは，永劫回帰(同じことの繰り返し)に過ぎない世界を受け入れ，どのようなものであれ自己の運命を肯定的に受け入れる運命愛を持ち，「力への意志」に基づいて新しい価値を自ら作り出そうとする超人を理想とした。　(ii)　A　ハイデッガーに関する記述。ヤスパースは，人間は限界状況に直面し，超越者との出会いによって自己の実存に目覚めるとした。　B　エポケーはフッサールの現象学の言葉。　C　サルトルは，人間はアンガジュマン(社会参加)を通じて自己の「本質」を自由に選択できる存在とした。

2022年度　実施問題

中高社会

【1】次のA～Dの文章を読んで，問いに答えなさい。

A　①更新世から完新世にかけて自然環境が変化し，その後②稲作が始まるなかで人びとの生活は大きく変化した。③古墳時代には支配者である豪族と民衆の生活が分離し，豪族は民衆の集落から離れて居館を営み，生活とまつりごとをおこなった。律令国家における民衆は様々な税負担が課せられ，なかには困窮する者もいた。彼らは④飢饉や疫病などが発生すると一層，生活が苦しくなった。そのような中で⑤律令体制のいきづまりは顕著となっていった。

(1)　下線部①に関連して，次の問いに答えなさい。

(a)　1946年に，相沢忠洋によって関東ローム層から石器が発見された群馬県の遺跡名を答えなさい。

(b)　この時期の日本の植生や生息する動物の変化について，自然環境の変化をふまえて説明しなさい。

(2)　下線部②に関連して，稲作と関係しないものを，次のア～オから1つ選び，記号で答えなさい。

ア　臼と杵　　イ　石包丁　　ウ　石鏃　　エ　鍬と鋤

オ　高床倉庫

(3)　下線部③に関連して，古墳時代前期と中期の被葬者の違いを副葬品にふれながら説明しなさい。

(4)　下線部④に関連して，これらが発生した奈良時代の出来事Ⅰ～Ⅳを古いものから順に配列したものを，以下のア～カから1つ選び，記号で答えなさい。

Ⅰ　恵美押勝(藤原仲麻呂)の乱　　Ⅱ　藤原広嗣の乱

Ⅲ　大仏造立の詔　　Ⅳ　長屋王の変

ア　Ⅰ－Ⅲ－Ⅱ－Ⅳ　　イ　Ⅱ－Ⅰ－Ⅳ－Ⅲ
ウ　Ⅳ－Ⅱ－Ⅲ－Ⅰ　　エ　Ⅲ－Ⅳ－Ⅱ－Ⅰ
オ　Ⅳ－Ⅰ－Ⅲ－Ⅱ　　カ　Ⅰ－Ⅳ－Ⅱ－Ⅲ

(5)　下線部⑤に関連して，律令制下の農民が税負担をのがれるためにとった行動を1つ答えなさい。

B　⑥9世紀末から10世紀にかけて地方政治が大きく変化する中で，地方豪族や有力農民から武士があらわれ，これらが連合体をつくり地方で大きな武士団として成長し始めた。⑦清和源氏や桓武平氏はこれら地方武士団の棟梁となって，大きな勢力を築いた。⑧10世紀後半から12世紀にかけて，武士の中央政界への進出がすすみ，源頼朝により鎌倉幕府が開かれ，⑨13世紀を中心に幕府政治が展開する過程で，社会面や⑩文化面における武士や庶民の影響は強くなっていった。

(6)　下線部⑥に関連して，次の文章は生徒がこの時期の課税方式の変化についてまとめたものである。(　ア　)～(　ウ　)に適する語句を答えなさい。

> それまで律令制では(　ア　)に記載された成人男性を中心に課税していましたが，(　イ　)を課税対象とする形に変化しました。課税対象の(　イ　)は名という単位にわけられ，有力農民に請け負わせました。そして(　ウ　)に大きな権限と責任を負わせ，彼らが有力農民から強力に徴税する体制になりました。

(7)　下線部⑦に関して説明した次の文ア～エより誤っているものを1つ選び，記号で答えなさい。

ア　源経基は，もと伊予の国司が瀬戸内海でおこした乱を鎮圧した。
イ　源頼家は，上総で発生した乱を鎮圧し，源氏の東国進出のきっかけとなった。
ウ　源頼義は，子とともに清原氏の助けをかりて安倍氏の乱を鎮圧した。

エ　源義家は，清原氏の内紛に介入し，清原(藤原)清衡を助けてこれを制圧した。

(8)　下線部⑧に関連して，次の出来事ア～カから，10世紀後半から12世紀に発生した出来事を3つ選び，古いものから年代順に並べなさい。

ア　長岡京から平安京に再遷都した天皇は，蝦夷征討も積極的にすすめた。

イ　記録荘園券契所が設置され，証拠書類の不備など基準にあわない荘園を停止した。

ウ　安和の変で左大臣の源高明が排斥され，これ以後摂関が常置となった。

エ　令外官である勘解由使が設置された。

オ　崇徳上皇との戦いに勝利した天皇は，その後院政を始めた。

カ　法制の整備が進められ，弘仁格式が編纂された。

(9)　下線部⑨に関連して，北条泰時が御成敗式目を制定した目的を答えなさい。

(10)　下線部⑩に関連して，院政期の文化および鎌倉文化に該当するものとして，適当なものを次の語句および写真ア～キから3つ選び，記号で答えなさい。

ア　『今昔物語集』　　イ　『文華秀麗集』　　ウ　『性霊集』

エ　『梁塵秘抄』

オ

カ

キ

C　鎌倉時代から南北朝にかけて荘園や公領内部では惣村が形成されていった。これら惣村は自治的・自立的に運営され，共通の目的のもとに一揆を結び実力行使におよぶことがあった。15世紀には様々な要求のもと，⑪一揆が結ばれた。室町時代には，農民の需要に支

えられて地方の産業が発展し，⑫明銭の流入に支えられ貨幣経済が発展するなど商工業が発展した。戦国大名は，⑬これら商工業の発展を背景に領国の富強のため，様々な施策を行った。

(11)　下線部⑪に関連して，次の会話文を読んで，問いに答えなさい。

花子：15世紀前半の2つの徳政一揆って，いつも内容が混同してしまうね。

太郎：そんな時は，2つの共通点と相違点を意識して学習するといいよ。まず，2つの一揆の共通点は，いずれも発生場所が京都で，土民を主体に徳政を要求したことだね。あと，この2つが発生したタイミングはどうだった？

花子：えーと…2つとも6代足利義教と7代足利義勝への将軍交代時だよね。
これは，支配者の交代によって社会のさまざまな関係が改められるっていう中世の社会観念が背景だったよね。

太郎：そう。だからこの2つは「(　X　)の徳政」という共通点があるね。

花子：あとは相違点ね。『大乗院日記目録』に記された1428年の一揆は，「管領これを成敗す」とあるから鎮圧されたと考えられるけど，その後におこった1441年の一揆は京都を占拠して，土一揆の要求を幕府は受け入れたわね。

太郎：これによって幕府は初の(　Y　)を出したね。以後，幕府はこれを乱発するようになったね。

花子：同じ時期の出来事でも対比することによって特徴が浮かび上がってくるわね。
でも，どうして1441年の一揆は，土民の要求に幕府は屈したのかな。

太郎：同じ年に発生した出来事との関係があるかもしれない

ね。
歴史事象を対比して特徴をつかむことは，歴史を勉強する上で大事な見方だと思うよ。
花子：確かに，そうね。

(a)　(　X　)に適する語句を3文字で答えなさい。

(b)　(　Y　)に入る適当な語句を答えなさい。

(c)　1441年は将軍が暗殺される出来事が発生している。将軍を暗殺した播磨国の守護大名の名前を答えなさい。

(12)　下線部⑫に関連して，幕府や大名が撰銭令を発令した目的を，発令された背景をふまえ，説明しなさい。

(13)　下線部⑬に関連して，具体的な事例として城下町の建設があげられる。相模国の「小田原」を城下町とした戦国大名として適切なものを次のア～オから1つ選び，記号で答えなさい。

ア　今川氏　　イ　北条氏　　ウ　朝倉氏　　エ　島津氏
オ　大友氏

D　江戸時代には幕藩領主のもと都市に住む商工業者と⑭農村などに住む百姓が被支配身分として存在し，この時代の経済発展を担った。⑮18世紀以降，幕藩領主は商工業の発展の成果を取り入れるべく，様々な改革政策をおこなった。幕府滅亡後，明治政府が成立すると，身分制改革が行われ，同じ義務を持つ国民が形成された。彼らは納税や⑯徴兵などで国家方針や政府の施策に大きな影響をうける一方，⑰大正デモクラシーにみられるように社会運動を牽引する存在となった。戦後，⑱日本国憲法で国民主権が確立し，様々な権利が憲法で保障されると，国民は選挙や政治的活動を通じて政治に影響を及ぼす主体となった。

(14)　下線部⑭に関連して，次の史料は農民に対して幕府が17世紀後半に出した法令の一部である。この法令の名称を答えなさい。

> 一，名主百姓，田畑持候大積，名主弐拾石以上，百姓ハ拾石以上，それより内持候ものハ，石高猥に分け申間敷旨御公儀仰渡され候間，…(中略)…若相背き申し候はば，何様の曲事も仰付けらるべく候事。
>
> (『憲教類典』)

(15)　下線部⑮に関連して，田沼意次によって幕府財政再建のため民間の経済活動を活発にし，そこで得られた富を財源に取り込むべく行われた政策の内容を，説明しなさい。

(16)　下線部⑯に関連して，近代的軍隊の創設を実現した長州藩出身の人物名を答えなさい。

(17)　下線部⑰に関する次の文a・bの正誤の組み合わせとして正しいものを，以下のア～エから1つ選び，記号で答えなさい。

a　第一次護憲運動は，「閥族打破・憲政擁護」を掲げて全国化し，西園寺内閣を打倒した。

b　第二次護憲運動の結果，憲政会を首班とする連立内閣が組織され，普通選挙法が成立した。

ア　a　正　b　正　　イ　a　正　b　誤

ウ　a　誤　b　正　　エ　a　誤　b　誤

(18)　下線部⑱に関連して，日本国憲法と大日本帝国憲法は国民の権利保障について大きな違いがある。大日本帝国憲法における国民の権利保障はどのようなものであったか，次の語句を使用し，帝国憲法における国民の位置づけをふまえて説明しなさい。

【　法律　】

(☆☆☆◎◎◎)

中高社会・地理歴史共通

【1】次の問いに答えなさい。

(1)　次の会話文を読んで，以下の(a)～(c)の問いに答えなさい。

太郎：統計地図は，人口や農産物の生産量など，地理的な数値情報を様々な形で表現することができるね。 花子：そうね。今日の授業では，その地点の数量を点の多さで表現する(　ア　)や，図形の面積や体積などで数値の絶対量を表現する(　イ　)，等しい値の地点を線で結んだ(　ウ　)，統計数値をいくつかの階級に区分し，階級ごとに異なった模様や色彩などで表現する(　エ　)など，様々な方法があることがわかったわ。 太郎：様々な方法があるけど，統計地図を作成するときには，目的に応じて，適切な表現方法で作成することが大切になると思う。 花子：私もそう思う。これからの授業では，根拠資料となるデータから見やすい統計地図を作成して，探究活動の発表に活かしていきたいね。

(a)　空欄(　ア　)～(　エ　)に入る適切な統計地図の名称をそれぞれ答えなさい。

(b)　会話文中の下線部について，次の統計地図を作成する際に，最も適切な方法を会話文中の(　ア　)～(　エ　)から選び，それぞれ記号で答えなさい。

①　おもな国の二酸化炭素排出量　　②　都道府県別人口密度

(c)　資料1は，都道府県別の人口規模を表現したものである。このように，統計数値をより効果的に示すため，資料1のようにもとの地図を変形させて表現した地図を何というか答えなさい。

資料1

【問題図は著作権上の都合により掲載できません。】

(帝国書院『新詳地理B』より)

(2)　資料2は，大陸別の高度面積割合を示している。資料2のア～オは，アフリカ・オーストラリア・北アメリカ・南アメリカ・ヨーロッパのいずれかである。アフリカとヨーロッパを示しているものを選び，それぞれ記号で答えなさい。

資料2

高度（m）	ア	イ	ウ	エ	オ
200未満	29.9	39.3	9.7	38.2	52.7
200〜500	30.7	41.6	38.9	29.8	21.2
500〜1000	12.0	16.9	28.2	19.2	15.2
1000〜2000	16.6	2.2	19.5	5.6	5.0
2000〜3000	9.1	0.0	2.7	2.2	2.0
3000〜4000	1.7	0.0	1.0	2.8	0.0
4000〜5000	0.0	0.0	0.0	2.2	0.0
5000以上	0.0	-	0.0	0.0	-

(%)

(二宮書店『データブック　オブ・ザ・ワールド』より作成)

(3)　次の大地形に関する文章を読んで，以下の問いに答えなさい。

世界の大地形は，大きく三つに分類される。先カンブリア時代に造山運動を受け，その後，激しい地殻変動がなかった地域は(　ア　)と呼ばれ，さらに①その形成の仕方から楯状地と卓状地に分けられる。また，古生代中期以降に造山運動を受けた地域は，その後長い間侵食されたために，現在は標高2000m程度のゆるやかな山地となっているものが多く，②古期造山帯に分類される。一方，ヒマラヤ山脈などは，新期造山帯に分類される。これは中生代後期以降に造山運動を受けたもので，現在も造山運動が続き，大陸を縁取る急峻な山脈となっており，日本・ニュージーランドを含む(　イ　)造山帯とピレネー山脈・ヒマラヤ山脈などを含むアルプス＝ヒマラヤ造山帯の二つに分けられる。

(a)　文章中の(　ア　)，(　イ　)に入る適切な語句をそれぞれ答えなさい。

(b)　下線部①の「卓状地」について，次の語句を用いて説明しなさい。　【　先カンブリア時代　】

(c)　中国西部のテンシャン山脈は，文章中の下線部②に分類されるが，その標高は7,000mを超える急峻な山脈となっている。その理由を，次の語句を用いて説明しなさい。

【　衝突　】

(4) 次の文章は，資料3のPにみられる地形と，Qの集落について説明したものである。(　ア　)～(　エ　)に入る適切な語句を答えなさい。

P　蛇行して流れていた久慈川が，河川の(　ア　)により新しい流路が形成されたため取り残された旧流路の部分で，(　イ　)という。

Q　この集落は，河川の(　ア　)により形成された微高地である(　ウ　)上に立地している。(　ウ　)は，土地が砂礫質のため乾燥しており，比較的水はけが(　エ　)ため，洪水時の浸水被害が小さくすむ。

資料3

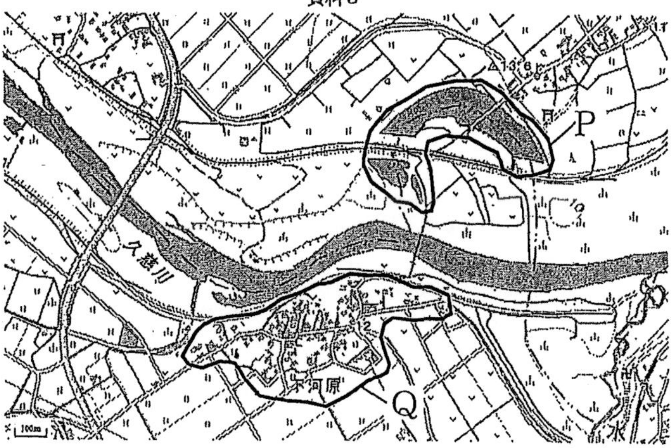

(国土地理院　地理院地図より作成)

(5) 地球の表面付近では，大規模な風の流れ(大気大循環)がつくられる。資料4のR，Sの部分における風向きを，以下のア～エから選び，それぞれ記号で答えなさい。

資料4

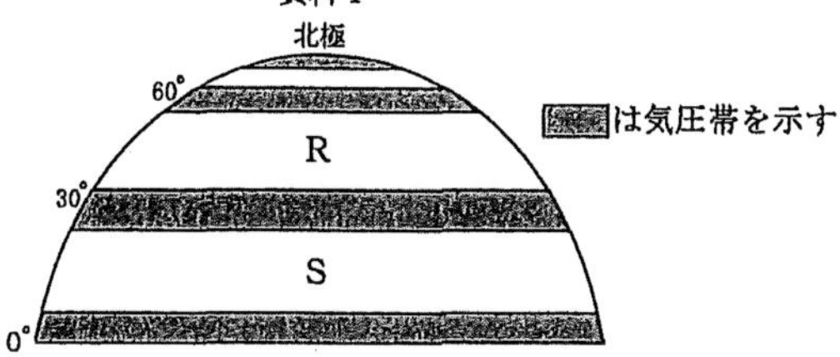

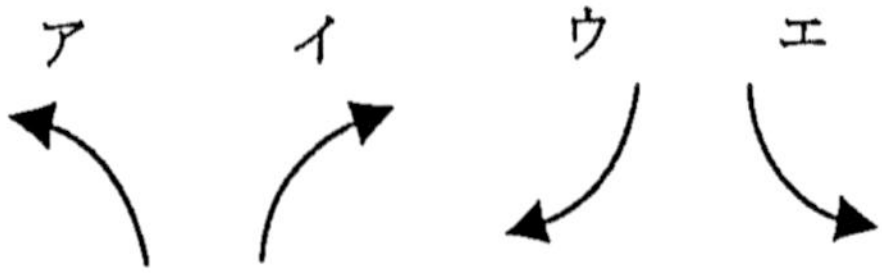

(6)　資料5は，ローマ(イタリア)，バンコク(タイ)の雨温図である。それぞれの都市において，降水量が減少する季節がある。その季節に降水量が減少する共通の理由を答えなさい。

資料5

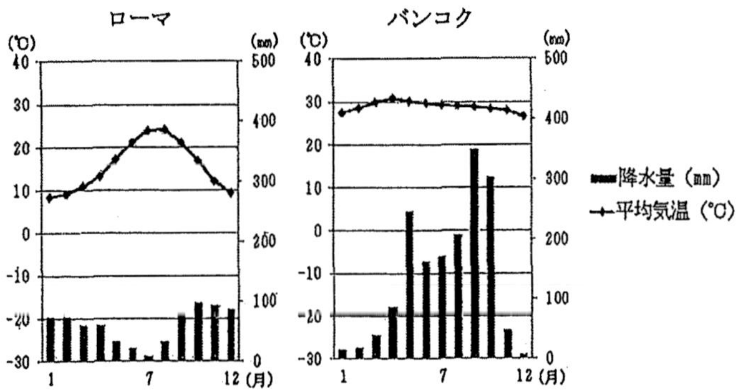

(二宮書店『データブック　オブ・ザ・ワールド』
および帝国書院『新詳高等地図』より作成)

(7)　資料6は，米，小麦，とうもろこしの生産量上位5カ国を示している。T～Wにあてはまる国名をそれぞれ答えなさい。

資料6

	米	小麦	とうもろこし
1位	中国	中国	V
2位	T	T	中国
3位	U	ロシア	W
4位	バングラデシュ	V	アルゼンチン
5位	ベトナム	フランス	T

(統計年は2017年，総務省統計局『世界の統計2020』より作成)

(8) 資料7は，ユーラシア大陸の一部を示している。

資料7

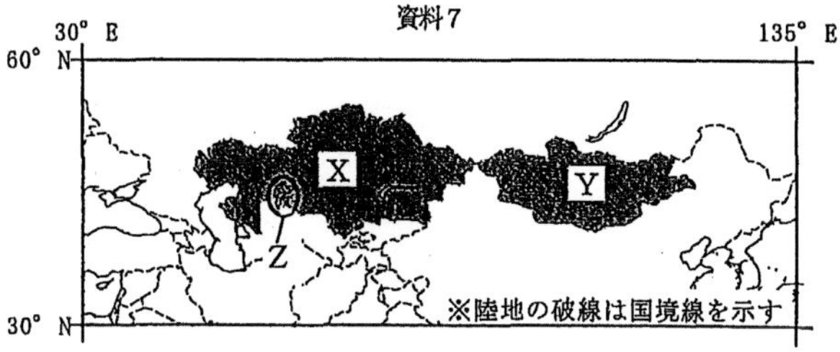

(a) XとYの各国で多くの人が信仰している宗教を，それぞれ答えなさい。

(b) 湖Zは，かつて世界で4番目に広い湖であったが，1960年代以降，湖の水量が減少し，現在は枯渇の危機に直面している。その理由について，湖の名称を明らかにし，また次の語句を用いて説明しなさい。

【 綿花 】

(9) 発展途上国の都市問題について述べた次の文章のうち，誤っているものを1つ選び，記号で答えなさい。

ア 20世紀後半の人口急増に伴い，自動車数が増え，交通渋滞の発生や排ガスによる大気汚染問題が起こっているところが多くみられる。

イ 発展途上国の大都市のスラムは，都心部の旧市街地の老朽化した地域に多くみられ，犯罪も多く，生活環境がよくない。

ウ スラム居住者は，農村部での農業の大規模化や機械化，都市部への産業の集中によって土地や仕事を失い，農村部から押し出されてきた人々が多い。

エ 発展途上国の大都市の中には，ホームレスやストリートチルドレンが多い都市もあり，生活苦から密輸や麻薬取引などといった犯罪に手を染めていくケースもみられる。

(10) リオデジャネイロやブエノスアイレスなど，南米の大都市ではスラムのことを何と呼んでいるか答えなさい。

(☆☆☆☆◎◎)

【2】次の文章を読んで，以下の問いに答えなさい。

古くから人類は，自らの生活を豊かで快適なものにするために，さまざまなエネルギーを利用してきた。

人類が早くから利用したエネルギーは①火である。暖房や灯り，料理に用いるなど，火は人類にとって必要不可欠なエネルギーとなった。その後，②農耕・牧畜を開始した人類は，農作業や物資の輸送に動物の力を利用した。

人類は，水力や風力といった自然のエネルギーも利用した。自然の力によって動く③帆船は，人類の活動範囲をさらに広げた。④古代より利用されていた水車は，⑤中世の西ヨーロッパで飛躍的に普及した。当時の西ヨーロッパは気候が温和で，耕地を分割して年ごとに順次利用していく(　ア　)制の普及や水車，重量有輪犂など農業技術の進歩により農業生産力が増大した。これにともない，人口が増加した⑥オランダでは，風車を利用した干拓を行い，国土を広げた。しかし，人類は自然のエネルギーのごく一部を利用しているにすぎず，利用用途も限られたものであった。

人類とエネルギーの関係において大きな転換点となったのは，18世紀後半に始まった⑦産業革命である。蒸気機関により，石炭を利用したエネルギーの大量使用が可能となった。エネルギーの利用用途も広がり，工場での動力源のほか，蒸気機関車，蒸気船などさまざまな分野に応用され，⑧交通手段も次々と改善された。

⑨19世紀，人類は電力を利用し始めた。発電機が発明され，1900年の(　イ　)万国博覧会では電気館が注目を集めた。さらに20世紀半ばには，石炭より使い勝手がよい石油を大量に利用するようになった。⑩1970年代に起こった二回の石油危機は，人類が石油に依存していたがゆえに起こり得たものといえる。

近年では，環境問題への配慮から人類とエネルギーの関係を見直す動きが見られ，太陽光発電など再生可能エネルギーの開発・利用が広がっている。

(1)　文中の(　ア　)・(　イ　)に適する語句を答えなさい。ただし，

(イ)には都市名が入る。

(2) 下線部①に関連して，ゾロアスター教は火を神聖視するため拝火教との別名を持つ。ゾロアスター教を国教とし，3～7世紀に興亡した王朝について述べた文として最も適当なものを次のア～エから1つ選び，記号で答えなさい。

ア　建国者アルデシール1世にちなんで，中国では『安息』と呼ばれた。

イ　シャープール1世は，ローマ帝国を破り，皇帝ウァレリアヌスを捕虜とした。

ウ　ホスロー1世は，遊牧民の突厥と結んでヒクソスを滅ぼした。

エ　ニハーヴァンドの戦いでアッバース朝に敗れて滅亡した。

(3) 下線部②に関連して，次の問いに答えなさい。

(a) 農耕と牧畜の開始は人類にとって重大な変革であった。その内容について，それ以前の形態と対比しながら40字程度で説明しなさい。

(b) 中国では，春秋時代末期より農業生産力が次第に向上した。この時代に農業生産力が向上した要因について説明しなさい。

(4) 下線部③に関連して，次の問いに答えなさい。

(a) 次の写真は，世界史上に登場する帆船の一つである。この船について述べた文として最も適当なものを以下のア～エから1つ選び，記号で答えなさい。

【問題図は著作権上の都合により掲載できません。】

(山川出版社『詳説　世界史』より)

ア　サラミスの海戦で用いられ，無産市民が漕ぎ手として活躍した。

イ　ムスリム商人がインド洋交易に用いた。

ウ　河川をさかのぼる航行が可能で，内陸への侵入にも用いられた。

エ　10世紀以降，海上貿易に活躍した中国商人が利用した。

(b)　ガレオン船は，ヨーロッパ諸国が使用した大型帆船である。スペインがこの船を使用したアカプルコ貿易で，南シナ諸地域とアメリカ大陸とのあいだの重要な中継拠点となった港市を答え，その位置を次の地図のア～エから記号で選びなさい。

(5)　下線部④に関連して，次の問いに答えなさい。

(a)　エジプトが，ナイル川の定期的氾濫によって運ばれた肥沃な土壌の上に栄えたことを，古代ギリシアの歴史家ヘロドトスは何と表現したか，答えなさい。

(b)　古代，地中海東岸のシリア・パレスチナ地方で活躍したセム語系のアラム人は，文化史上に大きな功績を残した。その内容について，それぞれ30字程度で説明しなさい。

(6)　下線部⑤に関連して，次の問いに答えなさい。

(a)　次の文章は，中世の西ヨーロッパ特有のしくみである封建社会について授業で取り扱った後の太郎さんと花子さんの会話である。文中の空欄(　ア　)に適する語句を答えなさい。

太郎：中世ヨーロッパの封建社会には，荘園内に農民(農奴)がいたと学習しましたが，古代ギリシア・ローマ時代には奴隷がいましたよね。どちらも不自由な身分で，明確な違いが分からないのですが。

花子：そういうときは，いくつかの項目を設定して，共通点や相違点を比較してみるといいですよ。例えば，移動の自由があったのかどうかという点で比べてみましょう。
太郎：古代の奴隷も中世の農奴も移動の自由はありませんでしたね。その点では同じです。
花子：そうです。では，(　ア　)を持つことができたかどうかについてはどうでしょう？古代の奴隷は，(　ア　)を持つことができませんでしたが，中世の農奴はどうでしたか？
太郎：中世の農奴は結婚税を領主におさめなければなりませんでしたが，結婚自体は認められていたのですから，(　ア　)を持つことはできました。確かに，同じ項目で比較してみると違いが分かりやすいですね。他にも比較できる項目がないか，調べてみましょう。

(b)　中世ヨーロッパの国王・皇帝について述べた文として誤っているものを次のア～オからすべて選び，記号で答えなさい。
ア　フランク王国のクローヴィスは，ウマイヤ朝を撃退した。
イ　フランスのフィリップ2世は，イギリスのジョン王から領土を奪った。
ウ　イギリスのエドワード1世は，三部会を招集した。
エ　神聖ローマ帝国のオットー1世は金印勅書を発布した。
オ　デンマーク女王マルグレーテが主導して，カルマル同盟が結ばれた。

(7)　下線部⑥に関連して，次の問いに答えなさい。
(a)　スペインから独立したオランダは，17世紀に著しい発展を遂げた。17世紀以降のオランダの海外進出について述べた文として，誤っているものを次のア～エから1つ選び，記号で答えなさい。すべて正しい場合は，オを選びなさい。

ア　台湾のバタヴィアに要塞を築き，アジア貿易の拠点とした。

イ　アンボイナ事件でイギリス勢力を東南アジアから駆逐した。

ウ　西インド会社がニューネーデルラント植民地を建設した。

エ　ジャワ島で強制栽培制度を実施し，莫大な利益をあげた。

(b)　オランダの独立は，1648年のウェストファリア条約で正式に承認された。一方で，この条約により，神聖ローマ帝国は有名無実化した。その理由について，簡潔に説明しなさい。

(8)　下線部⑦に関連して，ロシアの産業革命は1890年代に始まり，フランスからの資本導入によって発展した。これに関連し，ロシアで労働者を創出する契機となった1861年の勅令と発布した人物の組み合わせとして正しいものを次のア～エから1つ選び，記号で答えなさい。

ア　ギュルハネ勅令－アレクサンドル1世

イ　ギュルハネ勅令－アレクサンドル2世

ウ　農奴解放令－アレクサンドル1世

エ　農奴解放令－アレクサンドル2世

(9)　下線部⑧に関連して，次の問いに答えなさい。

(a)　物資輸送の交通手段として，古くから世界各地で活用されてきたものの1つが運河である。中国では，隋代に建設された大運河が，江南と華北を結びつける中国史上初めての南北の交通幹線であった。この運河建設を構想した隋の初代皇帝を答えなさい。

(b)　フランスとエジプトの共同出資で設立されたスエズ運河は，ヨーロッパとアジアをつなぐ交通の要地である。19世紀にイギリスはスエズ運河に目をつけ，スエズ運河会社の株をエジプトから買収して，運河の経営権を握った。その後，1956年にエジプトが英仏の管理下にあったスエズ運河の国有化を宣言すると，これをめぐってスエズ戦争が勃発した。このとき，イギリス・フランスと共にエジプトと対立した国を答えなさい。

(10)　下線部⑨に関連して，19世紀後半は，アメリカにとって大きな転換期であった。1861年に始まった南北戦争の根本的な原因となった南部と北部における貿易政策と奴隷制に対する主張の違いを説明しなさい。

(11) 下線部⑩に関連して，次のⅠ～Ⅳは，冷戦期の出来事について述べた文である。Ⅰ～Ⅳを，古いものから順に並べかえなさい。

Ⅰ 経済相互援助会議(コメコン)が結成された。

Ⅱ プロレタリア文化大革命が始まった。

Ⅲ キューバ危機が発生した。

Ⅳ 東西ドイツが国際連合に加盟した。

(12) 新しい学習指導要領では，「歴史総合」の内容の取り扱いについて，「中学校までの学習との連続性に留意して諸事象を取り上げることにより，生徒が興味・関心をもって近現代の歴史を学習できるよう指導を工夫すること」とあり，中学校での学習内容との接続を図ることが求められている。例えば，19世紀後半以降アジアで広がった立憲運動について学習するとき，中学校で学習した「大日本帝国憲法の成立」をその一例として取り上げながら，他地域で起こった類似の事象と比較し，共通の背景や個々の事情を探っていくことが可能である。これに関連し，日本に先がけてオスマン帝国で発布されたアジア初の憲法を答えなさい。また両国が憲法制定に至った共通の背景について，当時の国際情勢をふまえて50字程度で説明しなさい。

(☆☆☆☆◎◎◎)

【3】次の文章を読んで，以下の問いに答えなさい。

17世紀，絶対王政は市民革命により倒され，すべての人々が政治に参加する①民主政治が次第に成立した。各種の②宣言などにより人権が確立し，現代では憲法に基づく政治が行われている。日本では，戦後に日本国憲法が制定された。悲惨な戦争の反省から，憲法9条に③平和主義を掲げている。また，明治憲法下では「臣民の権利」とされてきた人権については，「侵すことのできない永久の権利」として④基本的人権を保障している。その他，⑤国会(立法)，⑥内閣(行政)，⑦裁判所(司法)の権限が明記され，規定がなかった「地方自治」の内容が新設された。ただ，時代に応じた改正を求める声もあり，改憲を唱える政党も存在する。国民である私たちは主権者の立場から自身の考えを持ち，⑧選挙などを通じて政治に参加することが重要である。

(1)　下線部①に関する次の(a)～(d)の文章のうち，正しいものを1つ選び，記号で答えなさい。

(a)　モンテスキューは権力分立を説き，立法権を最高権力とし，執行権・同盟権を抑制することを主張した。

(b)　リンカンのゲティスバーグ演説は，人民主権に基づく民主政治の根本原理を明確に表現したものである。

(c)　間接民主制の事例として，スイスの一部地域で実施されている住民集会が挙げられる。

(d)　議会政治の三原理として，地域代表の原理，審議の原理，監督の原理がある。

(2)　下線部②に関して，次に示される資料名を答えなさい。

> (1)　すべて人は生来ひとしく自由かつ独立しており，一定の生来の権利を有するものである。これらの権利は人民が社会を組織するに当り，いかなる契約によっても，……奪うことのできないものである。かかる権利とは，すなわち財産を取得所有し，幸福と安寧とを追求獲得する手段を伴って，生命と自由とを享受する権利である。

(3)　下線部③に関して，砂川事件最高裁判決など憲法第9条をめぐる司法判断において，高度に政治性のある行政・立法府の行為は，司法審査の対象外であるという考え方が示されている。この考え方を何というか，答えなさい。

(4)　下線部④に関して，人身の自由に関する次の(a)～(d)の文章のうち，誤っているものを一つ選び，記号で答えなさい。

(a)　被疑者・被告人は，有罪判決が確定するまでは無罪として扱われるが，このことを推定無罪の原則という。

(b) 自己に不利益な唯一の証拠が自白のときは有罪にならず，有罪とするには自白以外の証拠が必要である。

(c) 再審制度とは，確定した有罪判決において一定の重大な欠陥を理由にそれを取り消し，再度裁判をやり直すための制度である。

(d) 刑事訴訟法の改正により，裁判員裁判の対象事件のみ，取調べの全過程の録音・録画が義務づけられた。

(5) 下線部⑤に関して，各国の立法府に関する次の(a)～(d)の文章のうち，誤っているものを1つ選び，記号で答えなさい。

(a) イギリスの上院議員は非民選であり，下院議員は小選挙区で選出される。

(b) アメリカの下院は，大統領に対する条約締結・高官任命についての同意権をもつ。

(c) 中国の立法府は全国人民代表大会であり，憲法改正，立法，国家主席の選出などの権限をもつ。

(d) 日本の立法府である国会の地位は，「国権の最高機関であり，国の唯一の立法機関」である。

(6) 下線部⑥に関して，19世紀のスウェーデンで初めて導入された，第三者機関が行政活動を住民の立場から監視し，行政の公正化・適正化をめざす制度の名称を答えなさい。

(7) 下線部⑦に関する次の(a)～(d)の文章のうち，誤っているものを1つ選び，記号で答えなさい。

(a) 最高裁判所裁判官は，任命後初の衆議院議員総選挙の際に国民により信任・罷免の審査を受ける。

(b) 第一審が違憲判決の時などは，控訴審を飛び越えて上告裁判所に直接訴える跳躍上告・飛躍上告の制度がある。

(c) 知的財産高等裁判所が，すべての高等裁判所に設置された。

(d) 国民審査で罷免された裁判官はいないが，弾劾裁判で罷免された裁判官の事例はある。

(8) 下線部⑧に関して，次の各問いに答えなさい。

(i) 日本の衆議院の選挙制度に関する次の(a)～(d)の文章のうち，誤っているものを1つ選び，記号で答えなさい。

(a)　全国を289に分けた小選挙区制と，全国を11ブロックに分けた比例代表制を並立した制度を採用している。

(b)　選挙区と比例区の重複立候補が可能で，重複立候補者は同じ順位で比例代表の名簿に登載できる。

(c)　議席配分の計算式にアダムズ方式が2022年から導入される。

(d)　比例区において，各党が一部に拘束名簿式を活用するかどうかを決められる特定枠が導入された。

(ii)　次のA～Dのうち，満18歳以上が選挙運動期間内に認められる選挙運動はどれか。その正誤の組み合わせとして正しいものを(a)～(h)から1つ選び，記号で答えなさい。

A　他の有権者に電話で投票を依頼する

B　サイト上のチラシを印刷して配布し投票を呼び掛ける

C　ブログやSNSへの投稿を通じて投票を呼び掛ける

D　他の有権者に電子メールで投票を依頼する

(a)	A　正	B　正	C　正	D　正
(b)	A　正	B　正	C　正	D　誤
(c)	A　正	B　誤	C　正	D　誤
(d)	A　正	B　誤	C　誤	D　誤
(e)	A　誤	B　正	C　正	D　正
(f)	A　誤	B　正	C　誤	D　正
(g)	A　誤	B　誤	C　正	D　正
(h)	A　誤	B　誤	C　誤	D　誤

(iii)　マスメディアが行う世論調査などの選挙予測報道が，有権者の投票行動に影響を与えることがある。このようなマスメディアによる報道が人々の思考・行動に影響を与えることを何というか，答えなさい。

(☆☆☆◎◎◎)

【4】次の文章を読んで，以下の問いに答えなさい。

産業革命以降，資本主義に基づく経済が多くの国で実施され，社会主義国家においても経済の自由化を進める動きが見られる。市場を基盤とした経済は，①価格競争を促し，企業活動の活発化や，それに伴う②雇用の拡大，③国民所得の増加につながるなど，その利点は大きい。一方で，④環境破壊や資源・エネルギーの問題，⑤景気の変動による⑥金融・経済の不安など，⑦様々な問題点も抱えている。日本経済も資本主義経済であり，このような問題に対して政府が⑧財政活動を通して，経済を安定化させることが求められる。

(1) 下線部①に関して，次の各問いに答えなさい。

(i) 有力企業が，価格先導者として一定の利潤が出る価格を設定し，他企業がそれにならう場合の価格を何というか，答えなさい。

(ii) 次のグラフには，ある財の完全競争市場における当初の需要曲線と供給曲線とが表されている。いま，この市場において，均衡点がAからBに移動したとしよう。このような均衡点の変化を生じさせた要因として，正しいものを，(a)～(d)のうちから1つ選び，記号で答えなさい。

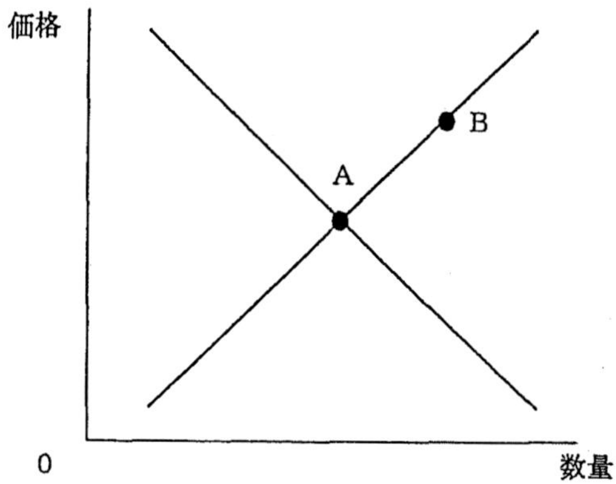

(a) この財を消費する消費者の所得が減少した。

(b) この財に対する消費者の人気が高まった。

(c) この財にかけられる税が引き上げられた。

(d)　この財を生産する技術が向上した。

(2)　下線部②に関して，次のア・イは男女の雇用に関する記述である。その正誤の組み合わせとして正しいものを(a)～(d)から1つ選び，記号で答えなさい。

ア　日本の女性の年齢別労働力率は，結婚・出産・育児などと重なる時期に低下するため，M字型雇用の傾向がある。

イ　男女雇用機会均等法は2016年に改正され，女性の妊娠・出産などを理由としたハラスメントの防止措置をとることが事業主に義務づけられた。

(a)　ア　正　　イ　正　　(b)　ア　正　　イ　誤

(c)　ア　誤　　イ　正　　(d)　ア　誤　　イ　誤

(3)　下線部③に関して，次の表は，ある年の国民経済全体の活動水準を測るフローの諸指標の項目と金額との組み合わせの数値例を表したものである。表の数値例をもとにした場合に，国民所得(NI)の金額はいくらか，答えなさい。

項　目	金額
国内総生産（GDP）	700
海外からの純所得	90
間接税－補助金	100
固定資本減耗	150

(4)　下線部④に関して，次のア～ウは地球環境問題とその対策を示したものである。その正誤の組み合わせとして正しいものを(a)～(h)から1つ選び，記号で答えなさい。

ア　問題：オゾン層の破壊　　　－対策：モントリオール議定書

イ　問題：酸性雨　　　　　　　－対策：ヘルシンキ議定書

ウ　問題：有害廃棄物の越境移動－対策：バーゼル条約

(a)　ア　正　　イ　正　　ウ　正

(b)　ア　正　　イ　正　　ウ　誤

(c)　ア　正　　イ　誤　　ウ　正

(d)　ア　正　　イ　誤　　ウ　誤
(e)　ア　誤　　イ　正　　ウ　正
(f)　ア　誤　　イ　正　　ウ　誤
(g)　ア　誤　　イ　誤　　ウ　正
(h)　ア　誤　　イ　誤　　ウ　誤

(5)　下線部⑤に関して，次の表は，各国の経済恐慌がいつ発生したのかを示す「恐慌年表」である。この表から，ある経済学者が発見した経済の波が読み取れる。その波の名称を答えなさい。

イギリス	アメリカ	ドイツ	フランス	日本
1825	-	-	-	-
1836	1837	-	-	-
1847	1848	1847	1847	-
1857	1857	1857	1857	-
1866	1865	1866	1867	-
1873	1873	1873	1873	-
1882	1882	1883	1882	-
1890	1893	1890	1891	-
1900	1903	1900	1900	1900
1907	1907	1907	1907	1907
1920	1920	-	-	1920
1929	1929	1929	1930	1929
1937	1937	-	1937	-
-	1948	-	-	-
1958	1957	-	-	-

恐慌年表（『近代経済学講座（基礎理論篇１）』有斐閣より作成）

(6)　下線部⑥に関して，通貨量(マネーストック)の調節は日本銀行が行う重要な金融政策である。マネーストックの内訳について，Bに適する語句を(a)～(c)より1つ選び，記号で答えなさい。

2019年平均残高（総額1360兆円）

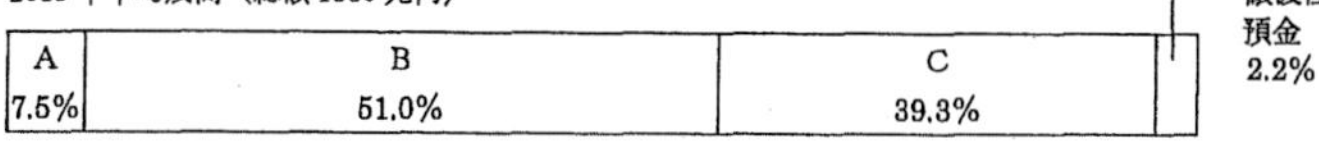

(a)　預金通貨　　(b)　準通貨　　(c)　現金通貨

(7)　下線部⑦に関して，次の各問いに答えなさい。

(i)　消費者問題に関する次の(a)～(d)の文章のうち，正しいものを1

つ選び，記号で答えなさい。

(a)　多重債務問題の深刻化で，貸金業法が改正され，グレーゾーン金利を撤廃した。

(b)　アメリカのニクソン大統領は，特別教書で消費者の四つの権利を示した。

(c)　経済産業省に消費者庁が設置され，消費者問題への迅速な対応と被害拡大の防止を目指している。

(d)　クーリング・オフ制度により，すべての不当な商品・サービスの売買契約の取消しを可能とした。

(ii)　少子化の進行は社会問題である。次のア～ウは少子化対策に関する記述である。その正誤の組み合わせとして正しいものを(a)～(h)から1つ選び，記号で答えなさい。

ア　エンゼルプランとは，子育てと仕事の両立支援，子育てのための生活環境整備に関する政策である。

イ　ゴールドプランとは，保育所と幼稚園の機能を併せ持つ「認定こども園」制度の改善・普及に関する政策である。

ウ　オレンジプランとは，企業が従業員のための保育施設の設置・運営などを行う場合に補助金を支給する政策である。

(a)	ア	正	イ	正	ウ	正
(b)	ア	正	イ	正	ウ	誤
(c)	ア	正	イ	誤	ウ	正
(d)	ア	正	イ	誤	ウ	誤
(e)	ア	誤	イ	正	ウ	正
(f)	ア	誤	イ	正	ウ	誤
(g)	ア	誤	イ	誤	ウ	正
(h)	ア	誤	イ	誤	ウ	誤

(8)　下線部⑧に関して，財政状況を示す指標の一つであり，公債金収入を除く歳入から国債費を除く歳出を差し引いたものを何というか，カタカナで答えなさい。

(☆☆☆◎◎◎)

【5】青年期，源流思想について次の文章を読んで，以下の問いに答えなさい。

【青年期】

<会話Ⅰ>

先生：「中高生の君たちは，自分たちが属している青年期はどのような特徴をもっているのか，どのような課題があるのかを知ることが大事です。」

生徒：「はい。では，今自分たちが属している青年期はどのような特徴があるのですか。」

先生：「様々な人が①青年期の特徴を表現しています。例えば，アメリカの心理学者・ホールは[　ア　]，ドイツの心理学者・[　イ　]は境界人(マージナル・マン)としました。様々なとらえ方がありますが，青年期は自立した大人になっていくために重要な時期ですね。また自我意識が高まるにつれて様々な悩みが生まれることや，②多くの欲求が生まれる時期でもあります。」

生徒：「確かに…。自分の性格，他の人との関係，将来のことなど悩みが尽きません…。」

先生：「悩み自体は決してマイナスなものではなく，それに向き合い成長する機会ととらえてみてはどうでしょうか。先生，家族，友達などに打ち明けてみてください。事態を冷静に眺められ，合理的な解決方法が見つかるかもしれません。」

生徒：「わかりました。思い悩むかもしれませんが，色んな人と相談しながら青年期をよいものにしていきます！」

(1)　<会話Ⅰ>の文章中の空欄[　ア　]・[　イ　]に適する語句・人物の組み合わせとして，正しいものを(a)～(f)から1つ選び，記号で答えなさい。

(a)　アー疾風怒濤の時代　　　　　イーホリングワース

(b)　アー疾風怒濤の時代　　　　　イーレヴィン
(c)　アースチューデント・アパシー　　イーホリングワース
(d)　アースチューデント・アパシー　　イーレヴィン
(e)　アー青い鳥症候群　　　　　イーホリングワース
(f)　アー青い鳥症候群　　　　　イーレヴィン

(2)　下線部①について，エリクソンのいう「心理・社会的モラトリアム」とはどのような期間のことか，「大人としての[　　]期間」にあわせて説明しなさい。

(3)　下線部②について，次のア～ウは欲求と適応に関する文章である。その正誤の組み合わせとして，最も適当な組み合わせを(a)～(h)から1つ選び，記号で答えなさい。

ア　マズローは，集団に帰属して愛される欲求が満たされた時，その次に成長欲求である自己実現の欲求があらわれるとした。

イ　クレッチマーは，葛藤(コンフリクト)を接近－接近型，回避－回避型，接近－回避型の3つの型に分類した。

ウ　防衛機制において，憎んでいる相手に対して過剰に親切に接することは，反動形成にあたる。

(a)	ア　正	イ　正	ウ　正
(b)	ア　正	イ　正	ウ　誤
(c)	ア　正	イ　誤	ウ　正
(d)	ア　正	イ　誤	ウ　誤
(e)	ア　誤	イ　正	ウ　正
(f)	ア　誤	イ　正	ウ　誤
(g)	ア　誤	イ　誤	ウ　正
(h)	ア　誤	イ　誤	ウ　誤

【源流思想】

今，青年期にあたる中高生は，様々な疑問に直面している。「私」とは何だろうか，何のために存在しているのだろうか，どのように生きていくべきなのかという疑問にぶつかり，その答えを模索しながら生きていく。

その際，助けとなるのが先哲の思想である。私たちが直面している同じような疑問に，それぞれの時代や社会の中でそれを考え抜いた。①古代ギリシアの哲学，ヘレニズム時代の思想，②キリスト教，③イスラーム教，④仏教などの宗教や，哲学的・宗教的側面を持つ⑤儒学をはじめとする⑥中国思想などの人類の思想の諸源流を学ぶことを通じて，それらの疑問について考えていく手がかりにしていきたい。

(4) 下線部①について，次の(i)，(ii)の各問いに答えなさい。

(i) 次の(a)～(e)の文章は，プラトンに関する記述である。(a)～(e)のうち下線部が誤っているものを2つ選び，記号で答えなさい。

(a) 国家は統治者・防衛者・生産者の3つの階級で構成され，各階級がそれぞれの徳を備えた時，理想の国家が誕生するとした。

(b) 理性でのみとらえられるイデアこそが，唯一完全で変化しない真の実在であるとし，人間の魂はかつてイデア界にあったとした。

(c) アテネ近郊に，リュケイオンという学園を創設し，アリストテレスらを教育した。

(d) アテネの政治に失望し，理想国家論として哲学者が王となるか，王が哲学者となるかという哲人政治を説いた。

(e) 魂は理性・気概・欲望の3つの機能をもつとし，それらが知恵・勇気・節制の徳を備えた時，慈悲の徳が実現するとした。

(ii) 次はアリストテレスに関する文章である。文章中の空欄[A]・[B]に適する語句を，それぞれ漢字2字で答えなさい。

アリストテレスは，最高の生活は国家という枠組みの中での生活で実現されるとし，[A]と[B]を重視した。[A]は情意の面で，[B]は理性の面で人々を結びつけ，ポリスという社会を成立させる必要不可欠な徳である。またポリスにおいて[A]があれば[B]は不要であるとし，[A]をより重視した。

(5) 下線部②について，次のア～ウはキリスト教に関する文章である。

その正誤の組み合わせとして，最も適当な組み合わせを(a)～(h)から1つ選び，記号で答えなさい。

ア　旧約聖書の神の性格は，厳格な裁きの神であるのに対し，新約聖書の神の性格は，愛の神となっている。

イ　パウロは，イエスの刑死は全人類の原罪を贖うためのものであったと理解した。

ウ　ウィリアム＝オッカムは，『神学大全』を著し，神学の体系を確立させてスコラ哲学を完成させた。

(a)　アー正　　イー正　　ウー正
(b)　アー正　　イー正　　ウー誤
(c)　アー正　　イー誤　　ウー正
(d)　アー正　　イー誤　　ウー誤
(e)　アー誤　　イー正　　ウー正
(f)　アー誤　　イー正　　ウー誤
(g)　アー誤　　イー誤　　ウー正
(h)　アー誤　　イー誤　　ウー誤

(6)　下線部③について，次のイスラーム教についての文章(a)～(d)のうち，誤っているものを1つ選び，記号で答えなさい。

(a)　アッラーは，ユダヤ教・キリスト教の神と同じであり，ムハンマドは，モーセやイエスと同様に預言者の一人である。

(b)　六信の「来世」とは，アッラーによる最後の審判により，生前の善行・悪行の多い少ないで，天国と地獄に振り分けられることである。

(c)　ムハンマドは，エルサレムで昇天したとされており，エルサレムは，メッカ，メディナに次ぐイスラーム教の聖地とされる。

(d)　五行における「巡礼」は，経済的・肉体的に可能なら，毎年1回，聖地メッカへの巡礼を行うことである。

(7)　下線部④について，後の仏教などインドの思想に大きな影響を与えた，輪廻や梵我一如を体得することで解脱できることなどをはじめとするバラモン教の哲学的関心を何というか，答えなさい。

(8) 下線部⑤について，次は荀子に関する文章である。文章中の空欄[ア]～[ウ]に適する語句の組み合わせについて，正しいものを(a)～(h)から1つ選び，記号で答えなさい。

> 荀子は，[ア]の立場をとり，仁が行動に表れたものである[イ]による人民の教化を重視した。この考えは，[ウ]の思想につながった。

(a) アー性悪説　イー礼　ウー兵家
(b) アー性悪説　イー礼　ウー法家
(c) アー性悪説　イー忠　ウー兵家
(d) アー性悪説　イー忠　ウー法家
(e) アー性善説　イー礼　ウー兵家
(f) アー性善説　イー礼　ウー法家
(g) アー性善説　イー忠　ウー兵家
(h) アー性善説　イー忠　ウー法家

(9) 下線部⑥について，墨子の説く「兼愛」とはどのようなものか，説明しなさい。

(☆☆☆◎◎◎)

【6】次は生徒がまとめた日本の思想についてのノートである。そのノートを読んで，以下の問いに答えなさい。

> 【全体像】
> **古代日本人の倫理観、宗教観→神道**
> **＋仏教、儒学、西洋の思想** } ⇒ **①<u>現代の日本の思想</u>につながる**
>
> 日本では，古来の八百万の神々への信仰からはじまる神道に加えて，仏教，儒学，西洋思想などを，それぞれの時代で選択しながら思想を形成し，引き継いできた。
>
> 【仏教について】
> 仏教は伝来当初～奈良時代にかけてと，②<u>平安前期～中期</u>，平

安時代末期～鎌倉時代にかけてとでは，大きな性格の変化がみられる。奈良仏教は鎮護国家思想，平安末期の仏教は人々を救済するための教え，こうした変化を受けて③鎌倉仏教の様々な教えが展開されていった。

【儒学について】

儒学は，江戸時代に朱子学の興隆というかたちで本格的に発展した。他にも，④陽明学，古学派など様々な流れが存在した。またこうした儒学の興隆が⑤国学の登場を促した。

(1)　下線部①に関して，次の文章は生徒がアメリカの文化人類学者であるルース・ベネディクトについてまとめたレポートである。文章中の空欄[　ア　]～[　ウ　]に当てはまる語句の組み合わせについて，正しいものを(a)～(f)から1つ選び，記号で答えなさい。

レポート

アメリカの文化人類学者であるルース・ベネディクトは，第二次世界大戦下，アメリカの政治研究の一環で在米日系人との面接や文学・映画作品をもとに日本文化を研究し，著書『[　ア　]』で，西欧的な「[　イ　]の文化」に対して，日本文化を「[　ウ　]の文化」であると説いた。

(a)　アー禅と日本文化　　イー恥　　ウー罪
(b)　アー禅と日本文化　　イー罪　　ウー恥
(c)　アーThe Book of Tea　　イー恥　　ウー罪
(d)　アーThe Book of Tea　　イー罪　　ウー恥
(e)　アー菊と刀　　イー恥　　ウー罪
(f)　アー菊と刀　　イー罪　　ウー恥

(2)　下線部②の時期の仏教に関して，次の生徒と先生の会話文を読み，文中の空欄[　ア　]・(　A　)に適する語句を答えなさい。ただし，[　ア　]は正しいものを以下の(a)～(d)から1つ選び記号で，(　A　)は漢字4字で答えなさい。

生徒：「奈良時代の鎮護国家の仏教から平安時代の仏教はどう変化していったのですか。」 先生：「そうですね，平安時代には最澄や空海による[　ア　]を中心とする密教が展開されました。これらは特に貴族中心に信仰されていきます。」 生徒：「平安時代は貴族による摂関政治が中心でしたね。貴族は仏教に何を求めたのですか。」 先生：「いい質問ですね。貴族は個人の健康や出世など(　A　)を求めたのです。」 生徒：「わかりました，平安仏教には鎮護国家以外にもそういった性格があったのですね。」

ア：(a)　神仏習合　　(b)　浄土信仰　　(c)　加持祈祷

(d)　専修念仏

(3)　下線部③に関して，次の文章は，鎌倉時代のある宗派の僧の主張である。文章中の空欄[　ア　]・[　イ　]に当てはまる語句の組み合わせについて，正しいものを(a)～(f)から1つ選び，記号で答えなさい。

・[　ア　]宗における「[　イ　]」の考え 「すべては阿弥陀仏のはからいであり，南無阿弥陀仏という念仏さえも阿弥陀仏により唱えさせられている。自力を捨て，阿弥陀仏に身をまかせれば，おのずから仏の道に到達する。」

(a)　アー浄土　　イー自然法爾
(b)　アー浄土　　イー興禅護国
(c)　アー浄土　　イー聖道門
(d)　アー浄土真　イー自然法爾
(e)　アー浄土真　イー興禅護国
(f)　アー浄土真　イー聖道門

(4)　下線部④に関して，陽明学者・中江藤樹が唱えた「致良知」とはどのような考え方か，次の語句を必ず使用して説明しなさい。

【　善悪　】

(5)　下線部⑤に関して，次のア～ウは国学に関する文章である。その下線部の正誤の組み合わせとして，最も適当なものを(a)～(h)から1つ選び，記号で答えなさい。

ア　平田篤胤は，復古神道を完成させ，神の子孫である天皇の治める日本こそ最も優れているとした。

イ　契沖は，古代日本の精神を伝える古典として『源氏物語』を研究した。

ウ　本居宣長は，仏教や儒学が入ってくる以前の偽りのない真実の心である漢意(からごころ)の重要性を説いた。

(a)　アー正　　イー正　　ウー正
(b)　アー正　　イー正　　ウー誤
(c)　アー正　　イー誤　　ウー正
(d)　アー正　　イー誤　　ウー誤
(e)　アー誤　　イー正　　ウー正
(f)　アー誤　　イー正　　ウー誤
(g)　アー誤　　イー誤　　ウー正
(h)　アー誤　　イー誤　　ウー誤

(☆☆☆◎◎◎)

【7】次の文章を読んで，以下の問いに答えなさい。

クラスを2つの班に分けてルネサンス期の思想からカントの思想までの西洋思想の流れをまとめることにした。次のノートはルネサンス・宗教改革の思想についてまとめた班のものである。

ノート

封建制からの解放と教会の権威の低下

↓

【ルネサンス】

・個人の自由や人間性の尊重、理想的な人間像は ア

<代表的人物>

・ピコ＝デラ＝ミランドラ：人間は自由意志を持ち、それにより自己形成していくことに尊厳がある

・ イ ：君主は道徳や宗教から独立して行動することが認められる

【宗教改革】

教会を通じた形だけの信仰ではなく、個人の内面の信仰を尊重

・ルター：『９５か条の論題』、 A 主義、福音主義、万人司祭説

・カルヴァン： A 主義、福音主義、予定説、職業召命観

→ ウ ：『プロテスタンティズムの倫理と資本主義の精神』につながる

↓

プロテスタントとカトリックの対立が激化し、各地で宗教戦争が起こり、人間を深く観察し、生き方を探究・反省したモラリストたちが登場する。

(1) ノートの空欄 ア ～ ウ に当てはまる語句と人物の組み合わせとして，最も適当な組み合わせを(a)～(h)から1つ選び，記号で答えなさい。

(a) アー英知人　イーマキァベリ　ウーウェーバー
(b) アー英知人　イーマキァベリ　ウーアダム＝スミス
(c) アー英知人　イートマス＝モア　ウーウェーバー
(d) アー英知人　イートマス＝モア　ウーアダム＝スミス
(e) アー万能人　イーマキァベリ　ウーウェーバー
(f) アー万能人　イーマキァベリ　ウーアダム＝スミス
(g) アー万能人　イートマス＝モア　ウーウェーバー
(h) アー万能人　イートマス＝モア　ウーアダム＝スミス

(2) ノートの空欄 A に当てはまる，信仰のよりどころについてのルター，カルヴァンに共通する語句を答えなさい。

次のノートは近代科学の誕生からカントの思想までについてまとめた班のものである。以下の問いに答えなさい。

ノート
ルネサンス・宗教改革　…宗教的権威に縛られず自然現象を
　　　　　　　　　　　　あるがままに考察する態度を生む
　　　↓
近代科学の誕生　…①イギリス経験論，②大陸合理論が近代科
　　　　　　　　　学の形成に大きな役割を果たす
　　　↓
③カントの批判哲学　…イギリス経験論と大陸合理論を調停・
　　　　　　　　　　　統合

(3)　下線部①に関して，次のベーコンの主張についてまとめた生徒のレポートの空欄[　A　]・[　B　]に適する語句をそれぞれ答えなさい。

レポート
　ベーコンは著書『[　A　]』にて，実験や観察など経験を重視する経験主義の立場を明確にした。その際に，人間の観察と判断をゆがめる4つの[　B　]を排除しなくてはならないと説いた。

(4)　下線部②に関して，デカルトの主張についてまとめたレポートの空欄[　C　]・[　D　]に適する語句をそれぞれ答えなさい。

レポート
　デカルトは，感覚的な経験は不確かだと考え，人間の理性を知の源泉であるとした。理性を正しく使うために，確実な原理をもとに推論する[　C　]法を主張した。
　また，考えることを本質とする精神と空間的な広がりを本質とする物体を厳密に区別する[　D　]論を主張し，これは機械論的自然観を支える思想となった。

(5)　下線部③に関して，次の文章(a)～(d)のうち，カントに関しての説明として正しいものを1つ選び，記号で答えなさい。

(a) 何らかの目的のための手段ではなく，「～せよ」という無条件の普遍的な仮言命法を重視した。
(b) 自律的自由をもつ人格を目的として尊重する「神の国」を理想社会とした。
(c) 著書『永遠平和のために』には，共和制国家である必要性や後の国際連盟・国際連合の基礎になる考えが書かれている。
(d) 「いかになすか」ではなく「何をなすか」という，行為への意欲・動機ではなく行為の結果を重視した。

(☆☆☆◎◎◎)

地　理・歴　史

【共通問題】

【1】次の問いに答えなさい。

(1) 次の会話文を読んで，以下の(a)～(c)の問いに答えなさい。

太郎：統計地図は，人口や農産物の生産量など，地理的な数値情報を様々な形で表現することができるね。
花子：そうね。今日の授業では，その地点の数量を点の多さで表現する(　ア　)や，図形の面積や体積などで数値の絶対量を表現する(　イ　)，等しい値の地点を線で結んだ(　ウ　)，統計数値をいくつかの階級に区分し，階級ごとに異なった模様や色彩などで表現する(　エ　)などど，様々な方法があることがわかったわ。
太郎：様々な方法があるけど，統計地図を作成するときには，<u>目的に応じて，適切な表現方法で作成する</u>ことが大切になると思う。
花子：私もそう思う。これからの授業では，根拠資料となるデータから見やすい統計地図を作成して，探究活動の発表に活かしていきたいね。

(a)　空欄(　ア　)～(　エ　)に入る適切な統計地図の名称をそれぞれ答えなさい。

(b)　会話文中の下線部について，次の統計地図を作成する際に，最も適切な方法を会話文中の(　ア　)～(　エ　)から選び，それぞれ記号で答えなさい。

①　おもな国の二酸化炭素排出量　　②　都道府県別人口密度

(c)　資料1は，都道府県別の人口規模を表現したものである。このように，統計数値をより効果的に示すため，資料1のようにもとの地図を変形させて表現した地図を何というか答えなさい。

資料1

【問題図は著作権上の都合により掲載できません。】

(帝国書院『新詳地理B』より)

(2)　資料2は，大陸別の高度面積割合を示している。資料2のア～オは，アフリカ・オーストラリア・北アメリカ・南アメリカ・ヨーロッパのいずれかである。アフリカとヨーロッパを示しているものを選び，それぞれ記号で答えなさい。

資料2

高度（m）	ア	イ	ウ	エ	オ
200未満	29.9	39.3	9.7	38.2	52.7
200～500	30.7	41.6	38.9	29.8	21.2
500～1000	12.0	16.9	28.2	19.2	15.2
1000～2000	16.6	2.2	19.5	5.6	5.0
2000～3000	9.1	0.0	2.7	2.2	2.0
3000～4000	1.7	0.0	1.0	2.8	0.0
4000～5000	0.0	0.0	0.0	2.2	0.0
5000以上	0.0	-	0.0	0.0	-

(%)

(二宮書店『データブック　オブ・ザ・ワールド』より作成)

(3)　次の大地形に関する文章を読んで，以下の問いに答えなさい。

世界の大地形は，大きく三つに分類される。先カンブリア時代に造山運動を受け，その後，激しい地殻変動がなかった地域は(　ア　)と呼ばれ，さらに①その形成の仕方から楯状地と卓状地に分けられる。また，古生代中期以降に造山運動を受けた地域は，その後長い間侵食されたために，現在は標高2000m程度のゆるやかな山地となっているものが多く，②古期造山帯に分類される。一方，ヒマラヤ山脈などは，新期造山帯に分類される。これは中生代後期以降に造山運動を受けたもので，現在も造山運動が続き，大陸を縁取る急峻な山脈となっており，日本・ニュージーランドを含む(　イ　)造山帯とピレネー山脈・ヒマラヤ山脈などを含むアルプス＝ヒマラヤ造山帯の二つに分けられる。

(a)　文章中の(　ア　)，(　イ　)に入る適切な語句をそれぞれ答えなさい。

(b)　下線部①の「卓状地」について，次の語句を用いて説明しなさい。

【　先カンブリア時代　】

(c)　中国西部のテンシャン山脈は，文章中の下線部②に分類されるが，その標高は7,000mを超える急峻な山脈となっている。その理由を，次の語句を用いて説明しなさい。

【　衝突　】

(4)　次の文章は，資料3のPにみられる地形と，Qの集落について説明したものである。(　ア　)～(　エ　)に入る適切な語句を答えなさい。

P　蛇行して流れていた久慈川が，河川の(　ア　)により新しい流路が形成されたため取り残された旧流路の部分で，(　イ　)という。

Q　この集落は，河川の(　ア　)により形成された微高地である(　ウ　)上に立地している。(　ウ　)は，土地が砂礫質のため乾燥しており，比較的水はけが(　エ　)ため，洪水時の浸水被害が小さくすむ。

資料3

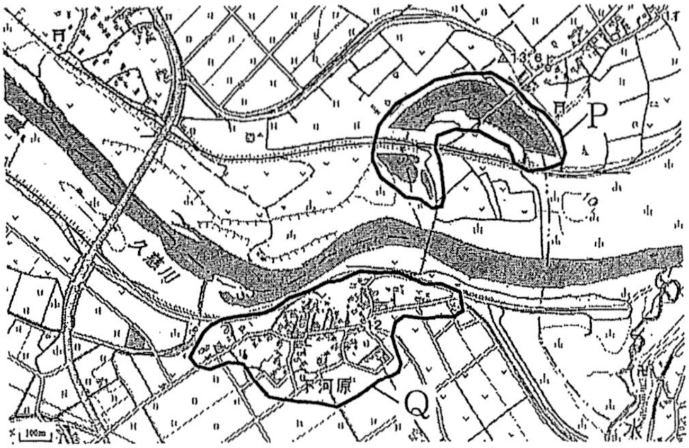

(国土地理院　地理院地図より作成)

(5)　地球の表面付近では，大規模な風の流れ(大気大循環)がつくられる。資料4のR，Sの部分における風向きを，以下のア～エから選び，それぞれ記号で答えなさい。

資料4

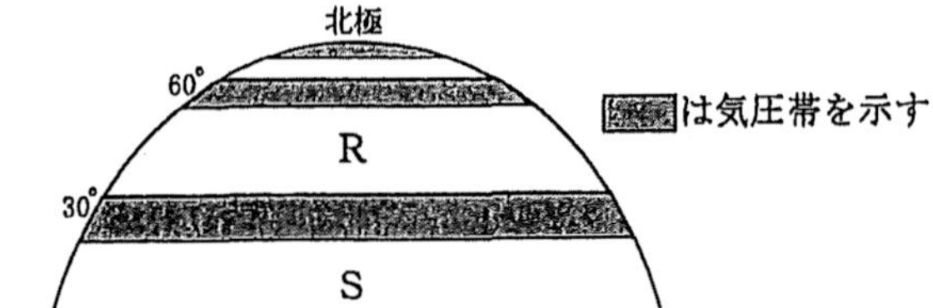

ア　イ　ウ　エ

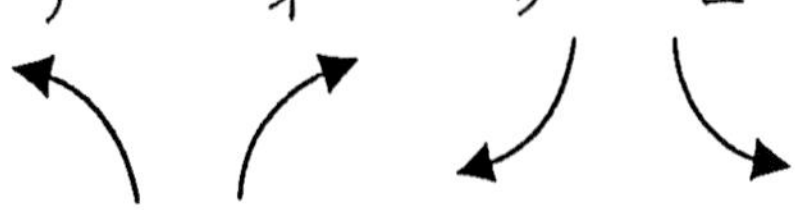

(6)　資料5は，ローマ(イタリア)，バンコク(タイ)の雨温図である。それぞれの都市において，降水量が減少する季節がある。その季節に降水量が減少する共通の理由を答えなさい。

資料5

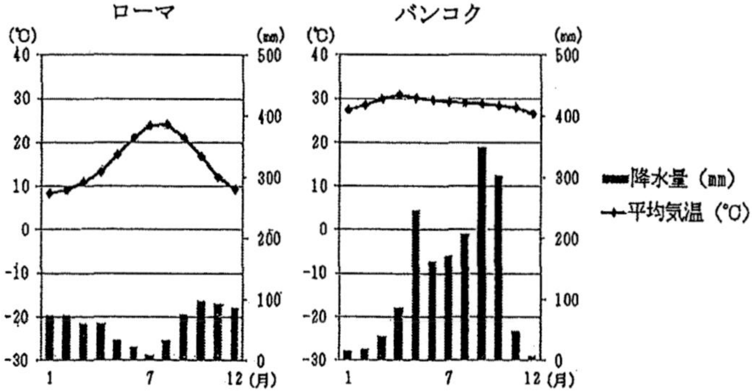

(二宮書店『データブック　オブ・ザ・ワールド』
および帝国書院『新詳高等地図』より作成)

(7)　資料6は，米，小麦，とうもろこしの生産量上位5カ国を示している。T～Wにあてはまる国名をそれぞれ答えなさい。

資料6

	米	小麦	とうもろこし
1位	中国	中国	V
2位	T	T	中国
3位	U	ロシア	W
4位	バングラデシュ	V	アルゼンチン
5位	ベトナム	フランス	T

(統計年は2017年，総務省統計局『世界の統計2020』より作成)

(8)　資料7は，ユーラシア大陸の一部を示している。

資料7

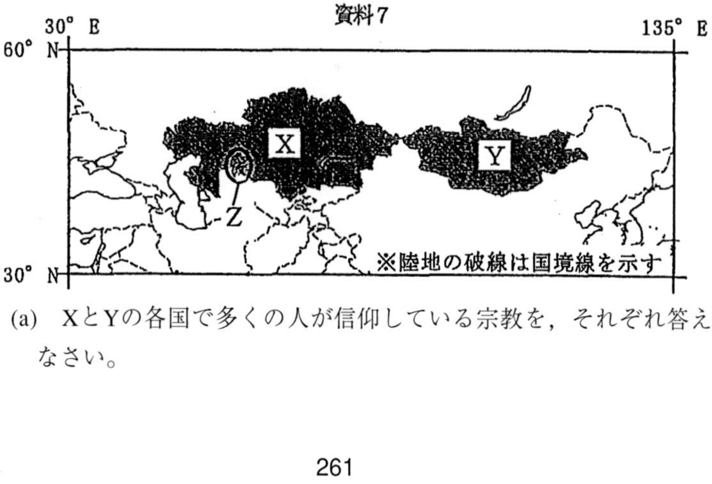

(a)　XとYの各国で多くの人が信仰している宗教を，それぞれ答えなさい。

(b)　湖Zは，かつて世界で4番目に広い湖であったが，1960年代以降，湖の水量が減少し，現在は枯渇の危機に直面している。その理由について，湖の名称を明らかにし，また次の語句を用いて説明しなさい。

【　綿花　】

(9)　発展途上国の都市問題について述べた次の文章のうち，誤っているものを1つ選び，記号で答えなさい。

ア　20世紀後半の人口急増に伴い，自動車数が増え，交通渋滞の発生や排ガスによる大気汚染問題が起こっているところが多くみられる。

イ　発展途上国の大都市のスラムは，都心部の旧市街地の老朽化した地域に多くみられ，犯罪も多く，生活環境がよくない。

ウ　スラム居住者は，農村部での農業の大規模化や機械化，都市部への産業の集中によって土地や仕事を失い，農村部から押し出されてきた人々が多い。

エ　発展途上国の大都市の中には，ホームレスやストリートチルドレンが多い都市もあり，生活苦から密輸や麻薬取引などといった犯罪に手を染めていくケースもみられる。

(10)　リオデジャネイロやブエノスアイレスなど，南米の大都市ではスラムのことを何と呼んでいるか答えなさい。

(11)　次の文章の空欄(　ア　)に入る適切な語句を答えなさい。

発展途上国の都市では，国家や行政の指導を受けずに，修理業や露天商など統計上にあらわれない経済活動である(　ア　)で生計を立てている人たちがおり，一般的に収入は低く，税金も納めていない。

(☆☆☆☆◎◎)

【2】次の文章を読んで，以下の問いに答えなさい。

古くから人類は，自らの生活を豊かで快適なものにするために，さまざまなエネルギーを利用してきた。

人類が早くから利用したエネルギーは①火である。暖房や灯り，料理に用いるなど，火は人類にとって必要不可欠なエネルギーとなった。その後，②農耕・牧畜を開始した人類は，農作業や物資の輸送に動物の力を利用した。

人類は，水力や風力といった自然のエネルギーも利用した。自然の力によって動く③帆船は，人類の活動範囲をさらに広げた。④古代より利用されていた水車は，⑤中世の西ヨーロッパで飛躍的に普及した。当時の西ヨーロッパは気候が温和で，耕地を分割して年ごとに順次利用していく(　ア　)制の普及や水車，重量有輪犂など農業技術の進歩により農業生産力が増大した。これにともない，人口が増加した⑥オランダでは，風車を利用した干拓を行い，国土を広げた。しかし，人類は自然のエネルギーのごく一部を利用しているにすぎず，利用用途も限られたものであった。

人類とエネルギーの関係において大きな転換点となったのは，18世紀後半に始まった⑦産業革命である。蒸気機関により，石炭を利用したエネルギーの大量使用が可能となった。エネルギーの利用用途も広がり，工場での動力源のほか，蒸気機関車，蒸気船などさまざまな分野に応用され，⑧交通手段も次々と改善された。

⑨19世紀，人類は電力を利用し始めた。発電機が発明され，1900年の(　イ　)万国博覧会では電気館が注目を集めた。さらに20世紀半ばには，石炭より使い勝手がよい石油を大量に利用するようになった。⑩1970年代に起こった二回の石油危機は，人類が石油に依存していたがゆえに起こり得たものといえる。

近年では，環境問題への配慮から人類とエネルギーの関係を見直す動きが見られ，太陽光発電など再生可能エネルギーの開発・利用が広がっている。

(1)　文中の(　ア　)・(　イ　)に適する語句を答えなさい。ただし，

(　イ　)には都市名が入る。

(2)　下線部①に関連して，ゾロアスター教は火を神聖視するため拝火教との別名を持つ。ゾロアスター教を国教とし，3～7世紀に興亡した王朝について述べた文として最も適当なものを次のア～エから1つ選び，記号で答えなさい。

ア　建国者アルデシール1世にちなんで，中国では『安息』と呼ばれた。

イ　シヤープール1世は，ローマ帝国を破り，皇帝ウァレリアヌスを捕虜とした。

ウ　ホスロー1世は，遊牧民の突厥と結んでヒクソスを滅ぼした。

エ　ニハーヴァンドの戦いでアッバース朝に敗れて滅亡した。

(3)　下線部②に関連して，次の問いに答えなさい。

(a)　農耕と牧畜の開始は人類にとって重大な変革であった。その内容について，それ以前の形態と対比しながら40字程度で説明しなさい。

(b)　中国では，春秋時代末期より農業生産力が次第に向上した。この時代に農業生産力が向上した要因について説明しなさい。

(4)　下線部③に関連して，次の問いに答えなさい。

(a)　次の写真は，世界史上に登場する帆船の一つである。この船について述べた文として最も適当なものを以下のア～エから1つ選び，記号で答えなさい。

【問題図は著作権上の都合により掲載できません。】

(山川出版社『詳説　世界史』より)

ア　サラミスの海戦で用いられ，無産市民が漕ぎ手として活躍した。

イ　ムスリム商人がインド洋交易に用いた。

ウ　河川をさかのぼる航行が可能で，内陸への侵入にも用いられた。

エ　10世紀以降，海上貿易に活躍した中国商人が利用した。

(b)　ガレオン船は，ヨーロッパ諸国が使用した大型帆船である。スペインがこの船を使用したアカプルコ貿易で，南シナ諸地域とアメリカ大陸とのあいだの重要な中継拠点となった港市を答え，その位置を次の地図のア～エから記号で選びなさい。

(5)　下線部④に関連して，次の問いに答えなさい。

(a)　エジプトが，ナイル川の定期的氾濫によって運ばれた肥沃な土壌の上に栄えたことを，古代ギリシアの歴史家ヘロドトスは何と表現したか，答えなさい。

(b)　古代，地中海東岸のシリア・パレスチナ地方で活躍したセム語系のアラム人・フェニキア人・ヘブライ人は，文化史上に大きな功績を残した。その内容について，それぞれ30字程度で説明しなさい。

(6)　下線部⑤に関連して，次の問いに答えなさい。

(a)　次の文章は，中世の西ヨーロッパ特有のしくみである封建社会について授業で取り扱った後の太郎さんと花子さんの会話である。文中の空欄(　ア　)に適する語句を答えなさい。

太郎：中世ヨーロッパの封建社会には，荘園内に農民(農奴)がいたと学習しましたが，古代ギリシア・ローマ時代には奴隷がいましたよね。どちらも不自由な身分で，明確な違いが分からないのですが。 花子：そういうときは，いくつかの項目を設定して，共通点や相違点を比較してみるといいですよ。例えば，移動の自由があったのかどうかという点で比べてみましょう。 太郎：古代の奴隷も中世の農奴も移動の自由はありませんでしたね。その点では同じです。 花子：そうです。では，(　ア　)を持つことができたかどうかについてはどうでしょう？古代の奴隷は，(　ア　)を持つことができませんでしたが，中世の農奴はどうでしたか？ 太郎：中世の農奴は結婚税を領主におさめなければなりませんでしたが，結婚自体は認められていたのですから，(　ア　)を持つことはできました。確かに，同じ項目で比較してみると違いが分かりやすいですね。他にも比較できる項目がないか，調べてみましょう。

(b)　中世ヨーロッパの国王・皇帝について述べた文として誤っているものを次のア～オからすべて選び，記号で答えなさい。

ア　フランク王国のクローヴィスは，ウマイヤ朝を撃退した。

イ　フランスのフィリップ2世は，イギリスのジョン王から領土を奪った。

ウ　イギリスのエドワード1世は，三部会を招集した。

エ　神聖ローマ帝国のオットー1世は金印勅書を発布した。

オ　デンマーク女王マルグレーテが主導して，カルマル同盟が結ばれた。

(c)　中世以降，ビザンツ帝国とともに東ヨーロッパ世界を形成する大きな要素となったのがスラヴ人である。南スラヴ系最大の勢力で，ビザンツ帝国に属してギリシア正教に改宗したが，12世紀にはビザンツ帝国から自立し，やがてバルカン半島北部を支配した民族を答えなさい。

(7) 下線部⑥に関連して，次の問いに答えなさい。

(a) スペインから独立したオランダは，17世紀に著しい発展を遂げた。17世紀以降のオランダの海外進出について述べた文として，誤っているものを次のア～エから1つ選び，記号で答えなさい。すべて正しい場合は，オを選びなさい。

ア　台湾のバタヴィアに要塞を築き，アジア貿易の拠点とした。

イ　アンボイナ事件でイギリス勢力を東南アジアから駆逐した。

ウ　西インド会社がニューネーデルラント植民地を建設した。

エ　ジャワ島で強制栽培制度を実施し，莫大な利益をあげた。

(b) オランダの独立は，1648年のウェストファリア条約で正式に承認された。一方で，この条約により，神聖ローマ帝国は有名無実化した。その理由について，簡潔に説明しなさい。

(8) 下線部⑦に関連して，ロシアの産業革命は1890年代に始まり，フランスからの資本導入によって発展した。これに関連し，ロシアで労働者を創出する契機となった1861年の勅令と発布した人物の組み合わせとして正しいものを次のア～エから1つ選び，記号で答えなさい。

ア　ギュルハネ勅令－アレクサンドル1世

イ　ギュルハネ勅令－アレクサンドル2世

ウ　農奴解放令－アレクサンドル1世

エ　農奴解放令－アレクサンドル2世

(9) 下線部⑧に関連して，次の問いに答えなさい。

(a) 物資輸送の交通手段として，古くから世界各地で活用されてきたものの1つが運河である。中国では，隋代に建設された大運河が，江南と華北を結びつける中国史上初めての南北の交通幹線であった。この運河建設を構想した隋の初代皇帝を答えなさい。

(b)　フランスとエジプトの共同出資で設立されたスエズ運河は，ヨーロッパとアジアをつなぐ交通の要地である。19世紀にイギリスはスエズ運河に目をつけ，スエズ運河会社の株をエジプトから買収して，運河の経営権を握った。その後，1956年にエジプトが英仏の管理下にあったスエズ運河の国有化を宣言すると，これをめぐってスエズ戦争が勃発した。このとき，イギリス・フランスと共にエジプトと対立した国を答えなさい。

(10)　下線部⑨に関連して，19世紀後半は，アメリカにとって大きな転換期であった。1861年に始まった南北戦争の根本的な原因となった南部と北部における貿易政策と奴隷制に対する主張の違いを説明しなさい。

(11)　下線部⑩に関連して，次のⅠ～Ⅳは，冷戦期の出来事について述べた文である。Ⅰ～Ⅳを，古いものから順に並べかえなさい。

Ⅰ　経済相互援助会議(コメコン)が結成された。

Ⅱ　プロレタリア文化大革命が始まった。

Ⅲ　キューバ危機が発生した。

Ⅳ　東西ドイツが国際連合に加盟した。

(12)　新しい学習指導要領では，「歴史総合」の内容の取り扱いについて，「中学校までの学習との連続性に留意して諸事象を取り上げることにより，生徒が興味・関心をもって近現代の歴史を学習できるよう指導を工夫すること」とあり，中学校での学習内容との接続を図ることが求められている。例えば，19世紀後半以降アジアで広がった立憲運動について学習するとき，中学校で学習した「大日本帝国憲法の成立」をその一例として取り上げながら，他地域で起こった類似の事象と比較し，共通の背景や個々の事情を探っていくことが可能である。これに関連し，日本に先がけてオスマン帝国で発布されたアジア初の憲法を答えなさい。また両国が憲法制定に至った共通の背景について，当時の国際情勢をふまえて50字程度で説明しなさい。

(☆☆☆☆◎◎◎)

【選択問題】

※以下の【1】～【3】は選択問題です。1つ選び，答えなさい。

【1】A　ラテンアメリカ，B　南アジアに関して，次の問いに答えなさい。

A　ラテンアメリカ

資料1

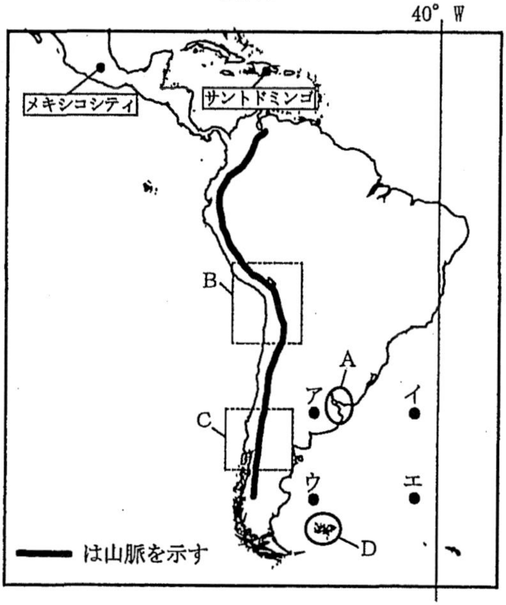

(1)　福井市(36°N，136°E)の対蹠点を，資料1のア～エより1つ選び，記号で答えなさい。

(2)　資料1のAには，特徴的な沈水海岸がみられる。その地形の名称を答えなさい。

(3)　資料1のBとCで囲まれた地域には，いずれも砂漠気候がみられる。砂漠気候がみられるのは，それぞれ山脈をはさんで海岸側と内陸側のどちら側か，B，Cそれぞれの地域で砂漠気候がみられる理由とあわせて説明しなさい。

(4)　資料1のDで囲まれた島々は，その帰属をめぐって国同士の対立がみられる。このように，世界では領土や島の帰属をめぐって対立が起きているところがあり，南シナ海の南沙群島(スプラトリ諸島)もそのひとつである。南沙群島をめぐって対立している国(地域)として不適当な国を次の①～⑦から1つ選び，番号で答えなさい。

①　中国　　②　台湾　　③　ベトナム
④　フィリピン　　⑤　マレーシア　　⑥　ミャンマー
⑦　ブルネイ

(5)　資料2は，メキシコシティとサントドミンゴの年平均気温と年降水量を示したものである。両都市は，ほぼ同緯度に位置しているが，資料2から読みとれる特徴には違いがある。その違いが生じる理由について説明しなさい。

資料2

	年平均気温	年降水量
メキシコシティ	16.7℃	1190.0mm
サントドミンゴ	26.5℃	1569.3mm

(『理科年表2020』より作成)

(6)　サンティアゴ(チリ)のように，発展途上国で多くみられる，政治・経済・文化などすべての機能が極端に集中する人口第1位の都市(人口第2位の都市との格差が大きい都市)を何と呼んでいるか答えなさい。

(7)　アルゼンチンやウルグアイでは白人(ヨーロッパ系)の比率が非常に高く，ジャマイカやハイチでは黒人(アフリカ系)，メキシコやチリではメスチーソ(混血)の比率が高くなっている。アルゼンチンやウルグアイで，白人(ヨーロッパ系)の比率が非常に高い理由について，次の語句を用いて説明しなさい。

【　先住民　　プランテーション　】

(8)　資料3のア～カは，日本，アメリカ合衆国，中国，ドイツ，フランス，ブラジルのいずれかの国を示している。このうち，アメリカ合衆国，ドイツ，ブラジルに該当するものを選び，それぞれ記号で答えなさい。

資料3　おもな国の発電量の内訳と総発電量

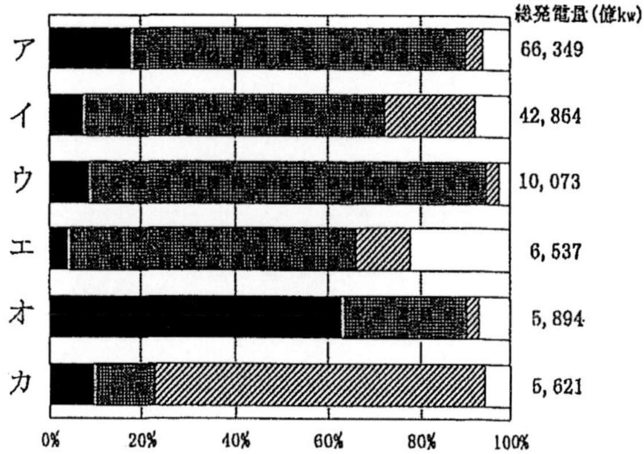

(統計年は2017年,『2020/2021 世界国勢図会』より作成)

(9)　資料4のア～エは，ASEAN，EU，MERCOSUR，NAFTAの人口，面積，GDP，貿易額を示している。南米でブラジル，アルゼンチンを中心に結成されているMERCOSURに該当するものはどれか，記号で答えなさい。

資料4

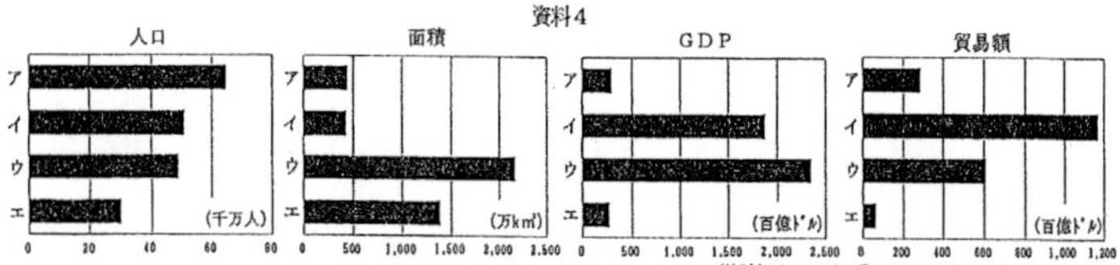

(統計年は2018年,『2020/2021 世界国勢図会』より作成)

B　南アジア

(10)　次の文章は，生徒がインドのヒンドゥー社会について説明するために用意した発表原稿の一部である。文章中の(　X　)，(　Y　)，(　Z　)にあてはまる語句の組み合わせとして適当なものをア～カから選び，記号で答えなさい。

インドのヒンドゥー社会は，古くからバラモン(祭司)・クシャトリヤ(王族・武士)・ヴァイシャ(庶民)・シュードラ(隷属民)という4身分である(　X　)と，その下に位置づけられるダリット(不可触民)からなっていました。そして，ヒンドゥー教徒の生活や営みは，この(　X　)による身分枠とともに，各自が生まれながらに属する(　Y　)とよばれる社会集団によって規定されてきました。(　Y　)は，特定の伝統的な職業に従事することが多く，(　Y　)間の分業によって地域社会が維持されてきました。これが(　Z　)制と呼ばれる身分制度の基本構造です。社会生活や儀礼の場で，下位(　Z　)は，上位(　Z　)から日常的に差別を受けてきましたが，現在では憲法によって(　Z　)による身分差別は禁止され，職業選択の自由も認められています。

	ア	イ	ウ	エ	オ	カ
X	ジャーティ	ジャーティ	カースト	カースト	ヴァルナ	ヴァルナ
Y	カースト	ヴァルナ	ジャーティ	ヴァルナ	ジャーティ	カースト
Z	ヴァルナ	カースト	ヴァルナ	ジャーティ	カースト	ジャーティ

(11)　インドでは，近年の経済成長に伴い穀物だけでなくミルクや鶏肉，野菜類の需要が高まり，生産が増えている。特にミルクは，飲用のほか乳製品の原料としての消費が急増し，生産ものびている。このミルク生産の増加を何と呼ぶか答えなさい。

(12)　資料5は，生徒が南アジアの農業について発表するためのスライド資料の一部である。(　A　)，(　B　)に適する語句をいれて，スライド資料を完成させなさい。

資料5

〈南アジアにおける主な農産物の生産地域〉	
米	（ A ）平原，沿岸部の沖積平野
小 麦	パンジャブ地方
茶	アッサム地方，ダージリン地方，セイロン島
綿 花	デカン高原
さとうきび	（ B ）川中流域
ジュート	（ B ）川下流域

(13) 資料5の下線部「デカン高原」について，この地域では，玄武岩が風化した保水力の大きい土壌が分布している。この土壌の名称と，その土壌の色を答えなさい。

(14) 資料5を使って生徒が発表した後，資料5をもとに，南アジアにおける主な農産物の生産地域について地図上に示すように，生徒に指導することにした。生徒が資料5をもとに作成した場合，どのような図になるのが適切か。次の地図に，米を除いた五つの農産物の生産地域を概観できる図を描きなさい。

(15) 資料6は，インド，スリランカ，ブラジル，メキシコの4カ国の輸出上位5品目と輸出全体に占める割合を示している。P～Sに該当

するものを，以下の語群のア～シから選び，それぞれ記号で答えなさい。

資料6

	インド		スリランカ		ブラジル		メキシコ	
1位	石油製品	14.9	衣類	42.5	大豆	13.8	機械類	35.0
2位	機械類	10.4	Q	12.9	R	10.5	P	25.6
3位	ﾀﾞｲﾔﾓﾝﾄﾞ	7.9	ゴム製品	5.4	S	8.4	R	5.9
4位	繊維品	5.6	機械類	4.2	機械類	7.7	精密機械	3.8
5位	P	5.4	香辛料	3.1	肉類	6.0	野菜・果実	3.3

(%)

(統計年はスリランカ2017年，インド，ブラジルおよびメキシコは2018年，『2020/2021 世界国勢図会』より作成)

【語群】　ア　コーヒー豆　　イ　さとうきび　　ウ　茶
　　　　　エ　天然ゴム　　　オ　原油　　　　　カ　石炭
　　　　　キ　鉄鉱石　　　　ク　ボーキサイト　ケ　航空機
　　　　　コ　自動車　　　　サ　船舶　　　　　シ　プラスチック

(☆☆☆◎◎◎)

【2】次のA－Dの文章を読んで，問いに答えなさい。

A　古くより日本は，中国および朝鮮との外交関係が主であった。飛鳥時代以降，日本から①遣唐使が派遣されて唐の先進的な政治制度や国際的な文化がもたらされ日本に大きな影響をもたらした。朝鮮半島では，諸国の興亡の結果，7世紀に(　ア　)が半島を統一した。唐の滅亡後に成立した宋と国交は開かれなかったが，鎌倉時代にかけて②民間商船や僧侶など盛んな往来があった。鎌倉時代には③元との軍事的緊張関係はあったものの，南北朝時代には鎌倉幕府の先例にならい，(　イ　)修造の資金を得るための貿易船が元に派遣された。

(1)　文章中の(　ア　)，(　イ　)に適する語句を答えなさい。

(2)　下線部①について，630年に遣唐使として派遣された人物を答えなさい。

(3)　下線部②に関連して，栄西と道元が開いた宗派は中国から伝えられた禅宗という点で共通しているが，相違点もある。両宗派の相違点について説明した次の文章の空欄(　ア　)・(　イ　)に適する語句を漢字4字で答えなさい。

> 臨済宗は坐禅の中で師から与えられる問題を一つひとつ解決する　(　ア　)で，悟りに達することを主眼とするが，曹洞宗はひたすら坐禅する(　イ　)によって悟りの境地を体得しようとした。

(4)　下線部③について，次の資料に描かれている場面は，表中(a)～(c)のいずれの時期に該当するか，記号で答えなさい。

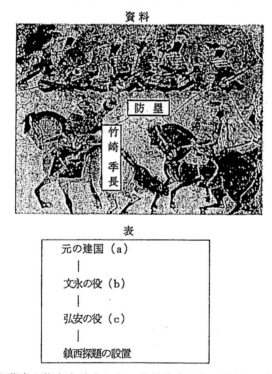

資料

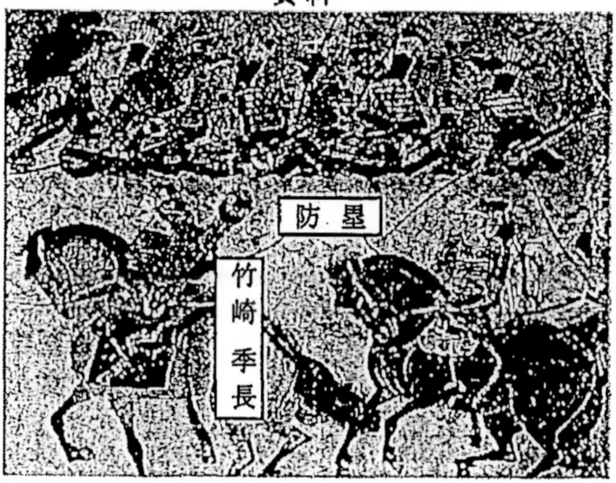

表

元の建国（a）
｜
文永の役（b）
｜
弘安の役（c）
｜
鎮西探題の設置

B　室町幕府が権力を確立した14世紀後半から15世紀には東アジア情勢は大きく変化した。14世紀後半に成立した明は周辺国に通交を求め，これに応じた足利(　ア　)は15世紀初頭，明に使者を派遣して国交を開いた。一方で，朝鮮半島では10世紀に成立した王朝である

(　イ　)が倒されて朝鮮が建国され，④日朝貿易が始まった。16世紀には南蛮貿易も始まり，これにともなって流入した⑤キリスト教は日本の政治・文化に大きな影響をおよぼした。17世紀初めには，⑥イギリス・オランダとも交易が始まり，(　ウ　)貿易によって東南アジアへの渡航がさかんになった。しかし，⑦幕藩体制が固まっていく中でこれら外交関係にも制限がかけられ，⑧特定の国や民族以外との交渉を閉ざす，いわゆる鎖国の状態となった。

(5)　文章中の(　ア　)～(　ウ　)に適する語句を答えなさい。

(6)　下線部④について，日朝貿易が衰退するきっかけとなった16世紀はじめの出来事を答えなさい。

(7)　下線部⑤について，日本とキリスト教とのかかわりに関して説明した次の文ア～エより誤っているものを1つ選び，記号で答えなさい。

ア　イエズス会宣教師フランシスコ＝ザビエルが大名の保護を受けて布教を行った。

イ　バテレン追放令が出されたが，これによるキリスト教の取り締まりは不徹底であった。

ウ　金属製活字が宣教師によって伝えられ，日本古典の出版などが行われた。

エ　江戸幕府による禁教令が出された後に，サン＝フェリペ号事件がおこり宣教師らが処刑された。

(8)　下線部⑥に関連して，徳川家康の外交・貿易顧問となったイギリス人の名前を答えなさい。

(9)　下線部⑦に関連して，次の問いに答えなさい。

(a)　幕藩体制は，石高制と深く結びついている。これに関連して，豊臣秀吉の政策によって，大名と農民それぞれにどのような義務が発生したか，次の語句を使用して答えなさい。

【　石高　】

(b)　次の出来事Ⅰ～Ⅲを古いものから順に配列したものをア～カから選び，記号で答えなさい。

Ⅰ　福島正則が改易される

Ⅱ　一国一城令が出される

Ⅲ　参勤交代が制度化される

ア　Ⅰ－Ⅲ－Ⅱ　　イ　Ⅱ－Ⅰ－Ⅲ　　ウ　Ⅱ－Ⅲ－Ⅰ

エ　Ⅲ－Ⅱ－Ⅰ　　オ　Ⅰ－Ⅱ－Ⅲ　　カ　Ⅲ－Ⅰ－Ⅱ

(10)　下線部⑧について，次は鎖国下における外交関係の授業のまとめとして教師が書いた板書と板書後に提出した問い(学習課題)である。以下の問いに答えよ。

(板書)

Aグループ	Bグループ
オランダ	琉球
中国	朝鮮

(問い)
「板書のAグループとBグループは江戸時代の外交関係において，どのような相違点があるか。」

(a)　問いに対する答えを，次の語句を使用して答えなさい。

【　幕府　】

(b)　Bに分類される地域には，次の資料に関係の深い地域名が入る。この地域名を答えなさい。

資料

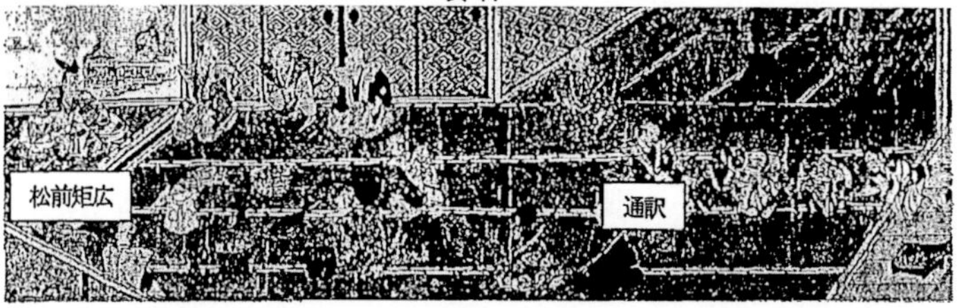

C　⑨<u>18世紀以降，日本に外国船の接近が続き，幕府はたびたびその対応に迫られた</u>。開国後の西洋諸国との自由貿易は，国内に様々な混乱を発生させた。新たに発足した明治政府は，近代化政策を進め

る一方，⑩不平等条約の改正と朝鮮をめぐる清国との対立という外交課題への対応に迫られた。その後，日本は日清・日露戦争をへて明治末期にかけて海外に植民地や権益地を獲得し，東アジアにおける勢力を拡張させた。

(11)　下線部⑨について，次の地図中のア～エは，18世紀～19世紀の外国船の来航に関係する場所である。この時期の「外国船の接近」をテーマに以下の条件に従った上で4択問題を作成しなさい。

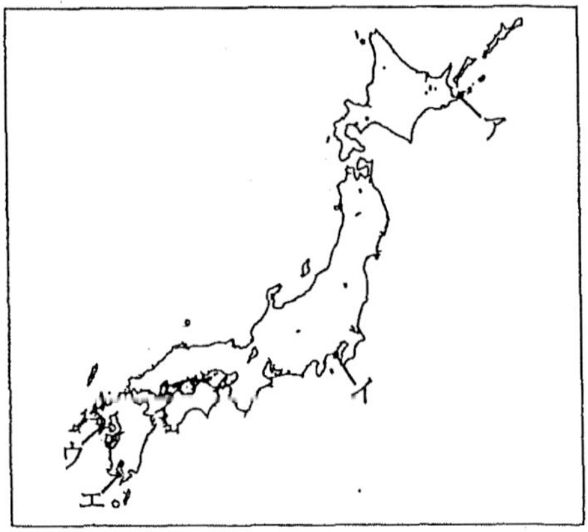

条件①	正文を3つ，誤文を1つ作成する。 選択肢の記号はA～Dとする。 誤文には下線＿＿＿をつける。
条件②	地図ア～エの場所を全て使って作成する。
条件③	来航した外国船名か人物名を必ず入れ，関連する内容を含めて文を作成する。
条件④	18世紀に来航した人物名を入れた文章を一つ必ず入れ，人物名の部分に下線﹏﹏﹏をつける。

(12)　下線部⑩について，1880年代に行われた全ての条約改正交渉を【担当者名】【改正案の内容】【改正交渉の結果】をふまえて説明しなさい。

D　第一次世界大戦の時期に日本は中国への進出を強化したが，大戦の講和条約が締結された年に中国で権益返還を求めて北京で反日国民運動である(　ア　)が発生した。朝鮮では独立運動が発生し，当時の⑫原敬内閣はこれに厳しく対処する一方で植民地統治に若干の改善を行った。その後，ワシントン会議による新しい国際秩序をもとに日本は協調外交を展開した。しかし，昭和初期の不況と満州事変，軍人・右翼によるテロおよびクーデター事件は軍部の台頭を招き，満州事変の処理をめぐり日本は国際的孤立を深めた。そして，⑬日中戦争の開始とその戦線の拡大はアメリカとの対立を決定的なものとし，太平洋戦争の開戦へと進むことになった。終戦後，日本は連合国の占領統治を受けたが，冷戦が激化する中で占領政策の転換が図られ，占領解除とともにアメリカとの間に安保条約が締結されるにいたった。また，韓国とは(　イ　)の締結で，中国とは日中共同声明を締結して60年代から70年代にかけ国交正常化を実現した。

(13)　空欄(　ア　)・(　イ　)に適する語句を答えなさい。

(14)　下線部⑫について，立憲政友会総裁であった原は「平民宰相」と呼ばれ国民から歓迎されたが，当時国民が要望する普通選挙には慎重で，野党が提出した普通選挙法案を拒否した。その後，衆議院を解散して臨んだ総選挙(第14回総選挙　次資料)において，原が率いる政友会は圧勝しているが，これはどのような事情によるものか説明しなさい。

資料

【問題図は著作権上の都合により掲載できません。】

(山川出版社『詳説日本史』)

(15)　下線部⑬について，日中戦争勃発から太平洋戦争開戦までの国内の政治動向について説明した次の文ア～エより誤っているものを1つ選び，記号で答えなさい。

ア　日中戦争勃発時の首相は，国民徴用令など統制経済に関する法令を一本化して国家総動員法を制定した。
イ　日中戦争勃発時の首相は，声明の中で日中戦争の戦争目的を東亜新秩序の形成にあるとした。
ウ　日中戦争勃発時の首相が提唱した新体制運動は，大政翼賛会の結成という形で結実した。
エ　日中戦争勃発時の首相が再度組閣するまでの間に，ノモンハン事件が発生した。

(☆☆☆◎◎◎)

【3】次の文章を読んで，以下の問いに答えなさい。

①暦は時の流れを区切り，人々に生活リズムを作り出す。それだけに，時の為政者たちは暦にしばしば強い関心を寄せ，暦の採用や改暦によって自らの権威を世に示すこともあった。

月の満ち欠けに基づく太陰暦は，実際の季節とずれが生じる。そのため古代メソポタミアや②中国では，閏月を設けて実際の季節に合わせる太陰太陽暦が用いられた。ただし，③イスラーム世界では現在も完全な太陰暦であるヒジュラ暦を採用している。④13世紀，フビライに仕えた(　ア　)はイスラームの天文学を学び，授時暦を作成した。一方で，日常生活における不便さからイスラーム世界でも太陽暦を併用することが多かった。セルジューク朝では，(　イ　)がきわめて正確な太陽暦であるジャラリー暦の作成に関わった。

太陽の運行に基づく太陽暦は古代エジプトで始まり，のちに⑤カエサルが採用して(　ウ　)暦を制定した。実際の季節とほぼ一致する(　ウ　)暦は，中世ヨーロッパ世界にも継承された。やがて太陽の周期とのずれが広がり不都合が生じてくると，⑥16世紀にはローマ教皇グレゴリウス13世の命によりグレゴリウス暦が制定された。この改訂は，対抗宗教改革の一環として行われたことから，カトリック地域では採用されたが，新教諸国や東方教会の地域ではユリウス暦の使用を続けるところも多かった。カトリックが大半を占めるフランスでも，

⑦フランス革命が起きると反キリスト教の立場から，1793年にグレゴリウス暦にかわって革命暦が制定された。農繁期である秋に1年が始まる革命暦は，人々の生活リズムを大きく変えたため定着せず，⑧19世紀に入るとまもなく正式に廃止された。

グレゴリウス暦は，実際の季節との誤差が少ないことから，しだいに採用する国が増え，現在は世界で広く用いられている。日本では明治初期に導入され，西暦と呼ばれ，⑨元号と併用されている。

(1) 文中の(　ア　)～(　ウ　)に適する語句を答えなさい。

(2) 下線部①に関連して，次の問いに答えなさい。

(a) メソアメリカ文明の一つであるマヤ文明でも，精密な暦が発達した。マヤ文明を継承したアステカ王国について述べた次の文a・bの正誤の組み合わせとして正しいものを以下のア～エから1つ選び，記号で答えなさい。

a　テノチティトランを都とした。

b　スペイン人のピサロに滅ぼされた。

ア	a 正	b 正	イ	a 正　b 誤
ウ	a 誤	b 正	エ	a 誤　b 誤

(b) 暦と同じく，人類の生活に必要なものとして発明されたのが文字である。世界史の授業では，さまざまな古代文字について学習する。「古代文字の解読」をテーマに，次の条件に従った上で4択問題を作成しなさい。

条件①：正文を3つ，誤文を1つ作成する。なお，誤文には下線を引くこと。
条件②：古代文字はそれぞれ別の文字とし，1つだけ未解読の文字を入れる。 なお，未解読の文字には波線を引くこと。
条件③：古代文字の名称と解読者(もしくは未解読であること)を明記する。

(3) 下線部②に関連して，次の問いに答えなさい。

(a)　紀元前後から20世紀初めまでの中国の官吏任用制度の変遷について，90字程度で説明しなさい。

(b)　中国と北方勢力との関係について述べた文として最も適当なものを次のア～エから1つ選び，記号で答えなさい。

ア　鮮卑は，冒頓単于のときに最盛期をむかえ，前漢を破った。

イ　柔然は，北魏を建国し，華北を統一した。

ウ　ウイグルは，安史の乱に際して唐に援軍を送った。

エ　キルギスは，後晋の建国を助け，燕雲十六州を獲得した。

(4)　下線部③に関連して，オスマン帝国が1517年にエジプトを征服したことは，イスラーム世界の盟主として君臨することを意味していた。オスマン帝国が滅ぼしたエジプト王朝の名称を明らかにしながら，この理由を説明しなさい。

(5)　下線部④に関連して，次の問いに答えなさい。

(a)　13世紀，モンゴル人はユーラシアにまたがる大帝国を形成した。交通路の安全を重視したモンゴル帝国で創設・整備された交通制度を答えなさい。

(b)　13世紀の出来事について述べた文として最も適当なものを次のア～エから1つ選び，記号で答えなさい。

ア　インドでは，ロディー朝が成立した。

イ　ポーランドに，ヤゲウォ朝が成立した。

ウ　イランに，サファヴィー朝が成立した。

エ　イギリスで，マグナ＝カルタが制定された。

(c)　13世紀に，第4回十字軍がコンスタンティノープルを占領した理由について説明しなさい。

(6)　下線部⑤に関連して，次の問いに答えなさい。

(a)　カエサルは「賽は投げられた」「来た，見た，勝った」「ブルートゥス，お前もか」といった名言を残したことでも知られる。次のⅠ～Ⅳは，さまざまな時代や地域で生まれ，現在に残る言葉である。年代の古いものから順に並べかえなさい。

Ⅰ　「君主は国家第一の僕」

Ⅱ 「王侯将相いずくんぞ種あらんや」

Ⅲ 「万物の尺度は人間」

Ⅳ 「アダムが耕しイヴが紡いだとき，だれが貴族であったか」

(b) 上記Ⅰ～Ⅳの言葉が生まれた場所を含む地域として誤っているものを，資料1のA～Dから1つ選び，記号で答えなさい。

資料1

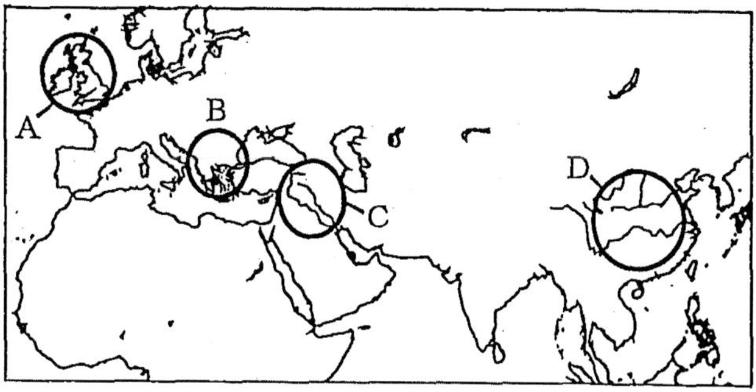

(7) 下線部⑥に関連して，次の問いに答えなさい。

(a) 16世紀の出来事について述べた文として最も適当なものを次のア～エから1つ選び，記号で答えなさい。

ア 李成桂が，朝鮮(李朝)を建てた。

イ アンリ4世が，ブルボン朝を創始した。

ウ グーテンベルクが，活版印刷術を改良・実用化した。

エ アウラングゼーブが，ジズヤを復活した。

(b) 16世紀半ばの神聖ローマ皇帝は，国内ではルター派のドイツ諸侯との宗教対立に，対外的にはフランスやオスマン帝国との対立に悩まされていた。彼はこの危機を回避するため，1555年に帝国議会を召集し，政治的な妥協(和議)を図った。この和議の名称を答えなさい。

(c) 16世紀以降，アフリカからアメリカ大陸へ黒人奴隷が送られた背景には，当時のアメリカ大陸における先住民人口の変化があった。ヨーロッパ人がもたらした2つの主な原因を挙げながら，その変化について説明しなさい。

(8)　下線部⑦に関連して，次の問いに答えなさい。

(a)　フランス革命に関連する出来事について述べた次の文Ⅰ～Ⅳが，年代の古いものから順に正しく配列されているものを以下のア～カから1つ選び，記号で答えなさい。

Ⅰ　ナポレオンが，総裁政府を打倒した。

Ⅱ　ロベスピエールが，恐怖政治を行った。

Ⅲ　立法議会のとき，オーストリアに宣戦布告した。

Ⅳ　王政が廃止され，共和政の樹立が宣言された。

ア　Ⅰ→Ⅱ→Ⅲ→Ⅳ　　イ　Ⅰ→Ⅳ→Ⅲ→Ⅱ

ウ　Ⅱ→Ⅰ→Ⅲ→Ⅳ　　エ　Ⅲ→Ⅳ→Ⅱ→Ⅰ

オ　Ⅲ→Ⅰ→Ⅳ→Ⅱ　　カ　Ⅳ→Ⅱ→Ⅲ→Ⅰ

(b)　フランス革命とは対照的に，革命をきっかけにグレゴリウス暦が導入された事例もある。20世紀にこうした事例が起こった革命を1つ答えなさい。

(9)　下線部⑧に関連して，次の問いに答えなさい。

(a)　19世紀初頭のラテンアメリカ諸国の独立運動について述べた文として最も適当なものを次のア～エから1つ選び，記号で答えなさい。

ア　独立運動は，スペインによって援助された。

イ　独立運動の中心は，クリオーリョと呼ばれる植民地生まれの白人であった。

ウ　1804年にハイチは，アメリカからの独立を達成した。

エ　サン＝マルティンは，ベネズエラやコロンビアなどの独立運動を指導した。

(b)　19世紀のタイは，他の東南アジア諸国とは異なる歴史的経緯をたどった。これについて，英仏との勢力均衡策を巧みにとりながら，タイの近代化に成功し，独立を維持した王朝名を答えなさい。

(10)　下線部⑨に関連して，次の問いに答えなさい。

(a)　日本では，明治以降に一世一元の制が採用されて，皇位継承時に改元することが元号法で定められた。中国で一世一元の制を始めた明の皇帝を答えなさい。

(b) 中国では，1911年の辛亥革命で清が滅亡した際に元号も廃止された。清朝打倒を目指していた孫文は辛亥革命の勃発直後に帰国したが，帰国以前の彼の政治活動について，次の語句を用いて説明しなさい。

【 興中会 】

(11) 次の資料(2020年度 センター試験 世界史B本試験より引用)は，1871年から1918年までのセルビアにおける年間の死亡者数を示している。この資料を活用して指導を行う際，生徒に着目させたい箇所を指摘した上で，その指摘した箇所に影響を与えた史実について説明しなさい。

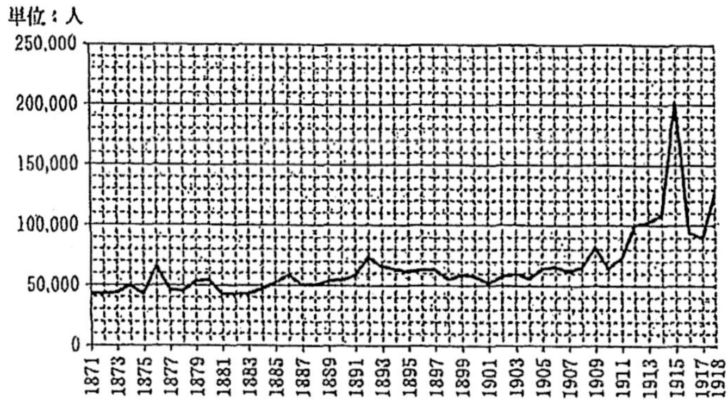

(H. Sundhaussen, *Historische Statistik Serbiens* より作成)

(☆☆☆☆◎◎◎)

公　民　科

【共通問題】

【1】次の文章を読んで，以下の問いに答えなさい。

17世紀，絶対王政は市民革命により倒され，すべての人々が政治に参加する①<u>民主政治</u>が次第に成立した。各種の②<u>宣言</u>などにより③<u>人権</u>

が確立し，現代では④憲法に基づく政治が行われている。日本では，戦後に日本国憲法が制定された。悲惨な戦争の反省から，憲法9条に⑤平和主義を掲げている。また，明治憲法下では「臣民の権利」とされてきた人権については，「侵すことのできない永久の権利」として⑥基本的人権を保障している。その他，⑦国会(立法)，⑧内閣(行政)，⑨裁判所(司法)の権限が明記され，規定がなかった「⑩地方自治」の内容が新設された。ただ，時代に応じた改正を求める声もあり，改憲を唱える⑪政党も存在する。国民である私たちは主権者の立場から自身の考えを持ち，⑫選挙などを通じて政治に参加することが重要である。

(1) 下線部①に関する次の(a)～(d)の文章のうち，正しいものを一つ選び，記号で答えなさい。

(a) モンテスキューは権力分立を説き，立法権を最高権力とし，執行権・同盟権を抑制することを主張した。

(b) リンカンのゲティスバーグ演説は，人民主権に基づく民主政治の根本原理を明確に表現したものである。

(c) 間接民主制の事例として，スイスの一部地域で実施されている住民集会が挙げられる。

(d) 議会政治の三原理として，地域代表の原理，審議の原理，監督の原理がある。

(2) 下線部②に関して，次に示される資料名を答えなさい。

> (1)すべて人は生来ひとしく自由かつ独立しており，一定の生来の権利を有するものである。これらの権利は人民が社会を組織するに当り，いかなる契約によっても，……奪うことのできないものである。かかる権利とは，すなわち財産を取得所有し，幸福と安寧とを追求獲得する手段を伴って，生命と自由とを享受する権利である。

(3) 下線部③に関する次の(a)～(d)の文章のうち，正しいものを一つ選び，記号で答えなさい。

(a) 世界人権宣言は，人権の世界共通の具体的基準を示した宣言であり，法的拘束力をもつ。

(b) 人種差別を撤廃する政策を締約国に求める人種差別撤廃条約は，国連総会で採択された。

(c) 国際人権規約のA規約は参政権規約であり，人民の自決の権利などを保障している。

(d) 国際人権規約のB規約の第二選択議定書では，人権侵害を受けた個人による規約人権委員会への救済申し立てを認めている。

(4) 下線部④に関して，成文憲法と不文憲法の違いを，それぞれの特徴を必ず述べて説明しなさい。

(5) 下線部⑤に関して，次の各問いに答えなさい。

(i) 砂川事件最高裁判決など憲法第9条をめぐる司法判断において，高度に政治性のある行政・立法府の行為は，司法審査の対象外であるという考え方が示されている。この考え方を何というか，答えなさい。

(ii) 日本の防衛政策の基本方針に関する次の(a)～(d)の文章のうち，誤っているものを一つ選び，記号で答えなさい。

(a) 政府は，2014年に集団的自衛権の行使を条件付きで可能とする閣議決定をした。

(b) 国会が，自衛官の定数，主要な組織などを法律や予算で議決し，防衛出動などを承認する。

(c) 武力行使の目的で武装した部隊を他国に派遣するという海外派兵は禁止されている。

(d) 武器輸出三原則により武器の輸出は原則禁止であったが，防衛装備移転三原則により輸出は全面解禁となった。

(6) 下線部⑥に関して，次の各問いに答えなさい。

(i) 次のA～Cの判例のうち，自由権を争点とするものの組み合わせは，以下の(a)～(g)のうちどれか，最も適当なものを一つ選び，記号で答えなさい。

A ポポロ事件

B 尊属殺人重罰規定違憲訴訟

C　森林法共有林分割制限違憲訴訟

(a)　A　(b)　B　(c)　C　(d)　AとB

(e)　AとC　(f)　BとC　(g)　AとBとC

(ii)　日本国憲法第14条は平等権の規定である。(　ア　)～(　ウ　)に適する語句を答えなさい。

第14条　すべて国民は，(　ア　)に平等であつて，人種，(　イ　)，性別，社会的身分又は(　ウ　)により，政治的，経済的又は社会的関係において，差別されない。

(iii)　人身の自由に関する次の(a)～(d)の文章のうち，誤っているものを一つ選び，記号で答えなさい。

(a)　被疑者・被告人は，有罪判決が確定するまでは無罪として扱われるが，このことを推定無罪の原則という。

(b)　自己に不利益な唯一の証拠が自白のときは有罪にならず，有罪とするには自白以外の証拠が必要である。

(c)　再審制度とは，確定した有罪判決において一定の重大な欠陥を理由にそれを取り消し再度裁判をやり直すための制度である。

(d)　刑事訴訟法の改正により，裁判員裁判の対象事件のみ，取調べの全過程の録音・録画が義務づけられた。

(iv)　環境権に関する裁判で，航空機による騒音や振動に対して，住民が人格権と環境権に基づき，夜間飛行の禁止と損害賠償を請求し，1981年に最高裁が判決を下した訴訟の名称を答えなさい。

(7)　下線部⑦に関して，次の各問いに答えなさい。

(i)　各国の立法府に関する次の(a)～(d)の文章のうち，誤っているものを一つ選び，記号で答えなさい。

(a)　イギリスの上院議員は非民選であり，下院議員は小選挙区で選出される。

(b)　アメリカの下院は，大統領に対する条約締結・高官任命についての同意権をもつ。

(c) 中国の立法府は全国人民代表大会であり，憲法改正，立法，国家主席の選出などの権限をもつ。

(d) 日本の立法府である国会の地位は，「国権の最高機関であり，国の唯一の立法機関」である。

(ii) 次のA～Cのうち日本の国会の権限はどれか，その正誤の組み合わせとして正しいものを(a)～(h)から一つ選び，記号で答えなさい。

A 条約承認権　　B 弾劾裁判所の設置　　C 恩赦の決定

(a) A 正　B 正　C 正
(b) A 正　B 正　C 誤
(c) A 正　B 誤　C 正
(d) A 正　B 誤　C 誤
(e) A 誤　B 正　C 正
(f) A 誤　B 正　C 誤
(g) A 誤　B 誤　C 正
(h) A 誤　B 誤　C 誤

(8) 下線部⑧に関して，次の各問いに答えなさい。

(i) 2000年に施行された，一定の職務給以上の国家公務員に対し，接待・金銭贈与の報告書提出などを義務づけた法律の名称を答えなさい。

(ii) 19世紀のスウェーデンで初めて導入された，第三者機関が行政活動を住民の立場から監視し，行政の公正化・適正化をめざす制度の名称を答えなさい。

(9) 下線部⑨に関する次の(a)～(d)の文章のうち，誤っているものを一つ選び，記号で答えなさい。

(a) 最高裁判所裁判官は，任命後初の衆議院議員総選挙の際に国民により信任・罷免の審査を受ける。

(b) 第一審が違憲判決の時等は，控訴審を飛び越えて上告裁判所に直接訴える跳躍上告・飛躍上告の制度がある。

(c) 知的財産高等裁判所が，すべての高等裁判所に設置された。

(d)　国民審査で罷免された裁判官はいないが，弾劾裁判で罷免された裁判官の事例はある。

(10)　下線部⑩に関して，次のグラフは2020年度の地方公共団体の歳入を表したものである(　ア　)～(　ウ　)に適する語句を答えなさい。

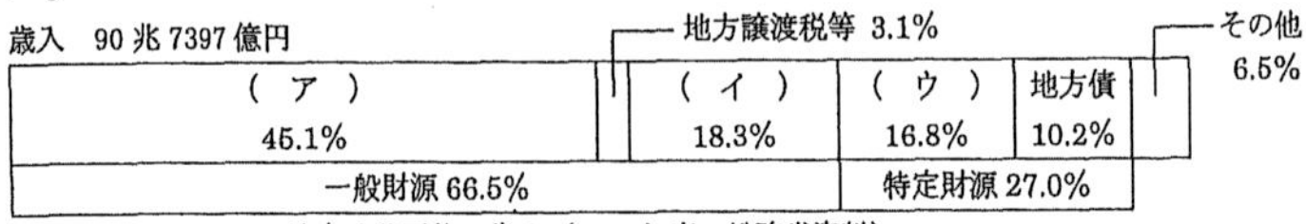

地方公共団体の歳入（2020 年度　総務省資料）

(11)　下線部⑪に関して，日本の政党の特徴として，政党が団結して政策を実現するため，予算や法律案の採決にあたり，あらかじめ党内で賛成か反対かを決めておくことが多い。このような投票行動の制限を何というか，答えなさい。

(12)　下線部⑫に関して，次の各問いに答えなさい。

(i)　日本の衆議院の選挙制度に関する次の(a)～(d)の文章のうち，誤っているものを一つ選び，記号で答えなさい。

(a)　全国を289に分けた小選挙区制と，全国を11ブロックに分けた比例代表制を並立した制度を採用している。

(b)　選挙区と比例区の重複立候補が可能で，重複立候補者は同じ順位で比例代表の名簿に登載できる。

(c)　議席配分の計算式にアダムズ方式が2022年から導入されることとなった。

(d)　比例区において，各党が一部に拘束名簿式を活用するかどうかを決められる特定枠が導入された。

(ii)　次のA～Dのうち，満18歳以上が選挙運動期間内に認められる選挙運動はどれか。その正誤の組み合わせとして正しいものを(a)～(h)から一つ選び，記号で答えなさい。

A　他の有権者に電話で投票を依頼する

B　サイト上のチラシを印刷して配布し投票を呼び掛ける

C　ブログやSNSへの投稿を通じて投票を呼び掛ける

D　他の有権者に電子メールで投票を依頼する

(a) A 正　B 正　C 正　D 正
(b) A 正　B 正　C 正　D 誤
(c) A 正　B 誤　C 正　D 誤
(d) A 正　B 誤　C 誤　D 誤
(e) A 誤　B 正　C 正　D 正
(f) A 誤　B 正　C 誤　D 正
(g) A 誤　B 誤　C 正　D 正
(h) A 誤　B 誤　C 誤　D 誤

(iii) マスメディアが行う世論調査などの選挙予測報道が，有権者の投票行動に影響を与えることがある。このようなマスメディアによる報道が人々の思考・行動に影響を与えることを何というか，答えなさい。

(☆☆☆◎◎◎)

【2】次の文章を読んで，以下の問いに答えなさい。

産業革命以降，資本主義に基づく経済が多くの国で実施され，①社会主義国家においても経済の自由化を進める動きが見られる。市場を基盤とした経済は，②価格競争を促し，③企業活動の活発化や，それに伴う④雇用の拡大，⑤国民所得の増加につながるなど，その利点は大きい。一方で，⑥環境破壊や⑦資源・エネルギーの問題，⑧景気の変動による⑨金融・経済の不安など，⑩様々な問題点も抱えている。⑪日本経済も資本主義経済であり，このような問題に対して政府が⑫財政活動を通して，経済を安定化させることが求められる。

(1) 下線部①に関して，社会主義思想が生まれた背景と思想の特徴を説明しなさい。ただし，背景については資本主義の弊害を踏まえて，特徴については「生産手段」という用語を必ず用いて説明しなさい。

(2) 下線部②に関して，次の各問いに答えなさい。

(i) 有力企業が，価格先導者として一定の利潤が出る価格を設定し，他企業がそれにならう場合の価格を何というか，答えなさい。

(ii) 商品価格やサービス料金を，個々ではなく総合的にみたものを物価という。物価に関する次の(a)～(d)の文章のうち，誤っているものを一つ選び，記号で答えなさい。

(a)　ハイパーインフレとは，ひと月数十%以上の急激な物価上昇が続く現象である。

(b)　スタグフレーションとは，不況にもかかわらずインフレが進行する現象である。

(c)　クリーピングインフレとは，年率数%の物価上昇が続く現象である。

(d)　ギャロッピングインフレとは，景気過熱により，需要が供給を上回り，物価を上昇させる現象である。

(iii)　次のグラフには，ある財の完全競争市場における当初の需要曲線と供給曲線とが表されている。いま，この市場において，均衡点がAからBに移動したとしよう。このような均衡点の変化を生じさせた要因として，正しいものを，(a)～(d)のうちから一つ選び，記号で答えなさい。

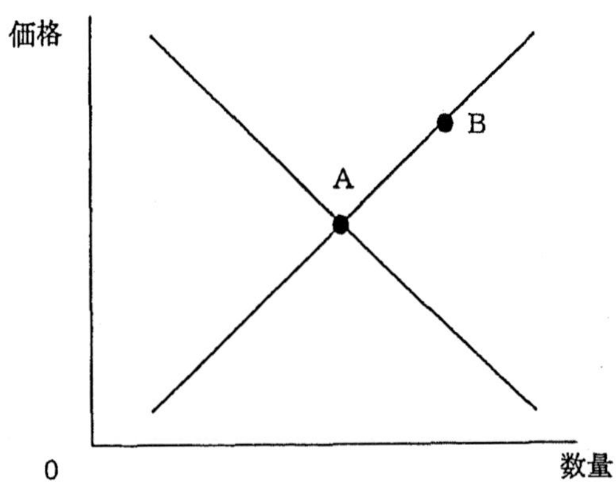

(a)　この財を消費する消費者の所得が減少した。

(b)　この財に対する消費者の人気が高まった。

(c)　この財にかけられる税が引き上げられた。

(d)　この財を生産する技術が向上した。

(3)　下線部③に関する次の(a)～(d)の文章のうち，正しいものを一つ選び，記号で答えなさい。

(a) 中小企業は大企業の下請けや系列企業になる場合が多く，大企業と比べて，景気の波に左右されにくいといえる。

(b) 中小企業の多くは地域との結びつきが強く，日用品や伝統品を製造する地場産業は中小企業が支えていることが多い。

(c) 中心市街地の衰退が加速したことから，2006年に大規模小売店舗法が改正され，大型店の郊外への出店規制が強化された。

(d) 2017年度の日本の製造業の従業員数の約9割は中小企業であるが，出荷額は大企業が約5割を占めている。

(4) 下線部④に関して，次の各問いに答えなさい。

(i) 次の(ア)・(イ)は男女の雇用に関する記述である。その正誤の組み合わせとして正しいものを(a)～(d)から一つ選び，記号で答えなさい。

(ア) 日本の女性の年齢別労働力率は，結婚・出産・育児などと重なる時期に低下するため，M字型雇用の傾向がある。

(イ) 男女雇用機会均等法は2016年に改正され，女性の妊娠・出産などを理由としたハラスメントの防止措置をとることが事業主に義務づけられた。

(a) ア 正 イ 正　(b) ア 正 イ 誤

(c) ア 誤 イ 正　(d) ア 誤 イ 誤

(ii) 働きがいのある人間らしい仕事，すなわち収入，職場における権利，雇用保険などセーフティネット，平等な機会・待遇など，望ましい環境が反映された仕事を何というか，答えなさい。

(5) 下線部⑤に関して，次の表は，ある年の国民経済全体の活動水準を測るフローの諸指標の項目と金額との組み合わせの数値例を表したものである。表の数値例をもとにした場合に，国民所得(NI)の金額はいくらか，答えなさい。

項　目	金額
国内総生産（ＧＤＰ）	７００
海外からの純所得	９０
間接税－補助金	１００
固定資本減耗	１５０

(6)　下線部⑥に関して，次の各問いに答えなさい。

(i)　次の(ア)～(ウ)は地球環境問題とその対策を示したものである。その正誤の組み合わせとして正しいものを(a)～(h)から一つ選び，記号で答えなさい。

(ア)　問題：オゾン層の破壊　－　対策：モントリオール議定書

(イ)　問題：酸性雨　－　対策：ヘルシンキ議定書

(ウ)　問題：有害廃棄物の越境移動　－　対策：バーゼル条約

(a)　ア　正　イ　正　ウ　正

(b)　ア　正　イ　正　ウ　誤

(c)　ア　正　イ　誤　ウ　正

(d)　ア　正　イ　誤　ウ　誤

(e)　ア　誤　イ　正　ウ　正

(f)　ア　誤　イ　正　ウ　誤

(g)　ア　誤　イ　誤　ウ　正

(h)　ア　誤　イ　誤　ウ　誤

(ii)　自然や歴史的産物を開発から守るために寄付金を集め，土地を買い取ったり寄贈を受けたりして保存・管理する運動を何というか，答えなさい。

(7)　下線部⑦に関して，次のグラフは2017年のアメリカ，ドイツ，フランスの各国の発電内訳を示したものである。ドイツに当てはまるものをA～Cのうち一つ選び，記号で答えなさい。

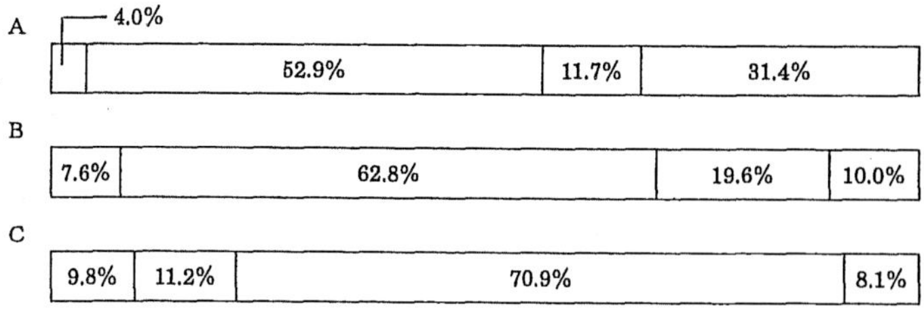

＊グラフ項目：左から「水力」「火力」「原子力」「新エネルギー等」

(8) 下線部⑧に関して，次の表は，各国の経済恐慌がいつ発生したのかを示す「恐慌年表」である。この表から，ある経済学者が発見した経済の波が読み取れる。その波の名称を答えなさい。

イギリス	アメリカ	ドイツ	フランス	日本
1825	-	-	-	-
1836	1837	-	-	-
1847	1848	1847	1847	-
1857	1857	1857	1857	-
1866	1865	1866	1867	-
1873	1873	1873	1873	-
1882	1882	1883	1882	-
1890	1893	1890	1891	-
1900	1903	1900	1900	1900
1907	1907	1907	1907	1907
1920	1920	-	-	1920
1929	1929	1929	1930	1929
1937	1937	-	1937	-
-	1948	-	-	-
1958	1957	-	-	-

恐慌年表（『近代経済学講座（基礎理論篇１）』有斐閣より作成）

(9) 下線部⑨に関して，通貨量(マネーストック)の調節は日本銀行が行う重要な金融政策である。マネーストックの内訳について，Bに適する語句を(a)～(c)より一つ選び，記号で答えなさい。

2019年平均残高（総額1360兆円）

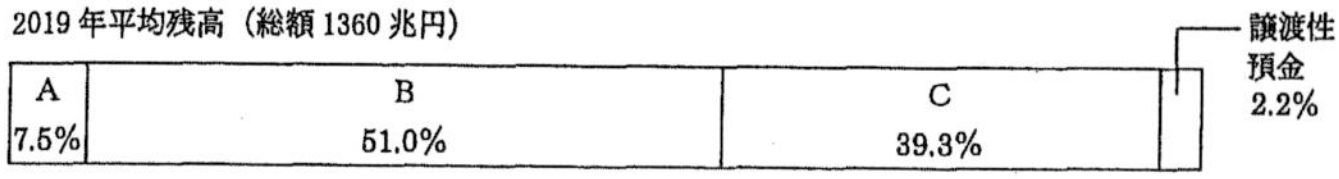

(a) 預金通貨　(b) 準通貨　(c) 現金通貨

(10)　下線部⑩に関して，次の各問いに答えなさい。

(i)　消費者問題に関する次の(a)～(d)の文章のうち，正しいものを一つ選び，記号で答えなさい。

(a)　多重債務問題の深刻化で，貸金業法が改正され，グレーゾーン金利を撤廃した。

(b)　アメリカのニクソン大統領は，特別教書で消費者の四つの権利を示した。

(c)　経済産業省に消費者庁が設置され，消費者問題への迅速な対応と被害拡大の防止を目指している。

(d)　クーリング・オフ制度により，すべての不当な商品・サービスの売買契約の取消しを可能とした。

(ii)　高度情報社会の進展に伴い，情報技術を使いこなせる人たちとそうでない人たちの間で，経済的・社会的格差が生じている。この問題を何と呼ぶか，カタカナで答えなさい。

(iii)　高齢化に伴い，社会保障費の増大に対応することが迫られている。日本の公的年金制度は積立方式でスタートし，現在では賦課方式を中心とし，積立方式を取り入れている。積立方式と賦課方式のしくみについて，それぞれ説明しなさい。

(iv)　少子化の進行は社会問題である。次の(ア)～(ウ)は少子化対策に関する記述である。その正誤の組み合わせとして正しいものを(a)～(h)から一つ選び，記号で答えなさい。

(ア)　エンゼルプランとは，子育てと仕事の両立支援，子育てのための生活環境整備に関する政策である。

(イ)　ゴールドプランとは，保育所と幼稚園の機能を併せ持つ「認定こども園」制度の改善・普及に関する政策である。

(ウ)　オレンジプランとは，企業が従業員のための保育施設の設置・運営などを行う場合に補助金を支給する政策である。

(a)　ア　正　　イ　正　　ウ　正
(b)　ア　正　　イ　正　　ウ　誤
(c)　ア　正　　イ　誤　　ウ　正

(d) ア 正 イ 誤 ウ 誤
(e) ア 誤 イ 正 ウ 正
(f) ア 誤 イ 正 ウ 誤
(g) ア 誤 イ 誤 ウ 正
(h) ア 誤 イ 誤 ウ 誤

(v) 日本は輸入農産物への依存率が高く，アメリカ牛のBSE問題への対応や，安全を欠く米の流通を防止するための対策など，食の安全性の確保が必要である。手に取った農産物などが，どこで生産され，どのように流通してきたかを確認できるシステムの名称をカタカナで答えなさい。

(11) 下線部⑪に関する次の(a)～(d)の文章のうち，誤っているものを一つ選び，記号で答えなさい。

(a) GHQ経済顧問ドッジは米国の援助と政府の補助金に頼る日本経済を「竹馬経済」と表現した。

(b) 高投資による経済成長を，1980年の経済白書は「投資が投資を呼ぶ」と表現した。

(c) バブル崩壊後の1990年代の経済低迷は，「失われた10年」と呼ばれる。

(d) 小泉内閣は「改革なくして成長なし」を理念とした新自由主義的政策をとった。

(12) 下線部⑫に関して，財政状況を示す指標の一つであり，公債金収入を除く歳入から国債費を除く歳出を差し引いたものを何というか，カタカナで答えなさい。

(☆☆☆◎◎◎)

【3】青年期，源流思想について次の文章を読んで，以下の問いに答えなさい。

【青年期】

＜会話Ⅰ＞

生徒：「先生，教科書の青年期の単元の最初は『人間の特質について』

なのですが，私たち人間とはどのような特徴があるのでしょうか。」

先生：「様々な人間観があります。例えば，オランダの歴史家[　A　]は人間をホモ＝ルーデンス(遊戯人)，和辻哲郎は[　B　]的存在としました。人間とは何かを考えることは，生き方を考える出発点と言えますね。」

生徒：「わかりました。他の哲学者の人間観も調べてみます。」

(1)　＜会話Ⅰ＞の文章中の空欄[　A　]に適する人物名，[　B　]に適する語句をそれぞれ答えなさい。

＜会話Ⅱ＞

先生：「中高生の君たちは，自分たちが属している青年期はどのような特徴をもっているのか，どのような課題があるのかを知ることが大事です。」

生徒：「はい。では，今自分たちが属している青年期はどのような特徴があるのですか。」

先生：「様々な人が①青年期の特徴を表現しています。例えば，アメリカの心理学者・ホールは[　ア　]，ドイツの心理学者・[　イ　]は境界人(マージナル・マン)としました。様々なとらえ方がありますが，青年期は自立した大人になっていくために重要な時期ですね。また自我意識が高まるにつれて②様々な悩みが生まれることや，③多くの欲求が生まれる時期でもあります。」

生徒：「確かに…。自分の④性格，他の人との関係，将来のことなど悩みが尽きません…。」

先生：「悩み自体は決してマイナスなものではなく，それに向き合い成長する機会ととらえてみてはどうでしょうか。先生，家族，友達などに打ち明けてみてください。事態を冷静に眺められ，合理的な解決方法が見つかるかもしれません。」

生徒：「わかりました。思い悩むかもしれませんが，色んな人と相談しながら青年期をよいものにしていきます！」

(2)　＜会話Ⅱ＞の文章中の空欄[　ア　]・[　イ　]に適する語句・人

物の組み合わせとして，正しいものを(a)～(f)から一つ選び，記号で答えなさい。

(a)	アー疾風怒濤の時代	イーホリングワース
(b)	アー疾風怒濤の時代	イーレヴィン
(c)	アースチューデント・アパシー	イーホリングワース
(d)	アースチューデント・アパシー	イーレヴィン
(e)	アー青い鳥症候群	イーホリングワース
(f)	アー青い鳥症候群	イーレヴィン

(3) 下線部①について，エリクソンのいう「心理・社会的モラトリアム」とはどのような期間のことか，「大人としての[　　]期間」にあわせて説明しなさい。

(4) 下線部②について，精神科医の神谷美恵子はハンセン病に苦しむ人たちの悩みに寄り添った。次の文章は，その体験にもとづく神谷美恵子の著書の記述内容である。文章中の空欄[　C　]に適する語句を答えなさい。

> どういうひとが一ばん[　C　]を感じる人種であろうか。自己の生存目標をはっきりと自覚し，自分の生きている必要を確信し，その目標にむかって全力をそそいで歩いているひと……いいかえれば使命感に生きるひとではないであろうか。
>
> 神谷美恵子著『[　C　]について』より

(5) 下線部③について，次のア～ウは欲求と適応に関する文章である。その正誤の組み合わせとして，最も適当な組み合わせを(a)～(h)から一つ選び，記号で答えなさい。

ア　マズローは，集団に帰属して愛される欲求が満たされた時，その次に成長欲求である自己実現の欲求があらわれるとした。

イ　クレッチマーは，葛藤(コンフリクト)を接近－接近型，回避－回避型，接近－回避型の3つの型に分類した。

ウ　防衛機制において，憎んでいる相手に対して過剰に親切に接することは，反動形成にあたる。

(a)　ア　正　　イ　正　　ウ　正
(b)　ア　正　　イ　正　　ウ　誤
(c)　ア　正　　イ　誤　　ウ　正
(d)　ア　正　　イ　誤　　ウ　誤
(e)　ア　誤　　イ　正　　ウ　正
(f)　ア　誤　　イ　正　　ウ　誤
(g)　ア　誤　　イ　誤　　ウ　正
(h)　ア　誤　　イ　誤　　ウ　誤

(6)　下線部④について，様々な性格理論を唱えた人物の一人にユングがいる。ユングについての記述として正しいものを(a)～(g)から2つ選び記号で答えよ。

(a)　自我を守ろうとしてはたらく無意識のメカニズムである防衛機制を明らかにした。
(b)　個人的無意識だけでなく，広く人類に共通する集合的無意識が存在するとした。
(c)　人生の各段階に発達課題があり，10項目の青年期の発達課題をあげた。
(d)　宗教型や経済型などの6種の文化的価値のいずれかを追求するかで性格を分類した。
(e)　人の性格を，精神的エネルギーの向く方向で，外向型と内向型に分類した。
(f)　人間の社会的性格を伝統指向型・内部指向型・他人指向型の3つの類型に分けた。
(g)　性の衝動であるリビドーによって自我の発達を説明し，エディプス・コンプレックスを唱えた。

【源流思想】

今，青年期にあたる中高生は，様々な疑問に直面している。「私」とは何だろうか，何のために存在しているのだろうか，どのように生きていくべきなのかという疑問にぶつかり，その答えを模索しながら生きていく。

その際，助けとなるのが先哲の思想である。私たちが直面している同じような疑問に，それぞれの時代や社会の中でそれを考え抜いた。①古代ギリシアの哲学，②ヘレニズム時代の思想，③キリスト教，④イスラーム教，⑤仏教などの宗教や，哲学的・宗教的側面を持つ⑥儒学をはじめとする⑦中国思想などの人類の思想の諸源流を学ぶことを通じて，それらの疑問について考えていく手がかりにしていきたい。

(7) 下線部①について，次の(i)～(iv)の各問いに答えなさい。

(i) 次の文章中の空欄[　ア　]～[　ウ　]に適する語句の組み合わせについて，正しいものを(a)～(h)から一つ選び，記号で答えなさい。

> 古代ギリシアでは，[　ア　]の『神統記』に代表されるように，世界の起源が神話に基づいて説明されてきた。しかし，自然哲学者は，この神話的世界観から離れ，理性(ロゴス)の目で「観る」という態度である[　イ　]により，物事の本質や真理を客観的に考察し，万物の根源(アルケー)を探求した。そこで様々な自然哲学者が独自の主張をした。例えば，ピタゴラスは「万物の根源は[　ウ　]である」と主張した。

(a)	アーセネカ	イーアナムネーシス	ウー数
(b)	アーセネカ	イーアナムネーシス	ウー水
(c)	アーセネカ	イーテオーリア	ウー数
(d)	アーセネカ	イーテオーリア	ウー水
(e)	アーヘシオドス	イーアナムネーシス	ウー数
(f)	アーヘシオドス	イーアナムネーシス	ウー水
(g)	アーヘシオドス	イーテオーリア	ウー数
(h)	アーヘシオドス	イーテオーリア	ウー水

(ii) ソクラテスは，「ソクラテス以上の知者はいない」という神託の意味を解き明かすために，自己の探究につとめ，盛んに問答を行った結果，その神託をどのように理解したか。その理解を「ソ

クラテスは，[　　]という点で自分が知者であるとわかった。」にあわせて説明しなさい。

(iii)　次の(a)～(e)の文章は，プラトンに関する記述である。(a)～(e)のうち下線部が誤っているものを2つ選び，記号で答えなさい。

(a)　国家は統治者・防衛者・生産者の3つの階級で構成され，各階級がそれぞれの徳を備えた時，理想の国家が誕生するとした。

(b)　理性でのみとらえられるイデアこそが，唯一完全で変化しない真の実在であるとし，人間の魂はかつてイデア界にあったとした。

(c)　アテネ近郊に，リュケイオンという学園を創設し，アリストテレスらを教育した。

(d)　アテネの政治に失望し，理想国家論として哲学者が王となるか，王が哲学者となるかという哲人政治を説いた。

(e)　魂は理性・気概・欲望の3つの機能をもつとし，それらが知恵・勇気・節制の徳を備えた時，慈悲の徳が実現するとした。

(iv)　次はアリストテレスに関する文章である。文章中の空欄[　A　]・[　B　]に適する語句を，それぞれ漢字2字で答えなさい。

アリストテレスは，最高の生活は国家という枠組みの中での生活で実現されるとし，[　A　]と[　B　]を重視した。[　A　]は情意の面で，[　B　]は理性の面で人々を結びつけ，ポリスという社会を成立させる必要不可欠な徳である。またポリスにおいて[　A　]があれば[　B　]は不要であるとし，[　A　]をより重視した。

(8)　下線部②について，この時代における，すべての人間は普遍的な理性を分けもつ限り，国家や民族の枠を超えてみな等しい同胞であるという主義を何というか答えなさい。

(9)　下線部③について，次のア～ウはキリスト教に関する文章である。その正誤の組み合わせとして，最も適当な組み合わせを(a)～(h)から一つ選び，記号で答えなさい。

ア　旧約聖書の神の性格は，厳格な裁きの神であるのに対し，新約聖書の神の性格は，愛の神となっている。

イ　パウロは，イエスの刑死は全人類の原罪を贖うためのものであったと理解した。

ウ　ウィリアム＝オッカムは，『神学大全』を著し，神学の体系を確立させてスコラ哲学を完成させた。

(a)　アー正　　イー正　　ウー正
(b)　アー正　　イー正　　ウー誤
(c)　アー正　　イー誤　　ウー正
(d)　アー正　　イー誤　　ウー誤
(e)　アー誤　　イー正　　ウー正
(f)　アー誤　　イー正　　ウー誤
(g)　アー誤　　イー誤　　ウー正
(h)　アー誤　　イー誤　　ウー誤

(10)　下線部④について，次のイスラーム教についての文章(a)～(d)のうち，誤っているものを一つ選び，記号で答えなさい。

(a)　アッラーは，ユダヤ教・キリスト教の神と同じであり，ムハンマドは，モーセやイエスと同様に預言者の一人である。

(b)　六信の「来世」とは，アッラーによる最後の審判により，生前の善行・悪行の多い少ないで，天国と地獄に振り分けられることである。

(c)　ムハンマドは，エルサレムで昇天したとされており，エルサレムは，メッカ，メディナに次ぐイスラーム教の聖地とされる。

(d)　五行における「巡礼」は，経済的・肉体的に可能なら，毎年1回，聖地メッカへの巡礼を行うことである。

(11)　下線部⑤について，次の(i)・(ii)の各問いに答えなさい。

(i)　後の仏教などインドの思想に大きな影響を与えた，輪廻や梵我一如を体得することで解脱できることなどをはじめとするバラモン教の哲学的関心を何というか，答えなさい。

(ii)　仏教における四苦とは何か，すべて答えよ。

(12)　下線部⑥について，次の(i)・(ii)の各問いに答えなさい。

(i)　孔子が理想とした政治である徳治主義とはどのようなものか説明しなさい。

(ii)　次は荀子に関する文章である。文章中の空欄[　ア　]～[　ウ　]に適する語句の組み合わせについて，正しいものを(a)～(h)から一つ選び，記号で答えなさい。

荀子は，[　ア　]の立場をとり，仁が行動に表れたものである[　イ　]による人民の教化を重視した。この考えは，[　ウ　]の思想につながった。

(a)　アー性悪説　　イー礼　　ウー兵家
(b)　アー性悪説　　イー礼　　ウー法家
(c)　アー性悪説　　イー忠　　ウー兵家
(d)　アー性悪説　　イー忠　　ウー法家
(e)　アー性善説　　イー礼　　ウー兵家
(f)　アー性善説　　イー礼　　ウー法家
(g)　アー性善説　　イー忠　　ウー兵家
(h)　アー性善説　　イー忠　　ウー法家

(13)　下線部⑦について，次の(i)・(ii)の各問いに答えなさい。

(i)　道家の老子の考えとして適切なものを，次の(a)～(h)から3つ選び，記号で答えなさい。

(a)　万物斉同　　(b)　信賞必罰　　(c)　心斎坐忘
(d)　無為自然　　(e)　柔弱謙下　　(f)　逍遥遊
(g)　小国寡民　　(h)　真人

(ii)　墨子の説く「兼愛」とはどのようなものか，墨子が批判した儒家の愛と比較しながら，次の語句を必ず使用して，説明しなさい。

[　家族　]

(☆☆☆◎◎◎)

【4】次は生徒がまとめた日本の思想についてのノートである。そのノートを読んで，以下の問いに答えなさい。

【全体像】

①古代日本人の倫理観、宗教観→神道＋仏教、儒学、西洋の思想 ⇒ ②現代の日本の思想につながる

日本では，古来の八百万の神々への信仰からはじまる神道に加えて，仏教，儒学，西洋思想などを，それぞれの時代で選択しながら思想を形成し，引き継いできた。

【仏教について】

仏教は伝来当初～奈良時代にかけてと，③平安前期～中期，平安時代末期～鎌倉時代にかけてとでは，大きな性格の変化がみられる。奈良仏教は鎮護国家思想，④平安末期の仏教は人々を救済するための教え，こうした変化を受けて⑤鎌倉仏教の様々な教えが展開されていった。

【儒学について】

儒学は，江戸時代に⑥朱子学の興隆というかたちで本格的に発展した。他にも，⑦陽明学，⑧古学派など様々な流れが存在した。またこうした儒学の興隆が⑨国学の登場を促した。

(1) 下線部①に関して，古代日本人の理想とされる，私心を捨てて他者と融和し，隠し立てのない明るい心とは何か答えなさい。

(2) 下線部②に関して，次の文章は生徒がアメリカの文化人類学者であるルース・ベネディクトについてまとめたレポートである。文章中の空欄[ア]～[ウ]に当てはまる語句の組み合わせについて，正しいものを(a)～(f)から一つ選び，記号で答えなさい。

レポート

アメリカの文化人類学者であるルース・ベネディクトは，第二次世界大戦下，アメリカの政治研究の一環で在米日系人との面接や文学・映画作品をもとに日本文化を研究し，著書『[　ア　]』で，西欧的な「[　イ　]の文化」に対して，日本文化を「[　ウ　]の文化」であると説いた。

(a)　アー禅と日本文化　　イー恥　　ウー罪
(b)　アー禅と日本文化　　イー罪　　ウー恥
(c)　アーThe Book of Tea　　イー恥　　ウー罪
(d)　アーThe Book of Tea　　イー罪　　ウー恥
(e)　アー菊と刀　　イー恥　　ウー罪
(f)　アー菊と刀　　イー罪　　ウー恥

(3)　下線部③の時期の仏教に関して，次の生徒と先生の会話文を読み，文中の空欄[　ア　]・(　A　)に適する語句を答えなさい。ただし，[　ア　]は正しいものを以下の(a)～(d)から一つ選び記号で，(　A　)は漢字4字で答えなさい。

生徒：「奈良時代の鎮護国家の仏教から平安時代の仏教はどう変化していったのですか。」
先生：「そうですね，平安時代には最澄や空海による[　ア　]を中心とする密教が展開されました。これらは特に貴族中心に信仰されていきます。」
生徒：「平安時代は貴族による摂関政治が中心でしたね。貴族は仏教に何を求めたのですか。」
先生：「いい質問ですね。貴族は個人の健康や出世など(　A　)を求めたのです。」
生徒：「わかりました，平安仏教には鎮護国家以外にもそういった性格があったのですね。」

ア：(a)　神仏習合　　(b)　浄土信仰　　(c)　加持祈祷

(d)　専修念仏

(4)　下線部④に関して，こういった仏教の教えがひろまった背景としてあった，仏法が衰えて救いのない絶望の時代が到来するという仏教の時代観を何というか答えなさい。

(5)　下線部⑤に関して，次の(i)・(ii)の各問いに答えなさい。

(i)　次の文章は，鎌倉時代のある宗派の僧の主張である。文章中の空欄[　ア　]・[　イ　]に当てはまる語句の組み合わせについて，正しいものを(a)～(f)から一つ選び，記号で答えなさい。

> [　ア　]宗における「[　イ　]」の考え
> 「すべては阿弥陀仏のはからいであり，南無阿弥陀仏という念仏さえも阿弥陀仏により唱えさせられている。自力を捨て，阿弥陀仏に身をまかせれば，おのずから仏の道に到達する。」

(a)　アー浄土　　イー自然法爾
(b)　アー浄土　　イー興禅護国
(c)　アー浄土　　イー聖道門
(d)　アー浄土真　イー自然法爾
(e)　アー浄土真　イー興禅護国
(f)　アー浄土真　イー聖道門

(ii)　次の文章は，曹洞宗の開祖・道元の主張である。[　B　]・[　C　]に適する語句を答えなさい。ただし，[　B　]は漢字2字，[　C　]は漢字4字で答えなさい。

> 一切を捨ててただひたすら[　B　]することで，ありのままの自己が現れるとした。これが身心脱落であり，悟りの境地である。また[　B　]の修行がすなわち悟りであるという[　C　]を説いた。

(6)　下線部⑥に関して，次のア，イは江戸時代の朱子学者の思想についての文章である。その正誤の組み合わせとして最も適当な組み合わせを(a)～(d)から一つ選び，記号で答えなさい。

ア　藤原惺窩は，人欲を抑えて，宇宙の原理である理と人間の性を一致させる明徳を重視した。

イ　林羅山は，私利私欲をつつしみ，上下の身分秩序に従って礼儀正しく行動する存心持敬を重視した。

(a)　アー正　イー正　　(b)　アー正　イー誤

(c)　アー誤　イー正　　(d)　アー誤　イー誤

(7)　下線部⑦に関して，陽明学者・中江藤樹が唱えた「致良知」とはどのような考え方か，次の語句を必ず使用して説明しなさい。

[　善悪　]

(8)　下線部⑧に関して，次の生徒と先生の会話文を読み，文中の空欄[　ア　]～[　ウ　]に当てはまるよう語句の組み合わせについて，正しいものを(a)～(h)から一つ選び，記号で答えなさい。

> 生徒：「先生，古学派とはどのような考え方の人たちなのですか。古学の祖である[　ア　]が著した『聖教要録』には，『予は周公・孔子を師として，漢・唐・宋・明の諸儒を師とせず，学，聖教を志して異端を志さず……』とあるのですが。」
>
> 先生：「簡潔に言うと，直接的に[　イ　]を読み取り，受けとめようとする考えの人たちです。」
>
> 生徒：「なるほど，儒学の原点回帰ということですね。他にはどのような人物が挙げられますか。」
>
> 先生：「他にも古学派には，古義学派の[　ウ　]や，古文辞学派の荻生徂徠がいます。」
>
> 生徒：「わかりました。ありがとうございます。」

(a)　アー山鹿素行　　イー朱熹(朱子)の教え　　ウー伊藤仁斉

(b)　アー山鹿素行　　イー朱熹(朱子)の教え　　ウー山崎闇斎

(c)　アー山鹿素行　　イー古代中国の聖人の教え　　ウー伊藤仁斉

(d)　アー山鹿素行　　イー古代中国の聖人の教え　　ウー山崎闇斎

(e)　アー熊沢蕃山　　イー朱熹(朱子)の教え　　　　ウー伊藤仁斉
(f)　アー熊沢蕃山　　イー朱熹(朱子)の教え　　　　ウー山崎闇斎
(g)　アー熊沢蕃山　　イー古代中国の聖人の教え　　ウー伊藤仁斉
(h)　アー熊沢蕃山　　イー古代中国の聖人の教え　　ウー山崎闇斎

(9)　下線部⑨に関して，次のア～ウは国学に関する文章である。その下線部の正誤の組み合わせとして，最も適当なものを(a)～(h)から一つ選び，記号で答えなさい。

ア　平田篤胤は，復古神道を完成させ，神の子孫である天皇の治める日本こそ最も優れているとした。

イ　契沖は，古代日本の精神を伝える古典として『源氏物語』を研究した。

ウ　本居宣長は，仏教や儒学が入ってくる以前の偽りのない真実の心である漢意(からごころ)の重要性を説いた。

(a)　アー正　　イー正　　ウー正
(b)　アー正　　イー正　　ウー誤
(c)　アー正　　イー誤　　ウー正
(d)　アー正　　イー誤　　ウー誤
(e)　アー誤　　イー正　　ウー正
(f)　アー誤　　イー正　　ウー誤
(g)　アー誤　　イー誤　　ウー正
(h)　アー誤　　イー誤　　ウー誤

(☆☆☆◎◎◎)

【5】次の文章を読んで，以下の問いに答えなさい。

クラスを3つの班に分けてルネサンス期の思想からカントの思想・市民革命までの西洋思想の流れをまとめることにした。次のノートはルネサンス・宗教改革の思想についてまとめた班のものである。

ノート

封建制からの解放と教会の権威の低下

↓

【ルネサンス】

・個人の自由や人間性の尊重、理想的な人間像は[　ア　]

<代表的人物>

・ピコ＝デラ＝ミランドラ：人間は自由意志を持ち、それにより自己形成していくことに尊厳がある

・[　イ　]：君主は道徳や宗教から独立して行動することが認められる

↓

【宗教改革】

教会を通じた形だけの信仰ではなく、個人の内面の信仰を尊重

・ルター：『９５か条の論題』、[　A　]主義、福音主義、万人司祭説

・カルヴァン：[　A　]主義、福音主義、予定説、職業召命観

→[　ウ　]：『プロテスタンティズムの倫理と資本主義の精神』につながる

↓

プロテスタントとカトリックの対立が激化し、各地で宗教戦争が起こり、人間を深く観察し、生き方を探究・反省した①モラリストたちが登場する。

(1)　ノートの空欄[　ア　]～[　ウ　]に当てはまる語句と人物の組み合わせとして，最も適当な組み合わせを(a)～(h)から一つ選び，記号で答えなさい。

(a)　アー英知人　イーマキァベリ　ウーウェーバー

(b)　アー英知人　イーマキァベリ　ウーアダム＝スミス

(c)　アー英知人　イートマス＝モア　ウーウェーバー

(d)　アー英知人　イートマス＝モア　ウーアダム＝スミス

(e)　アー万能人　イーマキァベリ　ウーウェーバー

(f)　アー万能人　イーマキァベリ　ウーアダム＝スミス

(g)　アー万能人　イートマス＝モア　ウーウェーバー

(h)　アー万能人　イートマス＝モア　ウーアダム＝スミス

(2)　ノートの空欄[　A　]に当てはまる，信仰のよりどころについてのルター，カルヴァンに共通する語句を答えなさい。

(3)　下線部①に関して，次のモラリストについてまとめた生徒のレポートの空欄[　ア　]・[　イ　]に適する語句の組み合わせとして最も適当な組み合わせを(a)～(i)から一つ選び，記号で答えなさい。

> レポート
> ・パスカルは，人間は[　ア　]の間をさまよう中間者であるとした。
> ・モンテーニュは，常に「私は何を知るか(ク・セ・ジュ？)」と問い，人間の感覚や絶対的に確かな認識はないという積極的な[　イ　]の立場をとった。

(a)　アー無謀と臆病　　イー科学主義
(b)　アー無謀と臆病　　イー懐疑主義
(c)　アー無謀と臆病　　イー観念論
(d)　アー悲惨と偉大　　イー科学主義
(e)　アー悲惨と偉大　　イー懐疑主義
(f)　アー悲惨と偉大　　イー観念論
(g)　アー思考と無意識　イー科学主義
(h)　アー思考と無意識　イー懐疑主義
(i)　アー思考と無意識　イー観念論

次のノートは近代科学の誕生からカントの思想までについてまとめた班のものである。次の問いに答えなさい。

> ノート
> ルネサンス・宗教改革　…宗教的権威に縛られず自然現象をあるがままに考察する態度を生む
> ↓
> 近代科学の誕生　…①<u>イギリス経験論</u>，②<u>大陸合理論</u>が近代科学の形成に大きな役割果たす
> ↓
> ③<u>カント</u>の批判哲学　…イギリス経験論と大陸合理論を調停・統合

(4)　下線部①に関して，次の(i)・(ii)の各問いに答えなさい。

(i)　次のベーコンの主張についてまとめた生徒のレポートの空欄[　A　]・[　B　]に適する語句をそれぞれ答えなさい。

レポート
　ベーコンは著書『[　A　]』にて，実験や観察など経験を重視する経験主義の立場を明確にした。その際に，人間の観察と判断をゆがめる4つの[　B　]を排除しなくてはならないと説いた。

(ii)「存在するとは知覚されること」と説いた人物は誰か答えなさい。

(5) 下線部②に関して，デカルトの主張についてまとめたレポートの空欄[　C　]・[　D　]に適する語句をそれぞれ答えなさい。

レポート
　デカルトは，感覚的な経験は不確かだと考え，人間の理性を知の源泉であるとした。理性を正しく使うために，確実な原理をもとに推論する[　C　]法を主張した。
　また，考えることを本質とする精神と空間的な広がりを本質とする物体を厳密に区別する[　D　]論を主張し，これは機械論的自然観を支える思想となった。

(6) 下線部③に関して，次の(i)・(ii)の各問いに答えなさい。

(i) 次のカントの認識論についてまとめた生徒のレポートの空欄[　ア　]～[　ウ　]に適する語句の組み合わせとして最も適当な組み合わせを(a)～(f)から一つ選び，記号で答えなさい。

レポート
　カントは，私たちは主観的な経験の仕組みを通して構成された「現象」を認識しているにすぎず，「現象」の背後にある「物自体」は[　ア　]では決して認識できず，[　ア　]が認識できるのは「現象」に限られるとした。
<認識の成立>　①：[　イ　]で事柄をとらえる　→　②：[　ウ　]で整理し，概念を形成　→　③：認識の成立

(a)　アー感性　　イー悟性　　ウー理性

(b)　アー感性　　イー理性　　ウー悟性
(c)　アー悟性　　イー感性　　ウー理性
(d)　アー悟性　　イー理性　　ウー感性
(e)　アー理性　　イー感性　　ウー悟性
(f)　アー理性　　イー悟性　　ウー感性

(ii)　次の文章(a)～(d)のうち，カントに関しての説明として正しいものを一つ選び，記号で答えなさい。

(a)　何らかの目的のための手段ではなく，「～せよ」という無条件の普遍的な仮言命法を重視した。

(b)　自律的自由をもつ人格を目的として尊重する「神の国」を理想社会とした。

(c)　著書『永遠平和のために』には，共和制国家である必要性や後の国際連盟・国際連合の基礎になる考えが書かれている。

(d)　「いかになすか」ではなく「何をなすか」という，行為への意欲・動機ではなく行為の結果を重視した。

次のノートは社会契約思想とフランス啓蒙思想の流れについてまとめた班のものである。次の問いに答えなさい。

ノート
宗教戦争・科学革命・自然法思想　→　①社会契約思想，②フランス啓蒙思想　→　市民革命

(7)　下線部①に関して，ルソーの説く「一般意志」とはどのようなものか説明しなさい。

(8)　下線部②に関して，フランス啓蒙思想の思想家たちの記述ア～ウについて，それぞれ誰の説明であるか，最も適当な組み合わせを(a)～(f)から一つ選び，記号で答えなさい。

ア　ダランベールとともに，政府からの弾圧や自身の投獄などの苦難を乗り越え，当時の様々な学問や技術を集大成した著作を出版し，社会の不合理を批判するフランス革命の土壌を作った。

イ　イギリスに渡り，イギリスの政治制度や経験論に強く影響を受

け，書簡形式の著作において，フランスの政治制度や社会を批判した。

ウ　さまざまな国や時代の法律を比較検討し，著書において，近代民主国家における重要な三権分立の考えを示し，相互の抑制と均衡を保つべきと説いた。

(a)　ア－モンテスキュー　　イ－ヴォルテール
　　ウ－ディドロ

(b)　ア－モンテスキュー　　イ－ディドロ
　　ウ－ヴォルテール

(c)　ア－ディドロ　　イ－モンテスキュー
　　ウ－ヴォルテール

(d)　ア－ディドロ　　イ－ヴォルテール
　　ウ－モンテスキュー

(e)　ア－ヴォルテール　　イ－モンテスキュー
　　ウ－ディドロ

(f)　ア－ヴォルテール　　イ－ディドロ
　　ウ－モンテスキュー

(☆☆☆◎◎◎)

【選択問題】

※以下の【1】～【3】は選択問題です。1つ選び，答えなさい。

【1】次の文章を読んで，以下の問いに答えなさい。

　第二次世界大戦後，①国際連合が発足し，世界は平和な②国際社会を目指して歩み始めた。経済面では，③国際経済をより自由で開放的なシステムに変革する動きが見られた。その一つとして，④国際金融の安定と⑤貿易の自由化，⑥発展途上国への援助を図り，資本主義諸国の経済発展を目的としたブレトン・ウッズ体制が生まれた。

　一方，⑦東西冷戦による軍拡競争や経済における国家間の格差が拡大した。現在は，⑧軍縮の動きや貧困の解消や⑨難民の保護など，⑩国際協力が組織の大小に関わらず，進められている。

(1) 下線部①に関して，次の各問いに答えなさい。

(i) 安全保障体制の考え方は勢力均衡から集団安全保障に変化している。勢力均衡と集団安全保障について違いが分かるように説明しなさい。

(ii) 国際人道法に反して拷問や虐殺など非人道的行為を犯した個人の犯罪を裁くための裁判所の名称を答えなさい。

(iii) 次の(ア)・(イ)は国際連合の記述である。その正誤の組み合わせとして正しいものを(a)～(d)から一つ選び，記号で答えなさい。

(ア) 拒否権の行使で安全保障理事会が機能しなかったことを背景に，1950年に「平和のための結集決議」が国連総会で採択され，軍事的措置が発動された。

(イ) 国連軍は，紛争当事者の間に入って紛争の拡大を防ぐ国連平和維持軍，停戦合意の遵守を監視する停戦監視団，紛争後の選挙の適正さを監視する選挙監視団などからなる。

(a) ア 正 イ 正　(b) ア 正 イ 誤

(c) ア 誤 イ 正　(d) ア 誤 イ 誤

(2) 下線部②に関して，戦争の悲惨さを緩和するため，国際社会にも軍人や為政者の悪行を規制する正義の法があることを，自然法を基礎に説いたオランダの外交官だった人物の名前を答えなさい。

(3) 下線部③に関して，次の表はアメリカ，ドイツ，中国，日本の各国際収支の内訳を示したものである。A～Dのうち，日本に当てはまるものはどれか，記号で答えなさい。

	A	B	C	D
経常収支	1845	1413	2748	−4984
貿易収支	35	4253	2478	−8662
サービス収支	11	−2611	−228	2498
第一次所得収支	1926	−330	1032	2570
第二次所得収支	−126	103	−534	−1389
資本移転等収支	−38	−3	−3	−0.1
金融収支	2218	−570	2286	−3959

2019年　主な国の国際収支（IMF資料　単位：億ドル）

(4) 下線部④に関して，次の各問いに答えなさい。

(i)　国際通貨制度に関する次の(a)～(d)の文章のうち，誤っているものを一つ選び，記号で答えなさい。

(a)　第二次大戦後，アメリカのドルを基軸通貨とし，ドルと金との交換を保証する固定為替相場制をとった。

(b)　1971年，固定為替相場をドル切り下げで調整するスミソニアン協定が結ばれた。

(c)　1976年，キングストン合意により変動為替相場制への移行を正式に承認した。

(d)　1985年，ルーブル合意により，ドル高是正のためのドル売りの協調介入を進めた。

(ii)　世界各地で，海外企業を誘致するために課税をなくす，または低くする国・地域が見られる。このような租税回避地をカタカナで何というか，答えなさい。

(iii)　1ユーロ＝111円であるとき，日本のある電気機械の企業が自社製品をユーロ圏で販売し，2億ユーロの売り上げがあったとする。その半年後に1ユーロ＝131円になったとき，この企業が同じ数量の同じ製品をユーロ圏で販売し，相変わらず2億ユーロの売り上げがあったとすれば，円に換算した売り上げはどのくらい増加または減少するか。増減を明確にして，答えなさい。

(5)　下線部⑤に関して，次の各問いに答えなさい。

(i)　比較生産費説に基づいて自由貿易を主張したイギリスの経済学者の名前を答えなさい。

(ii)　次の表はA，B各国で工業製品と農産品をそれぞれ1単位生産するのに必要な労働者数をあらわす。これらの生産には労働しか用いられないとする。また，各国内の労働者は，この二つの産業で全員雇用されるとする。次の表から読み取れる内容について，以下の文章中に適する語句を(　a　)は【　　】内の選択肢から，(　b　)は数字で答えなさい。

	工業製品	農産品
A国	2人	4人
B国	12人	6人

いずれの産業においてもA国はB国よりも労働生産性が(a)【高い・ 低い 】。ここでA国が工業製品の生産に特化し，B国が農産品の生産に特化する場合，生産量の両国の合計は，特化前と比較して(b)単位増える。

(iii) 国際分業に伴い日本では生産拠点の海外移転が進んでいる。生産拠点の海外移転により，国内生産・雇用・GDPが減少し，国内産業が衰弱化することを何というか，答えなさい。

(6) 下線部⑥に関して，次の各問いに答えなさい。

(i) 次の(ア)・(イ)は南北問題に関する記述である。その正誤の組み合わせとして正しいものを(a)～(d)から一つ選び，記号で答えなさい。

(ア) 国連貿易開発会議は，貿易と開発に関する南北問題の討議を目的としている。

(イ) フェアトレードとは，発展途上国の人々が作った商品を公正な値段で購入し，自立を支援することである。

(a) ア 正 イ 正 (b) ア 正 イ 誤
(c) ア 誤 イ 正 (d) ア 誤 イ 誤

(ii) 2006年に経済学者の門倉貴史氏により提唱された，「ポストBRICS」とされる5か国を「VISTA」と呼ぶ。ベトナム，インドネシア，南アフリカ共和国，トルコ，あと一つはどこの国か，答えなさい。

(7) 下線部⑦に関して，米ソ対立の中，第三世界勢力も台頭し，国際社会は多極化の時代を迎えることととなった。次の(a)～(d)の第三世界の動向について，時期が古いものから順に並べた場合，3番目となるものを一つ選び，記号で答えなさい。

(a) アジア・アフリカ会議 (b) 第1回非同盟諸国首脳会議
(c) プラハの春 (d) アラブの春

(8) 下線部⑧に関して，次の各問いに答えなさい。

(i) 世界的に反核の動きが広がっている。1950年のストックホルム・アピール，1955年のラッセル・アインシュタイン宣言に続き，1957年に開催された核兵器の危険性，放射線の危害，科学者の社会的責任について討議された会議の名称を答えなさい。

(ii) 次のA～Dのうち，アメリカ合衆国とソ連(ロシア)の2国間で結んだ軍備管理協定はどれか。その正誤の組み合わせとして正しいものを(a)～(h)から一つ選び，記号で答えなさい。

A 部分的核実験禁止条約　　B 核拡散防止条約

C 中距離核戦力全廃条約　　D 新戦略兵器削減条約

(a)	A 正	B 正	C 正	D 正
(b)	A 正	B 正	C 正	D 誤
(c)	A 正	B 誤	C 正	D 誤
(d)	A 正	B 誤	C 誤	D 誤
(e)	A 誤	B 正	C 正	D 正
(f)	A 誤	B 正	C 誤	D 正
(g)	A 誤	B 誤	C 正	D 正
(h)	A 誤	B 誤	C 誤	D 誤

(9) 下線部⑨に関して，「難民条約」では難民をいかなる理由があっても再び生命や自由の危険のある国に送り返してはならないという原則がある。その原則を何というか，答えなさい。

(10) 下線部⑩に関する次の(a)～(d)の文章のうち，正しいものを一つ選び，記号で答えなさい。

(a) 「国境なき医師団」とは，戦場での負傷者の保護を目的として設立した組織である。

(b) 「ピースウインズ」とは，世界から拷問や死刑制度など人権侵害をなくすために活動している組織である。

(c) 「ICAN」とは，核兵器の廃絶を目指し，被爆者の声を世界に伝える活動をしている組織である。

(d) 「アムネスティ・インターナショナル」とは，世界各地の戦災地，災害被災地，難民キャンプなどでの救援活動を行う組織である。

(☆☆☆◎◎◎)

【2】次の文章を読んで，以下の問いに答えなさい。

外国からの圧力と①幕末の混乱を経て成立した明治という時代は，②日本を西洋諸国と肩を並べる近代国家にするため，西洋近代思想の精神を積極的に取り入れようとする動きが活発化した。例えば，そのことは，[　X　]ということからも見てとれる。また③キリスト教の公認により，多くの知識人がキリスト教精神にもとづく教育に力をそそいだ。その一方で，④急激な欧化主義の傾向に反発する思想，西洋近代思想とは異なる観点から人間のあり方や日本文化をとらえようとする思想もあらわれた。またさまざまな文学者により，⑤近代市民としての生き方をめぐる模索が展開された。

日清・日露戦争後に資本主義が発達して労働問題などの⑥社会問題が表面化してきたことにより，大正時代に入ると民主主義的な気運が高まり，政治・社会・文化など各方面で従来の制度・価値観の見直しがはかられ，大正デモクラシーとよばれる風潮が生まれた。

昭和に入ると，西洋からの近代思想のあり方や方法に対する懐疑が論じられ，伝統的な思想の見直しを含む，⑦独創的な思想が生まれたり，柳田国男が⑧民俗学という新しい学問分野を開拓したりした。

(1) 下線部①に関して，幕末に活躍した思想家に関する次の文章(a)～(d)のうち，正しいものを一つ選び，記号で答えなさい。

(a) 緒方洪庵は，シーボルトが開いた鳴滝塾で医学・蘭学を学び，日本の蘭学発展に多大な影響を与えた。

(b) 横井小楠は，神道・仏教・儒教・老荘思想を取り入れた独自の思想を展開し，知足安分を説いた。

(c) 佐久間象山は，儒教の精神を保ちつつ，積極的に西洋の科学技術を取り入れる思想を主張した。

(d) 高野長英は，『慎機論』を著し，幕府の異国船打払令を批判し，蛮社の獄で処罰された。

(2)　下線部②に関して，上の文章中の空欄[　X　]に入る記述として正しいものを(a)～(d)から一つ選び，記号で答えなさい。

(a)　森有礼が，儒教と西洋哲学の長所を取り入れて日本道徳とすべしと説いた

(b)　西周が，天皇と国民大衆が直結する政府を樹立すべしと説いた

(c)　中江兆民が，『民権自由論』を著して主権在民・天賦人権論を主張した

(d)　福沢諭吉が，儒教中心の旧態依然としたアジア諸国から脱して，西洋諸国と行動をともにすべきと説いた

(3)　下線部③に関して，内村鑑三についての文章ア～ウのうち，その正誤の組み合わせとして最も適当な組み合わせを(a)～(h)から一つ選び，記号で答えなさい。

ア　形式化・固定化された教会制度や儀式に依存せず，聖書のことばを純粋に信仰することを重視した無教会主義を唱えた。

イ　『武士道』を英文で著して日本人の道徳観を欧米に紹介し，日露戦争に対しては非戦論を展開した。

ウ　「武士道の上に接ぎ木されたるキリスト教によりて世界は救わる」と，清廉潔白な武士道精神のある日本でこそキリスト教の真の教えが根付き，日本が救われ，世界が救われると説いた。

(a)　ア－正　　イ－正　　ウ－正
(b)　ア－正　　イ－正　　ウ－誤
(c)　ア－正　　イ－誤　　ウ－正
(d)　ア－正　　イ－誤　　ウ－誤
(e)　ア－誤　　イ－正　　ウ－正
(f)　ア－誤　　イ－正　　ウ－誤
(g)　ア－誤　　イ－誤　　ウ－正
(h)　ア－誤　　イ－誤　　ウ－誤

(4)　下線部④に関して，日清戦争より前に徳富蘇峰が主張した，「日本の近代化は，一部の貴族ではなく，実際に産業に携わる普通の人民を中心とすべき」という主義を何というか答えなさい。

(5) 下線部⑤に関して，次の(i)・(ii)の各問いに答えなさい。

(i) 近代的自我のめざめについて，次の生徒のレポートの空欄[A]に適する語句と，空欄[B]に適する人物名をそれぞれ答えなさい。

レポート
『やは肌の あつき血汐に ふれも見で さびしからずや 道を説く君』という歌には，人間の感性の開放や，自我や個人の尊重を主張する[A]主義の流れをくむ，作者である[B]の思想が見てとれる。

(ii) 次の文章は，生徒が明治時代に活躍したある人物についてまとめたメモである。空欄[C]に適する語句と，メモの人物は誰か答えなさい。

メモ
① 「現代日本の開化は皮相上滑りの開化である」と，明治の日本の開化を外国文明の圧力によって開始された急激な文明開化ととらえた。
② 「私はこの[C]という言葉を自分の手に握ってからたいへん強くなりました」と，他に流されず，自己の内面的欲求に基づいて生きる主体的な生き方を求めた。

(6) 下線部⑥に関して，次の文章は，近代化による社会問題の解決を模索した思想家についての説明である。空欄[ア]・[イ]に適する人物の正しい組み合わせを，次の(a)～(d)から一つ選び，記号で答えなさい。

・社会主義者の幸徳秋水と[ア]は，平民社を創設し『平民新聞』を創刊して，非戦論を展開した。
・[イ]は民本主義を唱え，大正デモクラシーを理論化し，政党内閣や普通選挙法の成立につながった。

(a) アー堺利彦　　イー美濃部達吉

(b)　アー堺利彦　　イー吉野作造
(c)　アー北一輝　　イー美濃部達吉
(d)　アー北一輝　　イー吉野作造

(7)　下線部⑦に関して，西田幾多郎の純粋経験についての次の会話文中の空欄[　D　]に適する語句を漢字4字で答えなさい。また空欄[　E　]にあてはまるように具体的な事例を論述しなさい。

> 生徒：「先生，西田幾多郎の純粋経験について教えてください。」
> 先生：「簡単に言うと，純粋経験とは自他の区別がない，直接的・具体的経験のことです。西田はこの純粋経験における[　D　]の状態こそ真の実在，唯一の真理であると自らの哲学の根本原理としました。これに対して西洋哲学では，認識とは主観が客観を心の中に構成することとし，主観と客観をわけて考えています。」
> 生徒：「なかなか難しいですね。純粋経験について，わかりやすく日常的な場面での具体例を挙げていただけませんか。」
> 先生：「そうですね，例えば，音楽鑑賞において，[　E　]ということは，純粋経験の日常的な場面での具体例として挙げられるでしょう。」
> 生徒：「確かに，そういった場面は[　D　]の状態と言えますね！」

(8)　下線部⑧に関して，民俗学に携わった南方熊楠についての説明として正しいものを(a)～(d)のうちから一つ選び，記号で答えなさい。

(a)　各地で工芸品を集め，生活工芸の振興をめざす民芸運動を展開した。また，陶磁器など美術作品を通して朝鮮半島の文化への理解を深め，日本の植民地政策を批判した。

(b)　生まれ故郷である沖縄の歴史，特に沖縄最古の歌謡集『おもろさうし』の研究に尽力し，沖縄学の父とされる。

(c) 国文学者として各分野にまたがり，著作活動をした。古代日本人が考えた神の存在について，村落の外部から訪れる「まれびと」であったとした。

(d) 日本の自然保護の先駆者としても知られ，神社合祀により神社や境内の森林が破壊されることに反対し，鎮守の森の保護運動を推進した。

(☆☆☆◎◎◎)

【3】次の文章を読んで，以下の問いに答えなさい。

17世紀半ばからの市民革命は，自由で平等な社会を築こうとする試みであった。しかし，そうして実現された近代市民社会にも，依然として多くの矛盾と欠陥があった。これらを克服するために①ヘーゲルの人倫思想，②功利主義，③社会主義思想などがつぎつぎとあらわれてきた。それに対し，社会体制の改革ではなく，自己自身を見つめなおし，真実の自己のあり方・生き方を求めることによって，人間疎外を克服しようとした④実存主義が登場した。

また19世紀に入ると，科学的領域が拡大していき，自然科学の方法を積極的にとりいれて人間や社会のあり方をとらえようとする実証主義や，⑤アメリカの開拓者精神と結びついた思想が成立した。

20世紀始めには，ドイツの⑥フランクフルト学派の知識人たちが，科学技術の進歩が人間の理性にもたらしたゆがみを暴いた。近代的な理性への問い直しは，理性を中心とした人間のあり方，他者についての関係性，思考を構成する言語そのものへの探求，フェミニズム，文化的偏見にもおよんだ。

現代においては，格差や不平等をめぐって⑦社会的正義をいかに実現すべきかや，⑧科学の進歩による⑨生命倫理の問題などが大きな課題となっている。

(1) 下線部①に関して，次のノートは生徒がヘーゲルの思想についてまとめたものである。空欄[　A　]・[　B　]に適する語句をそれぞれ答えなさい。

ノート
ヘーゲルは，歴史は[　A　]が自己を[　B　]的に実現していく過程であると主張した。
・[　A　]…理性の世界と現実の世界を動かしていくヘーゲル哲学の最高原理。自由を本質とし，すべての矛盾・対立を総合する究極の精神。世界史の中で，世界精神としてはたらき，自由を実現する。
・[　B　]…あらゆる事象を貫く，変化・発展の法則。3つの段階を繰り返して発展する矛盾と統一の法則。

(2)　下線部②に関して，ベンサムとJ.S.ミルの重視した「制裁」の違いを，双方の人間観に触れながら説明しなさい。
(3)　下線部③に関して，マルクスは，労働は本来ならば人間が人間であることを確かめる行為だが，資本主義社会の労働は生活の手段としての苦役となり，人間らしさを失うものとなっているとした。こうした状況をマルクスは何と呼んだか答えなさい。
(4)　下線部④に関して，以下はキルケゴールについての生徒のノートである。文章の空欄[　ア　]～[　ウ　]に当てはまる語句の最も適当な組み合わせを，以下の(a)～(h)から一つ選び，記号で答えなさい。

ノート
・そのために生き，そのために死にたいと思うような[　ア　]を重視した。
・実存の三段階を経て，最後に[　イ　]的実存の段階に達し，[　ウ　]として神の前に立つことで精神を死に至らしめる病である絶望を乗り越えられる。

(a)　アー客観的真理　　イー宗教　　ウー超人
(b)　アー客観的真理　　イー宗教　　ウー単独者
(c)　アー客観的真理　　イー倫理　　ウー超人
(d)　アー客観的真理　　イー倫理　　ウー単独者

(e)　アー主体的真理　　イー宗教　　ウー超人
(f)　アー主体的真理　　イー宗教　　ウー単独者
(g)　アー主体的真理　　イー倫理　　ウー超人
(h)　アー主体的真理　　イー倫理　　ウー単独者

(5)　下線部⑤に関して，19世紀のアメリカにおいて，ハーバード大学・形而上学クラブのパースなどによって創始された，知識の価値を実用的効力に求める哲学思想を何というか答えなさい。

(6)　下線部⑥に関して，次のフロムについての文章の空欄[　C　]に当てはまる語句を答えなさい。

フロムは，前近代的な束縛から解放され自由を手にした近代人は，その一方で孤独や無力感にさらされるようになり，それに耐えきれず「自由からの逃走」を行い，権威への服従，画一性への同調を求める[　C　]が形成されたとした。

(7)　下線部⑦に関して，次はロールズの主張についての文章の空欄[　ア　]・[　イ　]に当てはまる語句の最も適当な組み合わせを，次の(a)～(d)から一つ選び，記号で答えなさい。

ロールズは，最大化した集団の幸福をどのように分配するか，不公正な分配を取り除けないと[　ア　]を批判し，社会契約説を再構成する方法で，[　ア　]に代わる原理である「[　イ　]」を提唱した。

(a)　アー功利主義　　イー公正としての正義
(b)　アー功利主義　　イー共通善
(c)　アー社会主義　　イー公正としての正義
(d)　アー社会主義　　イー共通善

(8)　下線部⑧に関して，次のア，イの文章は科学哲学者の説明である。ア，イの文章はそれぞれ誰についての文章か，正しい組み合わせを，次の(a)～(d)から一つ選び，記号で答えなさい。

ア　科学は合理的に知識が積み重なって進歩していくものではな

く，「科学革命」による断続的な「パラダイムの転換」と捉え直し，従来の科学観を覆した。

イ　科学的な言明とそうでない言明の線引きを「反証可能性」の有無であるとした。

(a)　ア：クーン　　　イ：デリダ

(b)　ア：クーン　　　イ：ポパー

(c)　ア：クワイン　　イ：デリダ

(d)　ア：クワイン　　イ：ポパー

(9)　下線部⑨に関して，生命倫理に関しての次の文章(a)～(d)のうち，誤っているものを一つ選び，記号で答えなさい。

(a)　出生前診断は，生まれてくる子どもに先天的な病気があるかの確認ができる反面，その結果により優生学的な生命の選別につながる可能性があるといわれている。

(b)　代理懐胎(代理出産)は，自然妊娠が難しい夫婦に希望を与えたが，子の売買や身体の商品化，代理母に肉体的・精神的負担を強いることなどの問題も挙げられている。

(c)　改正臓器移植法により，脳死状態となり臓器提供への本人の意思が不明の場合でも，家族の同意があれば臓器提供が可能となった。

(d)　QOL(生命の質)の考えの浸透により，死が不可避な末期状態の患者や耐えがたい肉体的苦痛があり回復の見込みがない場合に限定して，日本でも尊厳死と積極的安楽死が法律で認められた。

(☆☆☆◎◎◎)

解答・解説

中高社会

【1】(1) (a) 岩宿遺跡 (b) 温暖化により，植物は針葉樹林から落葉広葉樹林や照葉樹林が広がるようになり，動物も，大型動物からイノシシやニホンシカなど中小動物へ変化した。 (2) ウ (3) 古墳時代前期には，銅鏡などの副葬品から被葬者の司祭者的性格が，中期には鉄製武器や武具の副葬品から被葬者の武人的性格がうかがえる。 (4) ウ (5) 浮浪(逃亡，偽籍，私度僧) (6) ア 戸籍 イ 土地(田地) ウ 受領(国司) (7) イ (8) ウ→イ→オ (9) 紛争を公平に裁く基準を明らかにするため (10) ア，エ，カ (11) (a) 代始め(代替り) (b) 徳政令 (c) 赤松満裕
(12) 明銭の需要拡大とともに粗悪な私鋳銭が流通したことから，円滑な貨幣流通を促進するため。 (13) イ (14) 分地制限令
(15) 株仲間の結成を広く公認し，運上・冥加などを徴収した。
(16) 山県有朋 (17) ウ (18) 国民は臣民とされ，様々な権利は法律の範囲内に制限された。

〈解説〉(1) (a) 岩宿遺跡により，日本で初めて旧石器文化の存在が確認された。 (b) 約1万年前までは寒冷な更新世であったが，その後温暖な完新世に移行した。 (2) 石鏃は矢のさきに用いる小型の石器なので，狩猟に用いられたものである。 (3) 古墳時代前期に造営された古墳には，銅鏡などの呪術的な副葬品が収められていた。一方，古墳時代中期になると，武器などの副葬品が増えた。 (4) Ⅰは764年，Ⅱは740年，Ⅲは743年，Ⅳは729年の出来事である。よって，古い順にⅣ，Ⅱ，Ⅲ，Ⅰとなる。 (5) 農民の間で貧富の差が大きくなったが，裕福な農民のなかにも税負担をのがれる者が現れた。
(6) これを負名体制という。 (7) 「源頼家」ではなく「源頼信」である。 (8) アは794年，イは1069年，ウは969年，エは797年，オは

1156年，カは820年の出来事である。　(9)　御家人同士や御家人と荘園領主の紛争を公平に解決することが目的であった。　(10)　アは院政期の文化，イは弘仁・貞観文化，ウは弘仁・貞観文化，エは院政期の文化である。オは平等院鳳凰堂と考えられるので，国風文化である。カは琵琶法師と考えられるので，鎌倉文化である。キは室生寺金堂と考えられるので，弘仁・貞観文化である。　(11)　(a)　支配者の代が変わると，社会全般における人間や金銭の関係が一新されると考えられていた。　(b)　これ以降も徳政を求める土一揆がしばしば起きるようになった。　(c)　この事件を嘉吉の変という。　(12)　明銭ばかりでなく悪銭も流入したため，良質な銭(撰銭)が選ばれるようになったことから，流通が滞ったことが背景にある。　(13)　戦国時代に豊臣秀吉が北条氏と戦った小田原攻めが有名である。　(14)「石高猥に分け申間敷」より，分割相続を制限した分地制限令である。　(15)　田沼時代の幕府税制で特徴的なのは，株仲間に営業の独占権を与える代わりに，冥加金を徴収したことである。　(16)　国民皆兵制による軍隊の創設は大村益次郎が構想したが，実現させたのは山県有朋である。
(17)　第一次護憲運動で打倒したのは「桂太郎内閣」である。
(18)　日本国憲法では，国民の権利は生まれながらに持つとされて保障された。

中高社会・地理歴史共通

【1】(1)　(a)　ア　ドットマップ　　イ　図形表現図　　ウ　等値線図　エ　階級区分図　　(b)　①　イ　　②　エ　　(c)　カルトグラム　(2)　アフリカ…ウ　　ヨーロッパ…オ　　(3)　(a)　ア　安定陸塊　イ　環太平洋　　(b)　卓状地は，先カンブリア時代の地層(岩盤)の上に，それ以降の時代の土砂がほぼ水平に堆積したもの。　　(c)　インド・オーストラリアプレートがユーラシアプレートに衝突し，断層運動により再隆起したため。　　(4)　ア　氾濫　　イ　三日月湖(河跡

湖)　ウ　自然堤防　エ　よい　(5)　R　イ　S　ウ
(6)　ローマは夏季に，バンコクは冬季に亜熱帯高圧帯(中緯度高圧帯)の影響を受けるため。　(7)　T　インド　U　インドネシア　V　アメリカ合衆国　W　ブラジル　(8)　(a)　X　イスラーム(イスラム教)　Y　チベット仏教(ラマ教)　(b)　周辺で行う綿花栽培のための灌漑用水として，アラル海に流れ込む河川から水を大量に取水し，アラル海への流入量が激減したため。　(9)　イ　(10)　ファベーラ

〈解説〉(1)　(a)　ア　ドットマップは，最も典型的な絶対分布図である。　イ　絶対分布図のうち，円や球などの図形や，人間・工場・車などを図案化したもの大きさで数量の分布を表現するのが図形表現図である。　ウ　絶対分布図のうち，等しい数値の地点を点で結び，分布の範囲を表すものを等値線図という。　エ　相対分布図の一つで，数値をいくつかの階級に分け，地域ごとに色や模様を使って表示するものを階級区分図という。　(b)　①　二酸化炭素排出量は絶対値なので，絶対分布図で表す。また，数量が多いので図形表現図を用いれば視覚的に比較しやすい。　②　比率や密度などは，色彩や模様のパターンで表すとよいので，階級区分図を用いるとよい。　(c)　地域ごとの統計数値は，カルトグラム(変形図形)を用いることで効果的に表すことができる。　(2)　アフリカ大陸は，ほぼ全体が安定陸塊であるが，高原状の地形なので200m未満の面積の割合は少ない。一方，ヨーロッパ大陸には南部にアルプス＝ヒマラヤ造山帯があるが，広い平野が占める面積が大きいため200m未満の低地の割合が多い。
(3)　(a)　ア　安定陸塊は，侵食を受け続けているため平坦になっている。　イ　太平洋を囲む新期造山帯は，環太平洋造山帯である。
(b)　先カンブリア時代の地層が露出している安定陸塊を，楯状地という。　(c)　一般に，古期造山帯では低くなだらかな山脈となっているが，テンシャン山脈やアルタイ山脈は例外である。　(4)　平野部の川の蛇行の大きいところでは，大洪水時の氾濫によって流路が短縮され，流路の一部が本流と切り離されるので，三日月湖ができる。河川の流

路に沿って上流から運ばれてきた土砂が，洪水の際に堆積してできる微高地を自然堤防という。自然堤防は周囲より高いため乾燥しており，集落や畑，道路などに利用される。　(5)　R　亜熱帯高圧帯(緯度20～30度)から亜寒帯低圧帯(緯度50～70度)へは恒常的に西よりの風が吹いており，これを偏西風という。　S　亜熱帯高圧帯から赤道低圧帯に向かって吹く風は，北半球では北東貿易風である。　(6)　季節により亜熱帯高圧帯が南北に移動するため，地域によって乾季や雨季が異なる。　(7)　T　インドは世界第2位の人口をもつため，モンスーンの影響を受けるアジアの主食である米や小麦の生産量が極めて高い。U　インドネシアは世界第4位の人口をもち，米の生産量は中国・インドに次ぐ第3位である。　V　小麦は面積の広い国が生産量の上位を占めており，アメリカ合衆国は国土面積の広さが第3位である。また，とうもろこしは熱帯アメリカが原産地で，温暖で雨量の多い地域で適している。　W　ブラジルは，近年さとうきび・コーヒー・とうもろこし・大豆などの栽培を増やしている。　(8)　(a)　X　カザフスタンなので，多くの人はイスラム教を信仰している。　Y　モンゴルなので，多くの人はチベット仏教を信仰している。　(b)　Zのアラル海は，カザフスタンとウズベキスタンの国境に位置する湖である。現在，北アラル海・西アラル海・東アラル海に分断されている。　(9)　発展途上国のスラムは，政府機関や商業施設がある都市部の近辺に広がっている場合が多い。　(10)　なお，アルゼンチンではスラム街はビジャと呼ばれている。

【2】(1)　ア　三圃　　イ　パリ　　(2)　イ　　(3)　(a)　狩猟と採集を中心とした獲得経済から農耕・牧畜による生産経済へと移行した。(36字)　　(b)　鉄製農具の使用や牛に犂を引かせる牛耕が始まった。
(4)　(a)　イ　　(b)　港市…マニラ　　位置…イ　　(5)　(a)　エジプトはナイルのたまもの　　(b)　アラム人…アラム文字は，オリエント世界で用いられる多くの文字の源流となった。(33字)　　(6)　(a)　家族　　(b)　ア，ウ，エ　　(7)　(a)　ア　　(b)　ドイツ諸侯にほぼ完

全な主権が認められ，分立状態が決定的となったから。　(8)　エ　(9)　(a)　文帝(楊堅)　(b)　イスラエル　(10)　黒人奴隷を使用する綿花プランテーションが発展していた南部では，イギリスへの綿花輸出を拡大するため自由貿易が主張され，奴隷制の存続が求められた。一方，産業革命が進展して資本主義が発達した北部では，イギリスに対抗するため保護貿易が求められ，人道主義の立場から奴隷制に反対する人々が多かった。　(11)　Ⅰ→Ⅲ→Ⅱ→Ⅳ　(12)　憲法名…ミドハト憲法　背景…両国共に欧米列強の進出に対抗するため，ヨーロッパにならった立憲制などの政治体制への改革を迫られていた。(51字)

〈解説〉(1)　ア　耕地を春耕地・秋耕地・休耕地に分けた三圃制である。イ　万国博覧会は，1851年のロンドン万国博覧会や日本が初参加した1867年のパリ万国博覧会も有名である。　(2)　3～7世紀のササン朝について述べた選択肢が正解となる。　ア　安息と呼ばれたのはパルティアである。　ウ　ホスロー1世が滅ぼしたのはエフタルである。エ　アッバース朝に敗れたのではない。　(3)　(a)　獲得経済から生産経済への移行は，食料生産革命(新石器革命)という。　(b)　鉄製農具に使用により，深耕が可能となったため，生産力が向上した。

(4)　(a)　問題図はダウ船と考えられる。　(b)　スペインはフィリピンを拠点としてメキシコと結び，アジア貿易を展開した。マニラはフィリピンの港市である。　(5)　(a)　エジプトは，ナイル川の周期的氾濫により地力が回復したため他の地域より農業が栄えた。　(b)　アラム人はダマスクスを首都に内陸貿易に従事したので，アラム文字は広くオリエント世界で使用された。　(6)　(a)「結婚自体は認められていた」とあるので，家族が該当する。　(b)　ア　ウマイヤ朝を撃退したのはカール＝マルテルである。　ウ　エドワード1世が招集したのは模範議会である。　エ　金印勅書を発布したのはカール4世である。

(7)　(a)　アジア貿易の拠点となったのはジャワ島である。

(b)　ウェストファリア条約により，神聖ローマ帝国は名目上存在するだけとなった。　(8)　ギュルハネ勅令は，オスマン帝国に関するものである。また，アレクサンドル1世は産業革命以前のナポレオン戦争期の皇帝である。　(9)　(a)　この大運河が完成したのは，文帝の子煬帝の時代である。　(b)　これら3国に対して警告した国はアメリカとソ連である。　(10)　このとき奴隷解放宣言を出したのはリンカン大統領である。　(11)　Ⅰは1949年，Ⅱは1966年，Ⅲは1962年，Ⅳは1973年の出来事である。よって，古い順にⅠ→Ⅲ→Ⅱ→Ⅳとなる。　(12)　オスマン帝国も日本も独立国ではあったが，欧米に対して近代国家であることを示すため，欧米と同等の国家・社会制度の整備を追求して立憲制の確立を急いだ。

【3】(1)　(b)　　(2)　バージニア権利章典　　(3)　統治行為論
(4)　(d)　　(5)　(b)　　(6)　オンブズマン(オンブズパーソン)制度
(7)　(c)　　(8)　(i)　(d)　　(ii)　(c)　　(iii)　アナウンスメント効果

〈解説〉(1)　(a)　モンテスキューは，三権が相互に抑制・均衡するよう唱えた。　(c)　これは直接民主制の事例である。　(d)　国民代表の原理，審議の原理，行政監督の原理の3つである。　(2)　基本的人権の保障を宣言する内容なので，1776年に起草されたバージニア権利章典である。　(3)　統治行為論が採用された判例としては，苫米地事件も挙げられる。　(4)　検察官独自捜査事件の取調べにおいても，取り調べの可視化(全過程の録画)の対象となった。　(5)　アメリカにおいて，条約締結・高官任命の同意権を持つのは上院である。　(6)　日本では，オンブズマン制度は地方公共団体で導入されつつある。　(7)　知的財産高等裁判所は，東京高等裁判所内に設置されている。　(8)　(i)　dは参議院の選挙制度に関する記述である。　(ii)　B　選挙管理委員会の交付する証紙を貼ったビラしか配布してはいけない。　D　電子メールを用いた選挙運動は，候補者や政党にのみ認められている。　(iii)　アナウンスメント効果には，優勢と報道された候補者や政党に有利に作用するバンドワゴン効果と，劣勢と報道された候補者や政党に有利に作用するアンダードッグ効果がある。

【4】(1) (i) 管理価格 (ii) (b) (2) (a) (3) 540 (4) (a)
(5) ジュグラーの波 (6) (a) (7) (i) (a) (ii) (d)
(8) プライマリーバランス

〈解説〉(1) (i) 寡占市場になると，プライスリーダーが管理価格を設定するため，他企業はその価格に追随する場合がある。 (ii) 需要が高まると需要曲線(右下がりの曲線)は右にシフトし，供給曲線(右上がりの曲線)が変化しなければ，均衡価格は上昇する。 (2) M字型雇用の傾向は，韓国で同様に見られる。一方，欧米諸国ではM字型雇用の傾向は見られない。 (3) {国民所得(NI)}＝{国内総生産(GDP)}＋(海外からの純所得)－(間接税－補助金)－(固定資本減耗)＝700＋90－100－150＝540 (4) モントリオール議定書は1987年，ヘルシンキ議定書は1985年，バーゼル条約は1989年に，それぞれ採択された。
(5) 表より，7～10年周期で恐慌が起きていると読み取れ，その周期で経済活動が循環しているので，ジュグラーの波である。 (6) Aは現金通貨，Cは準通貨である。 (7) (i) (b) ケネディ大統領に関する文章である。 (c) 消費者庁は内閣府の外局として設置されている。
(d) 対象となるのは，訪問販売や電話勧誘販売などに限られる。
(ii) イ ゴールドプランは高齢者保健福祉に関する計画である。
ウ オレンジプランは認知症対策に関する計画である。 (8) プライマリーバランスが赤字の場合，税収入のみでは行政サービスの提供が十分にできないことを意味する。

【5】(1) (b) (2) (大人としての)義務・責任の遂行を猶予される(期間) (3) (g) (4) (i) (c)，(e) (ii) A 友愛 B 正義
(5) (b) (6) (d) (7) ウパニシャッド哲学 (8) (b)
(9) 自他を平等に愛する愛

〈解説〉(1) ア ホールは，青年期の心理の不安定さを「疾風怒濤」と表現した。 イ レヴィンは，青年期は子どもと大人の境界にあることから，境界人(マージナル・マン)と表現した。 (2) エリクソンは，本来は経済用語であるモラトリアム(支払い猶予)を用いて，青年期の

特質を表現した。　(3)　ア　マズローによると，所属・愛情の欲求が満たされた後には承認・自尊心の欲求が生じる。　イ　葛藤(コンフリクト)を分類したのはレヴィンである。　(4)　(i)　(c)　プラトンが創設したのはアカデメイアである。　(e)　実現するのは正義の徳である。　(ii)　アリストテレスは，正義も重要であるとしたが，それ以上に友愛を重んじた。　(5)　スコラ哲学を完成させたのは，トマス＝アクィナスである。　(6)　巡礼は，イスラム歴の12月に一生に一度は行うべきとされている。　(7)　ウパニシャッド哲学は，様々なインドの思想の母体となっている。　(8)　ア　荀子は孔子の弟子であったが，自身が唱えたのは性悪説である。　イ　荀子は，礼により人民を治める礼治主義を唱えた。　ウ　荀子の思想の影響を受けた韓非子は，法家の思想家として法治主義を唱えた。　(9)　墨子は，儒教で重んじる肉親の愛情は差別的であり，別愛と呼んで批判した。

【6】(1)　(f)　　(2)　ア　(c)　　A　現世利益　　(3)　(d)　　(4)　生まれながらに備わっている，善悪を判断する能力(良知)をはたらかせること。　　(5)　(d)

〈解説〉(1)　ベネディクトは，『菊と刀』において，西欧の文化を内面的な罪の意識から自己を律する罪の文化，日本文化を他者の評価を恐れて自己を律する恥の文化とした。　(2)　この時代の仏教は，病気平癒や雨乞いなど，この世で受けられる利益(現世利益)を中心とする信仰であった。これらのために，仏の加護を祈る呪術的なものが加持祈祷である。　(3)「自力を捨て」より，絶対他力や悪人正機を説く浄土真宗である。その宗祖である親鸞の絶対他力に対する考え方が，自然法爾である。　(4)　中江藤樹は，良知を実践することが大切であると説いた。　(5)　イ『源氏物語』を研究したのは本居宣長である。

ウ　本居宣長は大和心の重要性を説いた。

【7】(1)　(e)　　(2)　聖書中心　　(3)　A　ノブム・オルガヌム(新機関)　B　イドラ(偏見)　　(4)　C　演繹　　D　物心二元(心身二元)

(5)　(c)

〈解説〉(1)　ア　ルネサンスでは，ダ・ヴィンチのような万能人が理想とされた。　イ　君主に関する記述なので，『君主論』を著したマキァベリである。　ウ　ウェーバーは，カルヴァン主義が資本主義発展の基盤になったとした。　(2)　ルターやカルヴァンは，教会や聖職者の権威を否定する一方で，聖書のみがキリスト教の心理の源泉であるとした。　(3)　ベーコンは『ノブム・オルガヌム』を著し，イドラを排した実験と観察の積み重ねによって真理にたどり着く，帰納法を提唱した。　(4)　C　普遍的原理からの推論により，個別的な結論を導き出すことを演繹法という。　D　物心二元論や機械論的自然観は，近代科学の発展の土台となった。　(5)　(a)　無条件の命令は定言命法である。　(b)　カントが考える理想社会は目的の国である。　(d)　逆に，行為への意欲・動機を重視した。

地　理・歴　史

【共通問題】

【1】(1)　(a)　ア　ドットマップ　　イ　図形表現図　　ウ　等値線図　エ　階級区分図　　(b)　①　イ　　②　エ　　(c)　カルトグラム　(2)　アフリカ…ウ　　ヨーロッパ…オ　　(3)　(a)　ア　安定陸塊　イ　環太平洋　　(b)　卓状地は，先カンブリア時代の地層(岩盤)の上に，それ以降の時代の土砂がほぼ水平に堆積したもの。　　(c)　インド・オーストラリアプレートがユーラシアプレートに衝突し，断層運動により再隆起したため。　　(4)　ア　氾濫　　イ　三日月湖(河跡湖)　　ウ　自然堤防　　エ　よい　　(5)　R　イ　　S　ウ
(6)　ローマは夏季に，バンコクは冬季に亜熱帯高圧帯(中緯度高圧帯)の影響を受けるため。　　(7)　T　インド　　U　インドネシア
V　アメリカ合衆国　　W　ブラジル　　(8)　(a)　X　イスラーム(イスラム教)　　Y　チベット仏教(ラマ教)　　(b)　周辺で行う綿花栽培

のための灌漑用水として，アラル海に流れ込む河川から水を大量に取水し，アラル海への流入量が激減したため。　(9)　イ　(10)　ファベーラ　(11)　インフォーマルセクター

〈解説〉(1)　(a)　ア　ドットマップは，最も典型的な絶対分布図である。　イ　絶対分布図のうち，円や球などの図形や，人間・工場・車などを図案化したものの大きさで数量の分布を表現するのが図形表現図である。　ウ　絶対分布図のうち，等しい数値の地点を点で結び，分布の範囲を表すものを等値線図という。　エ　相対分布図の一つで，数値をいくつかの階級に分け，地域ごとに色や模様を使って表示するものを階級区分図という。　(b)　①　二酸化炭素排出量は絶対値なので，絶対分布図で表す。また，数量が多いので図形表現図を用いれば視覚的に比較しやすい。　②　比率や密度などは，色彩や模様のパターンで表現できるので，階級区分図を用いるとよい。　(c)　地域ごとの統計数値は，カルトグラム(変形図形)を用いることで効果的に表すことができる。　(2)　アフリカ大陸は，ほぼ全体が安定陸塊であるが，高原状の地形なので200m未満の面積の割合は少ない。一方，ヨーロッパ大陸には南部にアルプス＝ヒマラヤ造山帯があるが，広い平野が占める面積が大きいため200m未満の低地の割合が多い。

(3)　(a)　ア　安定陸塊は，侵食を受け続けているため平坦になっている。　イ　太平洋を囲む新期造山帯は，環太平洋造山帯である。

(b)　先カンブリア時代の地層が露出している安定陸塊を，楯状地という。　(c)　一般に，古期造山帯では低くなだらかな山脈となっているが，テンシャン山脈やアルタイ山脈は例外である。　(4)　平野部の川の蛇行の大きいところでは，大洪水時の氾濫によって流路が短縮され，一部が本流と切り離され，三日月湖ができる。河川の流路に沿って上流から運ばれてきた土砂が，洪水の際に堆積してできる微高地を自然堤防という。自然堤防は周囲より高いため乾燥しており，集落や畑，道路などに利用される。　(5)　R　亜熱帯高圧帯(緯度20～30度)から亜寒帯低圧帯(緯度50～70度)へは恒常的に西よりの風が吹いており，これを偏西風という。　S　亜熱帯高圧帯から赤道低圧帯に向かって

吹く風は，北半球では北東貿易風である。 (6) 季節により亜熱帯高圧帯が南北に移動するため，地域によって乾季や雨季が異なる。
(7) T インドは世界第2位の人口をもつため，モンスーンの影響を受けるアジアの主食である米や小麦の生産量が極めて高い。 U インドネシアは世界第4位の人口をもち，米の生産量は中国・インドに次ぐ第3位である。 V 小麦は面積の広い国が生産量の上位を占めており，アメリカ合衆国は国土面積の広さが第3位である。また，とうもろこしは熱帯アメリカが原産地で，温暖で雨量の多い地域が適している。 W ブラジルは，近年さとうきび・コーヒー・とうもろこし・大豆などの栽培を増やしている。 (8) (a) X カザフスタンなので，多くの人はイスラム教を信仰している。 Y モンゴルなので，多くの人はチベット仏教を信仰している。 (b) Zのアラル海は，カザフスタンとウズベキスタンの国境に位置する湖である。現在，北アラル海・西アラル海・東アラル海に分断されている。 (9) 発展途上国のスラムは，政府機関や商業施設がある都市部の近辺に広がっている場合が多い。 (10) なお，アルゼンチンではスラム街はビジャと呼ばれている。 (11) インフォーマルセクターとは，公式に分類されていない職業という意味である。

【2】(1) ア 三圃 イ パリ (2) イ (3) (a) 狩猟と採集を中心とした獲得経済から農耕・牧畜による生産経済へと移行した。(36字) (b) 鉄製農具の使用や牛に犂を引かせる牛耕が始まった。
(4) (a) イ (b) 港市…マニラ 位置…イ (5) (a) エジプトはナイルのたまもの (b) アラム人…アラム文字は，オリエント世界で用いられる多くの文字の源流となった。(33字) フェニキア人…フェニキア文字をギリシア人に伝えて，アルファベットの起源をつくった。(34字) ヘブライ人…ユダヤ教を確立し，キリスト教やイスラーム教にも影響を与えた。(30字) (6) (a) 家族 (b) ア，ウ，エ (c) セルビア人 (7) (a) ア (b) ドイツ諸侯にほぼ完全な主権が認められ，分立状態が決定的となったから。

(8)　エ　　(9)　(a)　文帝(楊堅)　　(b)　イスラエル　　(10)　黒人奴隷を使用する綿花プランテーションが発展していた南部では，イギリスへの綿花輸出を拡大するため自由貿易が主張され，奴隷制の存続が求められた。一方，産業革命が進展して資本主義が発達した北部では，イギリスに対抗するため保護貿易が求められ，人道主義の立場から奴隷制に反対する人々が多かった。　　(11)　Ⅰ→Ⅲ→Ⅱ→Ⅳ

(12)　憲法名…ミドハト憲法　　背景…両国共に欧米列強の進出に対抗するため，ヨーロッパにならった立憲制などの政治体制への改革を迫られていた。(51字)

〈解説〉(1)　ア　耕地を春耕地・秋耕地・休耕地に分けた三圃制である。　イ　日本が初参加したのは1867年のパリ万国博覧会である。　(2)　3～7世紀のササン朝について述べた選択肢が正解となる。　ア　安息と呼ばれたのはパルティアである。　ウ　ホスロー1世が滅ぼしたのはエフタルである。　エ　アッバース朝に敗れたのではない。

(3)　(a)　獲得経済から生産経済への移行は，食料生産革命(新石器革命)という。　(b)　鉄製農具に使用により，深耕が可能となったため，生産力が向上した。　(4)　(a)　問題図はダウ船と考えられる。

(b)　スペインはフィリピンのマニラを拠点としてメキシコと結び，アジア貿易を展開した。　(5)　上流のエチオピアの雨季が原因で定期的に洪水が発生した。　(b)　アラム人はダマスクスを首都に内陸貿易に従事したので，アラム文字は広くオリエント世界で使用された。フェニキア文字は22字の子音からなり，これに母音文字が加わり，ギリシアにおいてアルファベットへと発展した。　(6)　(a)「結婚自体は認められていた」とあるので，家族が該当する。　(b)　ア　ウマイヤ朝を撃退したのはカール＝マルテルである。　ウ　エドワード1世が招集したのは模範議会である。　エ　金印勅書を発布したのはカール4世である。　(c)　南スラヴ系にはクロアティア人やスロヴェニア人もいるが，これらはカトリックに改宗した。　(7)　(a)　アジア貿易の拠点となったのはジャワ島である。　(b)　ウェストファリア条約により，神聖ローマ帝国は名目上存在するだけとなった。　(8)　ギュルハネ勅令は，オスマン帝国に関するものである。また，アレクサンドル1世は産業革命以前のナポレオン戦争期の皇帝である。 (9) (a) この大運河が完成したのは，文帝の子煬帝の時代である。 (b) これら3国に対して警告した国はアメリカとソ連である。 (10) 南北戦争の結果，近代国家としての統一は保たれ，奴隷制度廃止によって市民社会としての体裁が整えられた。 (11) Ⅰは1949年，Ⅱは1966年，Ⅲは1962年，Ⅳは1973年の出来事である。 (12) オスマン帝国も日本も独立国ではあったが，欧米に対して近代国家であることを示すため，欧米と同等の国家・社会制度の整備を追求して立憲制の確立を急いだ。

【選択問題】

【1】(1) イ　(2) エスチュアリ(三角江)　(3) B 沿岸部を寒流のペルー海流が流れており，大気が冷やされ安定するため上昇気流が発生しにくく，海岸側に砂漠気候がみられる。　C 海岸側から山脈を越えて吹く風は，風下で乾いた下降気流となるため年中乾燥し，内陸側に砂漠気候がみられる。　(4) ⑥　(5) メキシコシティは，サントドミンゴより標高の高い場所(標高2,000mを超える場所)に位置しているため，同緯度のサントドミンゴよりも年平均気温が低い。またメキシコシティは，臨海部に位置しているサントドミンゴと比べて内陸部に位置しているため，年降水量が少ない。　(6) プライメートシティ　(7) アルゼンチンやウルグアイでは，先住民の人口が少なく，カリブ海の島々のように，アフリカ系奴隷に依存した砂糖プランテーションも展開しなかったため。　(8) アメリカ…イ　ドイツ…エ　ブラジル…オ　(9) エ　(10) オ　(11) 白い革命　(12) A ヒンドスタン　B ガンジス　(13) 名称…レグール　色…黒色

(14)

(15)　P　コ　　Q　ウ　　R　オ　　S　キ

〈解説〉(1)　対蹠点とは，地球上のある点に対し，その反対側に位置する点のことである。両点の緯度は北緯と南緯が異なり，経度は180°隔たる。よって，福井市の対蹠点は(36°S，44°W)となる。ブエノスアイレスやモンテビデオが南緯35度に近い　(2)　Aはラプラタ川の河口なので，ラッパ状の沈水海岸でエスチュアリ(三角江)である。

(3)　B　この地域にはアタカマ砂漠があり，寒流の影響を受けて形成された海岸砂漠である。　C　この地域はパタゴニアと呼ばれるアルゼンチンとチリ両国の南部にあたる地方で，半乾燥の台地となっている。偏西風がアンデス山脈に遮られ，その風下に当たる地方で乾燥する。　(4)　ミャンマーはインドシナ半島の西側に位置し，ベンガル湾に面している。　(5)　メキシコシティはメキシコの首都で盆地に位置するが，サントドミンゴはドミニカ共和国の首都で港湾都市なので，緯度がほとんど同じでも気候が異なる。　(6)　サンティアゴ以外にも，メキシコのメキシコシティやタイのバンコクなどが，代表的なプライメートシティである。　(7)　ラテンアメリカの先住民はインディオであり，白人との混血をメスチーソという。また，カリブ海諸国には，アフリカ大陸からの奴隷の子孫である黒人と白人の混血であるムラートの比率が多い。　(8)　アメリカ合衆国の発電量の内訳は，火力が多く水力が少ないので，ア～エのいずれかである。これらのうち，総発電量が最も多いアが中国，2番目に多いイがアメリカ合衆国である。ドイツでは，新エネルギーの開発が進んでいるのでエである。残ったウは日本であるが，福島第一原発事故以後原子力の割合が減り，火力の割合が非常に高くなっている。ブラジルは水資源が豊富なので，水力発電の割合が高いオである。残ったカは原子力大国のフランスである。　(9)　ア　人口が最も多いのでASEANである。　イ　貿易額が最も多いのでEUである。　ウ　面積とGDPが最も多いのでNAFTAである。　エ　人口や貿易額が最下位なのでMERCOSURである。

(10)　カースト制度を構成しているのは，ヴァルナ(4つの区分)とジャーティ(世襲的職業集団)である。　(11)　1960年代後半の緑の革命にて恩恵を受けられなかった地域の農民は，1970年代からの白い革命にて恩恵を受けることができた。　(12)　A　インド北部のヒンドスタン平原は，代表的な稲作地帯である。　B　インドとバングラデシュのガンジスデルタでは，農産物の包装用袋などに加工されるジュートが栽培されている。　(13)　レグールは，綿花土とも呼ばれる黒色の土である。レグールが広がるデカン高原は，綿花の生産に適している。

(14)　インドで生産量の多い，小麦・綿花・茶・ジュート・サトウキビなどの生産地域を描き分けるとよい。　(15)　P　インドは1991年に新経済政策を導入して経済の自由化を進めたため，自動車，電気機器などの外国企業が多く進出している。メキシコでは，マキラドーラ制度により自動車や電気機器産業の企業が進出している。　Q　スリランカは，茶の生産・輸出量が多いことが特徴である。　R　メキシコは代表的な産油国であるが，近年ではブラジルも生産量が増えている。　S　ブラジルは，鉄鉱石の生産で有名である。

【2】(1)　ア　新羅　　イ　天竜寺　　(2)　犬上御田鍬　　(3)　ア　公案問答　　イ　只管打坐　　(4)　(c)　　(5)　ア　義満　　イ　高麗　ウ　朱印船　　(6)　三浦の乱　　(7)　エ　　(8)　ウィリアム＝アダムズ(三浦按針)　　(9)　(a)　農民は石高に応じて年貢を負担し，大名は石高に応じて軍役を負担する義務を負った。　　(b)　イ

(10)　(a)　Aは幕府と貿易で結びつき，Bは大名と貿易で結びついていた。(Aは幕府と長崎貿易で結びつき，Bは幕府と使節で結びついていた。)　(b)　蝦夷地　(11)　テーマ「外国船の接近」　A　アにロシア使節ラクスマンが漂流民を伴い来航した。　B　イにビッドルが来航し，来航の翌年に日米和親条約が締結された。　C　ウで発生したフェートン号事件の背景には，英仏の対立があった。
D　エでアメリカ商船モリソン号が異国船打払令にもとづき撃退された。　(12)　井上馨は，内地雑居と外国人判事任用を内容とする改正案で改正交渉に臨んだが，交渉促進のための欧化政策への批判から失敗に終わった。続く大隈重信は，改正案に大審院への外国人判事任用を認めていたことから強い反発があり，大隈自身の襲撃もあって交渉は中断した。　(13)　ア　五・四運動　イ　日韓基本条約
(14)　立憲政友会は鉄道の拡充や高等学校の増設など，積極政策を公約として掲げ，小選挙区制度の効果もあって総選挙で圧勝したから。
(15)　ア

〈解説〉(1)　ア　新羅は，7世紀に唐と結び百済や高句麗を倒し，朝鮮半島を統一支配した。　イ　足利尊氏は，天龍寺の造営費を獲得するため，元に天龍寺船を派遣した。なお，公式解答には「天竜寺」としている。　(2)　犬上御田鍬は，遣隋使としても派遣されたが，隋が滅んで唐がおこった後，最初の遣唐使として再度派遣された。　(3)　ア　公案とは，師から弟子へ示される課題であり，弟子が参禅工夫した後に師と問答を行う。　イ　只管打坐とは，余念を交えず，ただひたすら坐禅を行うことである。　(4)　竹崎季長は，肥後国御家人であり，文永の役にて戦功を立てた。防塁とは，文永の役後，再度のモンゴル襲来に備えて，鎌倉幕府の命令により築造された石塁のことである。
(5)　ア　日明貿易は，足利義満の使者派遣が契機となり開始された。
イ　高麗は，李成桂により滅ぼされ，朝鮮が建てられた。　ウ　朱印船貿易とは，江戸時代初期，朱印状で海外渡航を公認された日本船による貿易のことである。　(6)　三浦の乱とは，朝鮮の三浦に居住していた日本人が起こした反乱のことである。　(7)　サン＝フェリペ号事

件が起きたのは安土桃山時代であり，江戸幕府により禁教令が出される以前である。 (8) ウィリアム＝アダムズ(三浦按針)は，徳川家康に仕え，三浦半島に所領を与えられた。 (9) (a) 石高制は，石高を支配体制の基礎に置いた制度であり，農民に対しては年貢を決めるものであり，大名に対しては軍役を決めるものとなった。 (b) Ⅰは1619年，Ⅱは1615年，Ⅲは1635年の出来事である。 (10) (a) 江戸時代の鎖国下で関係を保っていたオランダ・清・朝鮮・琉球4ヵ国のうち，正式な国交のあった朝鮮・琉球を通信国，正式な国交がなく貿易のみ行っていたオランダ・清を通商国という。 (b) 松前氏は松前藩主であり，松前藩は蝦夷地に形成された。 (11) 日米和親条約が締結される前年に来航したのは，ペリーである。 (12) 不平等条約改正は1911年に小林寿太郎によって完成された。 (13) ア 五・四運動は，二十一カ条の要求の解消が拒否されたことが背景にある。イ 日韓基本条約により，1910年の韓国併合以前の条約・協定を無効とすることとを確認した。 (14) 問題図は第12～14回総選挙の結果を示すグラフと考えられる。 (15) 国民徴用令は，国家総動員法に基づき，一般国民を軍需産業に動員するものである。

【3】(1) ア 郭守敬　イ ウマル＝ハイヤーム　ウ ユリウス

(2) (a) イ　(b) ア 楔形文字は，ローリンソンが解読した。イ 神聖文字は，シャンポリオンが解読した。　ウ 線文字Bは，エヴァンズが解読した。　エ インダス文字は，未解読である。

(3) (a) 当初は推薦制で，前漢で郷挙里選，魏で九品中正が実施された。隋では儒学の試験を行う科挙が導入され，宋代には殿試が加わった。元代に一時停止したものの，清で廃止される1905年まで続いた。(89字)　(b) ウ　(4) マムルーク朝を滅ぼし，その管理下にあったメッカ・メディナの保護権を獲得したことで，カリフ政治の後継者としてスンナ派イスラーム教を守護する中心の存在となったから。

(5) (a) 駅伝制(ジャムチ)　(b) エ　(c) 資金を出したヴェネツィア商人に，商業上のライバルであるコンスタンティノープルを攻め

るよう要求されたため。　(6)　(a)　Ⅲ→Ⅱ→Ⅳ→Ⅰ　(b)　C
(7)　(a)　イ　(b)　アウクスブルクの和議　(c)　エンコミエンダ制などでの過酷な労働や伝染病の拡大により先住民の人口は激減した。　(8)　(a)　エ　(b)　ロシア革命(トルコ革命)
(9)　(a)　イ　(b)　ラタナコーシン朝　(10)　(a)　洪武帝
(b)　19世紀末にハワイで興中会を結成後，20世紀初めには東京で革命諸団体を結集して中国同盟会を組織し，三民主義を唱え，武装蜂起を繰り返した。　(11)　着目させたい箇所…1915年に年間の死亡者数が急増し，20万人を超えたこと。　説明…前年の1914年，ボスニアの州都サライェヴォでオーストリア帝位継承者夫妻が暗殺されたサライェヴォ事件が起こると，オーストリアがセルビアに宣戦し，ロシアはセルビアを支持した。これを機に第一次世界大戦が始まった。

〈解説〉(1)　ア　郭守敬は，授時暦を作成した。　イ　ウマル＝ハイヤームは，『四行詩集』の作者でもある。　ウ　ユリウス暦は，ユリウス＝カエサルによって採用された太陽暦である。　(2)　(a)　アステカ王国を征服したのはコルテスである。　(b)　線文字Bの解読に成功したのはヴェントリスである。　(3)　(a)　漢代の郷挙里選，魏晋南北朝時代の九品中正，隋以降の科挙について記述すればよい。
(b)　ア　前漢の帝位は，外戚の王莽により廃された。　イ　北魏を建国したのは鮮卑である。　エ　キルギスではなく契丹(キタイ)である。
(4)　当時のエジプトの王朝はマムルーク朝であり，イスラム教の聖地であるメッカとメディナを保護していた。　(5)　(a)　駅伝制(ジャムチ)により，駅の周辺住民から食糧や馬の提供を受けた。
(b)　ア　ロディー朝の成立は1451年なので15世紀である。　イ　ヤゲウォ朝の成立は1386年なので14世紀である。　ウ　サファヴィー朝の成立は1501年なので16世紀である。　(c)　第4回十字軍は，コンスタンティノープルを占有し，ラテン帝国が建てられた。
(6)　(a)　Ⅰ　18世紀のプロイセン王フリードリヒ2世の言葉である。
Ⅱ　前3世紀末の陳勝・呉広の農民反乱における陳勝の言葉である。
Ⅲ　前5世紀のソフィストであるプロタゴラスの言葉である。

Ⅳ　1381年のワット＝タイラーの乱におけるジョン＝ボールの言葉である。　(b)　A　ワット＝タイラーの乱はイギリスで起こったので，Ⅳが該当する。　B　古代ギリシアではソフィストが活躍したので，Ⅲが該当する。　D　陳勝・呉広の乱は中国で起こったので，Ⅱが該当する。残ったのはⅠであるが，プロイセン王国はドイツ帝国の前身なのでCの地域ではない。　(7)　(a)　ア　朝鮮建国は1392年なので14世紀である。　ウ　グーテンベルクが活版印刷術を改良・実用化したのは15世紀である。　エ　アウラングゼーブによるジズヤ復活は1679年なので17世紀である。　(b)　アウクスブルクの和議にて，諸侯には支配地内でのカトリックまたはルター派の選択権が認められた。
(c)　エンコミエンダ制は，植民者が先住民をキリスト教化させることを条件に，労働者として使役することを認めるものである。
(8)　(a)　Ⅰは1799年，Ⅱは1793年，Ⅲは1792年4月，Ⅳは1792年8月の出来事である。　(b)　別解として，辛亥革命も考えられる。
(9)　(a)　ア　スペインは，ラテンアメリカ諸国を植民地支配していた。ウ　ハイチはフランスから独立した。　エ　ベネズエラやコロンビアの独立を指導したのはシモン＝ボリバルである。　(b)　1904年の英仏協商によりタイが両国の緩衝地域とされた結果，独立国家の地位が維持された。　(10)　(a)　明以降は，元号で帝位を呼ぶことが多くなった。　(b)　孫文は，1894年にハワイで興中会を組織して革命運動を開始するが，広州での武装蜂起に失敗し，日本に亡命した。　(11)　他の年に比べて，1915年の死亡者数が突出している点に注目させる。そのうえで，1915年は第一次世界大戦中であり，この戦争がセルビアに対するオーストリアの宣戦布告により引き起こされたことを想起させれば，死亡者数の急増との関係に結び付くと考えられる。

公　民　科

【共通問題】

【1】(1)　(b)　　(2)　バージニア権利章典　　(3)　(b)　　(4)　成文憲法とは，一つのまとまった文書の形になっている憲法で，不文憲法とは，単一の法典にまとまっていない憲法である。　(5)　(i)　統治行為論　(ii)　(d)　(6)　(i)　(e)　(ii)　ア　法の下　イ　信条　ウ　門地　(iii)　(d)　(iv)　大阪空港公害訴訟　(7)　(i)　(b)　(ii)　(b)　(8)　(i)　国家公務員倫理法　(ii)　オンブズマン制度(オンブズパーソン制度)　(9)　(c)　(10)　ア　地方税　イ　地方交付税　ウ　国庫支出金　(11)　党議拘束　(12)　(i)　(d)　(ii)　(c)　(iii)　アナウンスメント効果

〈解説〉(1)　(a)　モンテスキューは，三権が相互に抑制・均衡するよう唱えた。　(c)　これは直接民主制の事例である。　(d)　国民代表の原理，審議の原則，行政監督の原則の3つである。　(2)　基本的人権の保障を宣言する内容なので，1776年に起草されたバージニア権利章典である。　(3)　(a)　世界人権宣言には，法的拘束力はない。　(c)　A規約は社会権規約といわれ，経済的・社会的・文化的権利に関する国際規約である。　(d)　これは第一選択議定書に関する説明である。　(4)　日本国憲法やアメリカ合衆国憲法は，一つの法典としてまとまっているので成文憲法である。一方，イギリスの憲法は，マグナカルタや権利章典など，様々な法典や慣習で構成されているため不文憲法である。　(5)　(i)　統治行為論が採用された判例としては，苫米地事件も挙げられる。　(ii)　武器輸出が全面的に解禁されたわけではない。　(6)　(i)　A　これは学問の自由に関する事件であり，学問の自由は精神的自由権に属する。　B　これは平等権を争点とするものである。　C　これは財産権に関するものであり，財産権は経済的自由権に属する。　(ii)　このような平等に関する規定は，大日本帝国憲法では不十分であったため，現在の日本国憲法にて徹底した法の下の平等が宣言されている。　(iii)　検察官独自捜査事件の取調べにおいても，取り

調べの可視化(全過程の録画)の対象となった。 (iv) 大阪空港公害訴訟を含め，これまでに最高裁が環境権を認めた判例はない。

(7) (i) アメリカにおいて，条約締結・高官任命の同意権を持つのは上院である。 (ii) 恩赦の決定は内閣の権限である。 (8) (i) 1998年に大蔵省の官僚が金融機関から過剰な接待を受けていた事件をきっかけに，国家公務員倫理法が制定された。 (ii) 日本では，オンブズマン制度は地方公共団体で導入されつつある。 (9) 知的財産高等裁判所は，東京高等裁判所内に設置されている。 (10) ア 地方税は，住民税や事業税など住民が納めるものである。 イ 地方交付税は，地方公共団体間の財政格差の緩和のために，国から交付されるものである。 ウ 国庫支出金は，特定の経費の一部を国が負担するものである。 (11) 臓器移植をめぐる国会審議など，法案の内容によっては党議拘束を外し，賛否を議員各自の判断に委ねることもある。

(12) (i) dは参議院の選挙制度に関する記述である。 (ii) B 選挙管理委員会の交付する証紙を貼ったビラしか配布してはいけない。 D 電子メールを用いた選挙運動は，候補者や政党にのみ認められている。 (iii) アナウンスメント効果には，優勢と報道された候補者や政党に有利に作用するバンドワゴン効果と，劣勢と報道された候補者や政党に有利に作用するアンダードッグ効果がある。

【2】(1) 産業革命以後の資本主義の発展は，一方に豊かな資本家階級を形成し，他方に貧しい労働者階級を形成した。こうした矛盾を打開するために生産手段を社会で共有し，国家が生産・分配を計画する社会主義思想が生まれた。 (2) (i) 管理価格 (2) (ii) (d) (iii) (b) (3) (b) (4) (i) (a) (ii) ディーセントワーク (5) 540 (6) (i) (a) (ii) ナショナルトラスト運動 (7) A (8) ジュグラーの波 (9) (a) (10) (i) (a) (ii) デジタルデバイド (iii) 積立方式とは，掛け金を積み立てておいて，運用利益を加えて，老後に給付を受けるしくみである。一方，賦課方式とは，現役世代が納めた保険料を，今の高齢者への年金給付にあてるしくみ

である。　(iv)　(d)　(v)　トレーサビリティ　(11)　(b)

(12)　プライマリーバランス

〈解説〉(1)　社会主義思想のうち，マルクス主義はロシア革命の理論的基礎となった。　(2)　(i)　寡占市場になると，プライスリーダーが管理価格を設定するため，他企業はその価格に追随する場合がある。(ii)　ギャロッピングインフレとは，年間の物価上昇率が10%以上の急激なインフレのことである。　(iii)　需要が高まると需要曲線(右下がりの曲線)は右にシフトし，供給曲線(右上がりの曲線)が変化しなければ，均衡価格は上昇する。　(3)　(a)　中小企業の方が景気の波に左右されやすい。　(c)　大規模小売店舗法は廃止されている。　(d)　中小企業が占める製造業の従業員数は，約7割である。　(4)　(i)　解答参照。　(ii)　decentには「ちゃんとした」や「適正な」などの意味がある。　(5)　{国民所得(NI)}＝{国内総生産(GDP)}＋(海外からの純所得)－(間接税－補助金)－(固定資本減耗)＝700＋90－100－150＝540
(6)　(i)　解答参照。　(ii)　ナショナルトラスト運動は，19世紀末にイギリスで設立された民間団体の活動が広まったものである。
(7)　A　新エネルギー等の割合が最も高いので，ドイツが該当する。B　火力の割合が最も高いので，アメリカが該当する。　C　原子力の割合が最も高いので，フランスが該当する。　(8)　表より，7～10年周期で恐慌が起きていると読み取れ，その周期で経済活動が循環しているので，ジュグラーの波である。　(9)　Aは現金通貨，Cは準通貨である。　(10)　(i)　(b)　ケネディ大統領に関する文章である。
(c)　消費者庁は内閣府の外局として設置されている。　(d)　対象となるのは，訪問販売や電話勧誘販売などに限られる。　(ii)　情報機器を利用する人と利用しない人との間に生じる，雇用機会や所得などの様々な格差をデジタルデバイド(情報格差)という。　(iii)　現在の我が国の年金制度は，修正積立方式などと呼ばれている。　(iv)　イ　ゴールドプランは高齢者保健福祉に関する計画である。　ウ　オレンジプランは認知症対策に関する計画である。　(v)　traceは「追跡する」という意味であり，トレーサビリティは追跡ができることを意味する。

(11) 「投資が投資を呼ぶ」は，高度経済成長期の1960年前後の岩戸景気のころに用いられた言葉である。 (12) プライマリーバランスが赤字の場合，税収入のみでは行政サービスの提供が十分にできないことを意味する。

【3】(1) A ホイジンガ B 間柄 (2) (b) (3) (大人としての)義務・責任を猶予される(期間) (4) 生きがい (5) (g)
(6) (b), (e) (7) (i) (g) (ii) (ソクラテスは，)人生における肝心なことについて知らないということを知っている(という点で自分が知者であるとわかった。) (iii) (c), (e) (iv) A 友愛
B 正義 (8) 世界市民主義(コスモポリタニズム) (9) (b)
(10) (d) (11) (i) ウパニシャッド哲学 (ii) 生老病死
(12) (i) 為政者が徳をもって人民を治めるべきである(君子が為政者であるべきとする)政治。 (ii) (b) (13) (i) (d), (e), (g)
(ii) 儒家の家族中心の差別的な愛ではなく，自他を平等に愛する愛。

〈解説〉(1) A ホイジンガは『ホモ・ルーデンス』を著し，人類は遊びによって文化が産み出されてきたとした。 B 和辻哲郎は，人間を他者や社会との関係の中で生きる存在とした。 (2) ア ホールは，青年期の心理の不安定さを「疾風怒濤」と表現した。 イ レヴィンは，青年期は子どもと大人の境界にあることから，境界人(マージナル・マン)と表現した。 (3) エリクソンは，本来は経済用語であるモラトリアム(支払い猶予)を用いて，青年期の特質を表現した。
(4) 『生きがいについて』の著者は神谷美恵子である。 (5) ア マズローによると，所属・愛情の欲求が満たされた後には承認・自尊心の欲求が生じる。 イ 葛藤(コンフリクト)を分類したのはレヴィンである。 (6) (a)と(g)はフロイト，(c)はハヴィガースト，(d)はシュプランガー，(f)はリースマンに関する記述である。 (7) (i) ア ヘシオドスは，『神統記』で知られる古代ギリシアの叙事詩人である。 イ テオーリアは観照と訳され，純粋に真理を考察することである。 ウ ピタゴラスは数学者としても有名である。 (ii) ソクラテスの問

答法は，相手に己の無知を自覚させ，真の知の探究へと導くものである。　(iii)　(c)　プラトンが創設したのはアカデメイアである。
(e)　実現するのは正義の徳である。　(iv)　アリストテレスは，正義も重要であるとしたが，それ以上に友愛を重んじた。　(8)　ヘレニズム時代のギリシアにて，ポリスが没落したことからこのような考えが生まれた。　(9)　スコラ哲学を完成させたのはトマス=アクィナスである。　(10)　巡礼は，イスラム歴の12月に一生に一度は行うべきとされている。　(11)　(i)　ウパニシャッド哲学は，様々なインドの思想の母体となっている。　(ii)　苦しみとは，自分や自分の所有物に永遠を求める欲望から生まれるとされる。　(12)　(i)　このような考えから，孔子は法治主義を否定している。　(ii)　ア　荀子は孔子の弟子であったが，自身が唱えたのは性悪説である。　イ　荀子は，礼により人民を治める礼治主義を唱えた。　ウ　荀子の思想の影響を受けた韓非子は，法家の思想家として法治主義を唱えた。　(13)　(i)　(a)，(c)，(f)，(h)は荘子の思想，(b)は韓非子の思想である。　(ii)　墨子は，儒教で重んじる肉親の愛情は差別的であり，別愛と呼んで批判した。

【4】(1)　清き明き心(清明心，赤き心)　(2)　(f)　(3)　ア　(c)　A　現世利益　(4)　末法思想　(5)　(i)　(d)　(ii)　B　坐禅(座禅)　C　修証一等　(6)　(a)　(7)　生まれながらに備わっている，善悪を判断する能力(良知)をはたらかせること。　(8)　(c)　(9)　(d)

〈解説〉(1)　古代日本人は，私利私欲や表裏のない清明心を理想とし，ツミやケガレは禊や祓によって取り除けるものと考えていた。
(2)　ベネディクトは，『菊と刀』にて，西欧の文化を内面的な罪の意識から自己を律する罪の文化，日本文化を他者の評価を恐れて自己を律する恥の文化とした。　(3)　この時代の仏教は，病気平癒や雨乞いなど，この世で受けられる利益(現世利益)を中心とする信仰であった。これらのために，仏の加護を祈る呪術的なものが加持祈祷である。
(4)　平安時代末期に浄土信仰が広まった背景には，末法思想がある。

(5) (i) 「自力を捨て」より，絶対他力や悪人正機を説く浄土真宗である。その宗祖である親鸞の絶対他力に対する考え方が，自然法爾である。 (ii) B 臨済宗の禅が師から与えられた公案を解く公案禅であるのに対し，曹洞宗では只管打坐(ひたすら坐禅に打ち込むこと)が説かれた。 C 修証一等は，坐禅は手段ではなく悟りそのものであることを示している。 (6) 解答参照。 (7) 中江藤樹は，良知を実践することが大切であると説いた。 (8) 山鹿素行は，孔子や孟子の原典から直接真意を読み取ろうとした。また，伊藤仁斎は古義学派の祖である。 (9) イ 『源氏物語』を研究したのは本居宣長である。ウ 本居宣長は大和心の重要性を説いた。

【5】(1) (e) (2) 聖書中心 (3) (e) (4) (i) A ノブム・オルガヌム(新機関) B イドラ(偏見) (ii) バークリー
(5) C 演繹 D 物心二元(心身二元) (6) (i) (e) (ii) (c)
(7) 共通の利益(公共の利益)を目指す全人民の意志 (8) (d)
〈解説〉(1) ア ルネサンスでは，ダ・ヴィンチのような万能人が理想とされた。 イ 君主に関する記述なので，『君主論』を著したマキァベリである。 ウ ウェーバーは，カルヴァン主義が資本主義発展の基盤になったとした。 (2) ルターやカルヴァンは，教会や聖職者の権威を否定する一方で，聖書のみがキリスト教の心理の源泉であるとした。 (3) ア パスカルは，人間を悲惨と偉大の二面性をもつ中間者とした。 イ モンテーニュは，宗教戦争の経験から，このような悲惨な出来事が生じる原因は，偏見や独断などにあると考えた。 (4) (i) ベーコンは『ノブム・オルガヌム』を著し，イドラを排した実験と観察の積み重ねによって真理にたどり着く，帰納法を提唱した。 (ii) これは，知覚による経験が重要と考えるバークリーの言葉である。 (5) C 普遍的原理からの推論により，個別的な結論を導き出すことを演繹法という。 D 物心二元論や機械論的自然観は，近代科学の発展の土台となった。 (6) (i) これは，理性の能力が及ぶ範囲を見極めようとしたカントの考えである。 (ii) (a) 無条件の命令は定言命法である。　(b)　カントが考える理想社会は目的の国である。
(d)　逆に，行為への意欲・動機を重視した。　(7)　ルソーは，自然状態で享受した自由や平等を回復するには，新たな社会契約を締結し，全人民が一般意志に服従する必要があるとした。　(8)　ア　ディドロは，『百科全書』を編集するなど，自然科学の知識を役立てることも重要と考えた。　イ　ヴォルテールは，『哲学書簡』にてフランスの旧体制を批判した。　ウ　三権分立論を唱えたのはモンテスキューである。

【選択問題】

【1】(1)　(i)　勢力均衡とは，敵対関係にある国家(群)の軍事力を均衡させ，互いに攻撃できないようにして，平和を維持しようというものである。一方，集団安全保障とは，全世界的な国際平和維持機構の下に全加盟国が相互不可侵を約し，どの1国でも侵略国になれば，他の全加盟国が集団的制裁を加え，国際平和を維持しようというものである。
(ii)　国際刑事裁判所　(iii)　(d)　(2)　グロティウス　(3)　A
(4)　(i)　(d)　(ii)　タックスヘイブン　(iii)　40億円増加する
(5)　(i)　リカード　(ii)　(a)　高い　(b)　2　(iii)　産業の空洞化　(6)　(i)　(a)　(ii)　アルゼンチン　(7)　(c)　(8)　(i)　パグウォッシュ会議　(ii)　(g)　(9)　ノン・ルフールマンの原則
(10)　(c)

〈解説〉(1)　(i)　第一次大戦前の欧州では，三国同盟と三国協商の間で勢力均衡が試みられたものの，結局は戦争が勃発することになった。したがって，大戦後には集団安全保障の考えを受けて国際連盟が発足した。　(ii)　国際刑事裁判所(ICC)は，個人の犯罪を裁く点において，国家を裁く国際司法裁判所(ICJ)とは異なる。　(iii)　(ア)「平和のための結集決議」に基づいて，軍事的措置が実施されたわけではない。
(イ)　国連平和維持軍は，一般に自衛目的にのみ武力を行使できる。
(2)　グロティウスは，『戦争と平和の法』を著し，戦争の禁止，戦争が許される場合，戦争中に守るべき規則などについて論じた。

(3) 我が国においては，海外投資により多額の利益を得ているため，第一次所得収支は毎年多額の黒字なので，AまたはCである。一方，近年は貿易収支が芳しくなく赤字になる年もあるので，Aが該当する。

(4) (i) ルーブル合意ではなく，プラザ合意に関する記述である。

(ii) タックスヘイブンの目的は，外貨を獲得することである。

(iii) 1ユーロ＝111円のとき，2億ユーロは，2億×111＝222〔億円〕となる。また，1ユーロ＝131円のとき，2億ユーロは，2億×131＝262〔億円〕となる。よって，ユーロ換算では売り上げが2億ユーロで等しくても，円換算では40億円増加している。 (5) (i) 比較生産費説は，国際分業が世界全体により多くの富をもたらすという考えである。

(ii) (a) より少ない労働者数で生産できる場合，労働生産性が高いといえる。 (b) 特化前では，A国の2人が1単位の工業製品，4人が1単位の農産品をつくり，B国の12人が1単位の工業製品，6人が農産品をつくるので，合計4単位となる。一方，特化すると，A国の6人が3単位の工業製品，B国の18人が3単位の農産品をつくるので、合計6単位となる。よって，特化した方が2単位増えている。 (iii) 我が国の製造業は，生産コストの圧縮のために，人件費などの安い中国などに生産拠点を移転するようになり，国内の雇用機会の減少や生産技術の海外流出などの問題を引き起こした。 (6) (i) 解答参照。

(ii) BRICSはブラジル，ロシア，インド，中国，南アフリカの総称である。 (7) (a)は1955年，(b)は1961年，(c)は1968年，(d)は2011年の出来事である。 (8) (i) 我が国からは湯川秀樹や朝永振一郎らが参加した。 (ii) A アメリカ，イギリス，ソ連の3国間で結んだものである。 B 多数の国が締結している。 (9) 戦争や迫害などが原因で母国を追われた人々を，再び迫害を受けかねない地域へ送り戻すことを禁じるものである。 (10) (a) 赤十字社に関する記述である。

(b) アムネスティ＝インターナショナルに関する記述である。

(d) 国境なき医師団に関する記述である。

【２】(1)　(c)　　(2)　(d)　　(3)　(c)　　(4)　平民主義(平民的欧化主義)
(5)　(i)　A　ロマン　　B　与謝野晶子　　(ii)　C　自己本位　　人物…夏目漱石　　(6)　(b)　　(7)　D　主客未分　　E　素晴らしい音楽に心を奪われている時，音楽と音楽を聴いている自分は分離できない
(8)　(d)

〈解説〉(1)　(a)　緒方洪庵は鳴滝塾では学んでいない。　(b)　知足安分を説いたのは石田梅岩である。　(d)　高野長英が著したのは『戊戌夢物語』である。　(2)　(a)　西村茂樹に関する記述である。　(b)　北一輝に関する記述である。　(c)　植木枝盛に関する記述である。
(3)　『武士道』を著したのは，新渡戸稲造である。　(4)　徳富蘇峰は，日清戦争後には三国干渉が起きてからは国家主義者に転向した。
(5)　(i)　与謝野晶子はロマン派の歌人であり，問題文の歌は『みだれ髪』である。　(ii)　夏目漱石は，講演『現代日本の開化』で日本の開化を批判し，講演『私の個人主義』では自己本位による個人主義を唱えた。　(6)　ア　堺利彦は，『平民新聞』にて日露戦争時に非戦論を唱えた。　イ　当時は天皇主権だったため，吉野作造が唱えたのは民本主義である。　(7)　西田幾多郎は，主観と客観にまだ分かれていない状態における純粋経験こそが，真の実在であるとした。
(8)　(a)　柳宗悦に関する記述である。　(b)　伊波普猷に関する記述である。　(c)　折口信夫に関する記述である。

【３】(1)　A　絶対精神　　B　弁証法　　(2)　ベンサムは，人間を利己的存在として，政治的制裁など外的制裁を重視したが，J.S.ミルは，人間を利他的な存在として，良心による内的制裁を重視した。
(3)　労働疎外(労働の疎外，疎外された労働)　　(4)　(f)　　(5)　プラグマティズム(実用主義，有用主義)　　(6)　権威主義的性格
(7)　(a)　　(8)　(b)　　(9)　(d)

〈解説〉(1)　ヘーゲルによると，すべてのものは肯定される立場から，否定される立場が現れることで，これらの矛盾・対立が統一されてより高い次元へ発展していく。　(2)　ベンサムは個人の利己心と公共の

福祉を一致させるための外的制裁を重視し，ミルは良心の呵責のような内的制裁を重視した。　(3)　マルクスは，資本主義経済においては，労働が労働者にとって苦痛となり，労働疎外が起きると考えた。
(4)　ヘーゲルが客観的真理を追究したのに対し，キルケゴールは実存主義哲学の祖として，主体的真理を探究した。実存とは，美的実存から倫理的実存を経て宗教的実存へと深まっていくとされる。最終的には，精神の内面において単独者として生きることになる。　(5)　プラグマティズムの思想は，イギリスから新世界へ移住したピューリタンが，空虚な議論ではなく実践に結び付いた知識を重視したことが背景にある。　(6)　フロムは，権威主義的性格の持ち主が下層中産階級に多かったことが，ドイツにナチズムによる支配をもたらしたとした。
(7)　ア　ロールズは，功利主義は社会全体の幸福総量の最大化を追求し，平等や公正さをおろそかにしがちであると批判した。　イ　ロールズは，自由・平等・機会などの分配のあり方を正義の問題と考えた。
(8)　ア　パラダイムシフトという概念は，クーンが唱えたものである。
イ　反証可能性とは，ポパーが唱えた科学的な考え方の条件である。
(9)　我が国には，尊厳死や積極的安楽死を認めている法律は存在しない。

●書籍内容の訂正等について

弊社では教員採用試験対策シリーズ（参考書，過去問，全国まるごと過去問題集），公務員試験対策シリーズ，公立幼稚園・保育士試験対策シリーズ，会社別就職試験対策シリーズについて，正誤表をホームページ（https://www.kyodo-s.jp）に掲載いたします。内容に訂正等，疑問点がございましたら，まずホームページをご確認ください。もし，正誤表に掲載されていない訂正等，疑問点がございましたら，下記項目をご記入の上，以下の送付先までお送りいただくようお願いいたします。

①　**書籍名，都道府県（学校）名，年度** （例：教員採用試験過去問シリーズ　小学校教諭 過去問　2025 年度版） ②　**ページ数**（書籍に記載されているページ数をご記入ください。） ③　**訂正等，疑問点**（内容は具体的にご記入ください。） （例：問題文では“ア～オの中から選べ”とあるが，選択肢はエまでしかない）

〔ご注意〕

○ 電話での質問や相談等につきましては，受付けておりません。ご注意ください。

○ 正誤表の更新は適宜行います。

○ いただいた疑問点につきましては，当社編集制作部で検討の上，正誤表への反映を決定させていただきます（個別回答は，原則行いませんのであしからずご了承ください）。

●情報提供のお願い

協同教育研究会では，これから教員採用試験を受験される方々に，より正確な問題を，より多くご提供できるよう情報の収集を行っております。つきましては，教員採用試験に関する次の項目の情報を，以下の送付先までお送りいただけますと幸いでございます。お送りいただきました方には謝礼を差し上げます。

（情報量があまりに少ない場合は，謝礼をご用意できかねる場合があります）。

◆あなたの受験された面接試験，論作文試験の実施方法や質問内容

◆教員採用試験の受験体験記

送付先	
送付先	○電子メール：edit@kyodo-s.jp ○FAX：03-3233-1233（協同出版株式会社　編集制作部 行） ○郵送：〒101-0054　東京都千代田区神田錦町2-5 協同出版株式会社　編集制作部 行 ○HP：https://kyodo-s.jp/provision（右記のQRコードからもアクセスできます）

※謝礼をお送りする関係から，いずれの方法でお送りいただく際にも，「お名前」「ご住所」は，必ず明記いただきますよう，よろしくお願い申し上げます。

教員採用試験「過去問」シリーズ

福井県の

社会科 過去問

編　集	© 協同教育研究会
発　行	令和6年2月25日
発行者	小貫　輝雄
発行所	協同出版株式会社
	〒101-0054　東京都千代田区神田錦町2 - 5
	電話　03－3295－1341
	振替　東京00190－4－94061
印刷所	協同出版・POD工場

落丁・乱丁はお取り替えいたします。